HEYNE BÜCHER

ESOTERISCHES WISSEN

Herausgeber dieser Reihe Michael Görden

GREG NIELSEN

PENDEL UND ENERGIEKÖRPER

NEUE METHODEN ZUR BEFRAGUNG DES PENDELS UND IHRE ANWENDUNG IM TÄGLICHEN LEBEN

Deutsche Erstausgabe

WILHELM HEYNE VERLAG
MÜNCHEN

HEYNE ESOTERISCHES WISSEN
08/9598

Aus dem Amerikanischen übertragen
von Mascha Rabben

Titel der Originalausgabe:
BEYOND PENDULUM POWER
ENTERING THE ENERGY WORLD

Original U.S. Publication 1988 by Conscious Books, Reno, Nevada, USA

Printed in Germany 1991
Umschlaggestaltung: Atelier Adolf Bachmann, Reischach
Umschlagfoto: Elmar Kohn, Landshut
Satz: Kort Satz GmbH, München
Druck und Bindung: Presse-Druck Augsburg

ISBN 3-453-05250-1

Inhalt

Vorwort

Die Menschheit steht an der Schwelle eines neuen Zeitalters: dem Wassermannzeitalter. Damit werden fortlaufend neue Konzepte über das Leben und die Realität eingeführt. Jeder von uns muß jetzt ein paar wichtige Entscheidungen treffen; wir müssen die Herausforderungen dieser Reise in das Wassermannzeitalter entweder annehmen und freudig bereit sein, an ihnen zu wachsen, oder verzweifelt an den alten Ideen festhalten und den Kampf der vergangenen Zeitalter fortsetzen.

Das Wünschelrutengehen und Pendeln – die Kunst, die das Vorhandensein von unsichtbaren Dingen mit Hilfe eines Gegenstands, der in der Hand gehalten wird, feststellt – wurde seit Jahrhunderten benutzt, um unterirdische Wasseradern, Mineralien und andere verborgene Bodenschätze auszukundschaften. Im Zeitalter der Fische hatte die Befriedigung unserer materiellen Bedürfnisse den absoluten Vorrang, doch jetzt entdeckt die Menschheit allmählich auch die feinstofflichen Energieebenen, und die Schätze der unsichtbaren Welten erlangen eine zunehmende Bedeutung für unsere Gesundheit, unser Wachstum und unseren Erfolg im Leben.

»Pendel und Energiekörper« eröffnet eine völlig neue Dimension des Pendelns und Wünschelrutengehens. Zum ersten Mal wird auch das persönliche Wachstum und die geistige Weiterentwicklung des Pendlers eingehend behandelt. Der Pendler sucht nicht länger nach ›Dingen‹ außerhalb von sich selbst, sondern benutzt seine pendlerischen Fähigkeiten, um sich mit den Energien zu verbinden, die alles Leben erschaffen und erhalten – wie auch immer sie genannt werden, der Große Geist, die Lebenskraft, das Christus-Bewußtsein, Licht, und so weiter.

Die Seher und Weisen aller Zeitalter haben sich mit genau dieser Gotteskraft verbunden und der Welt daraufhin das Wissen vermittelt, das derzeit zur Weiterentwicklung ihres Volkes notwendig war. Heute kann sich jeder Mensch, der sich die Mühe macht, sein Bewußtsein zu erweitern, auf ›den großen Computer im Universum‹ einstimmen und Kontakt mit Energiewelten jenseits der fünf Sinne aufnehmen.

Pendeln ist eine Methode, bei der man nach innen geht, um Antworten auf alle erdenklichen Fragen zu erhalten. In euch selbst werdet ihr die WAHRHEIT entdecken und die Tatsache, daß die WAHRHEIT euch frei macht, wie Jesus sagte. Die WAHRHEIT zu kennen, ist der erste Schritt bei der Überwindung aller Irrtümer, denn die WAHRHEIT zieht Verständnis, Liebe und Vergebung nach sich.

Die Zukunft liegt in eurer Hand – buchstäblich! Entwikkelt eure Fähigkeiten, das Pendel zu benutzen, und dann schaut zu, wie sich das Licht in eurem Leben ausbreitet. »Ihr seid das LICHT der Welt.« Also lest dieses Buch und ›verleibt‹ euch seine Informationen ein, entfaltet eure Pendelkräfte und laßt das Licht euer Führer sein.

Virginia Baker
Treuhänderin im Ruhestand,
The American Society of Dowsers, Inc.
Gründerin und ehemalige Präsidentin der Orange County Abteilung in Kalifornien.

1

Zur ›Magie des Pendels‹ und weiter

Es war im Frühling 1972. Ich war fast vierundzwanzig Jahre alt. In einem Appartement in der West 78th Street, auf der Upper West-Side von Manhattan, machte ein freundlicher Mensch mich mit dem Pendel bekannt.

Bevor ich euch meine Reaktion auf diese erste Erfahrung mit dem Pendel schildere, möchte ich aber erst ein wenig von den Ereignissen erzählen, die zu dieser Begegnung führten.

Im Januar 1970 machte ich Urlaub in Laguna Beach, Kalifornien. Ich fuhr von Minnesota aus nach Südkalifornien und überlegte, ob ich mich dort vielleicht permanent niederlassen sollte. Die sechziger Jahre waren vorbei, und ich war immer noch auf der spirituellen Suche. Die Gegend von Südkalifornien war eine Brutstätte für alle möglichen Gruppen, Zentren, Kommunen und Kulte.

Während ich die Sonne, die salzige Meeresluft und den Strand genoß, liefen mir andauernd die ›Freunde der Wüste‹, die Hare Krishnas, die Vegetarier, Yoga-Lehrlinge und die ›Wiedergeborenen Christen‹ über den Weg.

Ich wohnte gleich neben einem Schreiner und seiner jungen Frau, die beide Yogaübungen machten und sich vegetarisch ernährten. Der Mann hatte vorher mit Marihuana gedealt und war eben aus dem Gefängnis gekommen. Die beiden gaben mir ein Buch zu lesen: *Der Weg der Meister.*

Nach drei Wochen hatte sich mein Bewußtsein merklich verändert. Ich rief meine alte Freundin in New York an und erzählte ihr von meinen Erlebnissen. Sie und ihre Schwester hatten gerade einen Guru, einen spirituellen Lehrer, gefunden.

Sie sagte, ich sollte mal dranbleiben, und brachte den Guru ans Telefon. Er hieß François. Unsere Unterhaltung war so interessant, daß ich fragte, ob ich nach New York kommen könne, um von ihm zu lernen. Er sagte, das sei in Ordnung.

Eine Woche später wohnte ich in einem Hotel in Greenwich Village. Mein Training bei François hatte begonnen. Von Februar 1970 bis zu seinem Tod im Oktober 1971 lernte ich von ihm, ohne eine Pause einzulegen, und machte mich auf diese Weise mit ein paar fundamentalen Ideen der uralten gnostischen Wissenschaften bekannt.

Bevor François starb, hatte ich den freundlichen Menschen bereits in François' Appartement auf der 78. Straße kennengelernt. Er hatte uns einen Vortrag über Strukturen, Funktionen und Ordnungen gehalten. Sein Vortrag war faszinierend gewesen. Also hielt ich den Kontakt zu dem freundlichen Mann aus Brooklyn auch nach François' Tod aufrecht. Er schien einige spezielle und praktische Schritte auf dem spirituellen Weg zu kennen. Trotzdem dauerte es noch bis zu jenem warmen Frühlingstag im Jahr 1972, bis er mich mit dem Pendel bekanntmachte.

»Greg, hast du schon mal was über das Pendel gehört?« fragte er in seinem knorrigen Brooklyn-Akzent, während er in seine Hosentasche langte.

»Nein... nein«, wehrte ich ab. Damals hatte ich noch mehr intellektuelle Überlegenheit als heute. Ich wußte, daß er nicht von der Sorte Pendel sprach, die an alten Uhren baumelte.

In seiner kurzen, wurstfingrigen Hand hielt er eine schwarze Schnur, von der ein längliches, hölzernes Ding herabhing und sanft hin und her schwang.

»Hier, halte es mal.« Er sah die Neugierde in meinem Blick, reichte es mir, und ich hielt die Schnur, ließ das Ding kreisen.

»Möchtest du ein Experiment machen?« fragte mein Lehrer mit einigem Nachdruck in der Stimme.

»Klar«, sagte ich, noch nicht ganz klar darüber, ob wirklich alles klar war.

»Hier, setz dich an den Schreibtisch. So... Und jetzt malst du ein großes Plus-Zeichen auf dieses Stück Papier. Gut, und jetzt halte das Pendel ohne zu wackeln direkt in der Luft über dem Punkt, wo die waagerechte und die senkrechte Linie sich kreuzen. Konzentriere dich auf das Pendel und gib ihm im Geist den Befehl, über der senkrechten Linie auf und ab zu gleiten.«

Ohne daß ich die Hand bewegte, schwankte das Pendel über der senkrechten Linie hin und her! Ich grinste, lachte und freute mich. Mit meiner Geisteskraft hielt ich das Pendel an! Mit Geisteskraft befahl ich ihm, über der waagerechten Linie hin und her zu gleiten! Das Tor zur Welt des Pendelns öffnete sich, ein riesiges Universum des potentiellen Wissens tat sich vor mir auf. (Siehe 4. Kapitel: Die Benutzung des Pendels bei ›Herrschaft des Geistes über die Materie‹-Experimenten.)

Dann zeigte mein Lehrer mir, wie das Pendel Fragen mit Ja oder Nein beantworten kann. Ich war auf meinem Weg und stürzte mich auf die Pendelei wie ein Fisch ins frische Wasser oder ein freigelassener Vogel in die Lüfte. Viele der Antworten, die mir das Pendel gab, waren richtig und gaben mir das Vertrauen, weiterzumachen.

Aber viele Antworten stellten sich auch als falsch heraus, also mußte ich weiterforschen und noch mehr üben.

Vom Frühjahr 1972 bis zum Herbst 1975 durchlief ich die Phase des ersten Intensivstudiums mit dem Pendel. Ich las alles, was ich nur irgendwie in die Finger bekommen konnte.

Die Forschungsergebnisse der französischen Priester wie Abbé Mermet verblüfften und begeisterten mich. Auch die

Engländer hatten sich eingehend mit dem Pendel beschäftigt und Schriften darüber veröffentlicht. In diesen dreieinhalb Jahren entdeckte ich eine Fundgrube an Informationen und praktizierte sämtliche Techniken.

Im Herbst 1975 wurden ich und mein Mit-Pendler Joseph Polansky von einem Lektor der Warner/Destiny Books angerufen und gefragt, ob wir Lust hätten, ein Taschenbuch für das breite Publikum über unsere Pendel-Erfahrungen zu schreiben. Wir hatten Lust. Wir fingen sofort mit unserem Buch *»Die Magie des Pendels«* an.

Im Sommer 1976 war das Buch fertig, und im Februar 1977 kam es auf den Markt. Das vierteljährliche Magazin *»The American Dowser«* schrieb im Mai 1978 über *»Die Magie des Pendels«:*

»Die Autoren beginnen mit einer kurzen Geschichte des Wünschelrutengehens, einigen Theorien über den Wirkungsbereich des Pendels, und geben dann praktische Anleitungen. Ein Großteil des Buches ist detaillierten Anwendungsmethoden beim Pendeln gewidmet, die auch den blutigsten Anfängern Mut machen dürften. Die Betonung liegt immer auf dem persönlichen Wachstum des Pendlers, das durch Pendelpower vorangetrieben wird.«

»Cue Magazine«, heute *»New York Magazine«,* veröffentlichte eine Kritik über *Pendulum Power*, so der amerikanische Titel von »Die Magie des Pendels« in der Ausgabe vom Mai 1977.

»Zum reinen Vergnügen besorgen Sie sich jetzt ein Pendel – und das passende Buch dazu: *Pendulum Power* von Greg Nielsen und Joseph Polansky. Den Autoren zufolge (die historische Beweise zitieren):

»...kann das Pendel, wenn korrekt gehandhabt, benutzt werden, um Energiemuster zu deuten, aus denen sich dann folgerichtige Antworten auf so persönliche Fragen ergeben wie: Wird er/sie mich heiraten? Soll ich im nächsten Sommer nach Spanien fahren? Soll ich meinen Beruf aufgeben

und beim Roller-Derby Rollschuh laufen? Das Buch beschreibt Schritt für Schritt, wie Voraussagen mit Hilfe des Pendels gemacht werden – welches, nebenbei gesagt, selbst hergestellt werden kann, indem man einen alltäglichen Gegenstand wie z. B. einen schweren Knopf an einen Faden hängt. Wer liest, daß Pendel im Vietnamkrieg benutzt wurden, um feindliche Minen und Tunnel oder gar vermißte Personen ausfindig zu machen, mag seinen Zynismus lange genug beiseite legen, um eines der ältesten uns bekannten Phänomene selbst zu testen.«

Die November-Ausgabe 1976 von »*Gentleman's Quarterly Magazine*« (ausgerechnet) enthielt einen Artikel über die Fähigkeiten des Pendels.

»Pendel werden seit Tausenden von Jahren als Hilfsmittel benutzt, um den Menschen in Kontakt mit seinem Unterbewußtsein zu bringen. Joseph Polansky und Greg Nielsen, die Autoren von ›Pendulum Power‹, erklären die Wirkung wie folgt: ›Das menschliche Nervensystem ist der akkurateste Sensor der Welt. Das Nervensystem reagiert auf Abertausende von Frequenzen, die der bewußte Verstand nicht wahrnimmt. Sie können sich mit Ihrem Nervensystem in Verbindung setzen, indem Sie ein Pendel herstellen – irgendein Objekt, das keine Elektrizität leitet und an eine Schnur gehängt wird – und sich dann programmieren, Informationen zu empfangen. Sie selbst erklären sich, daß eine Ja-Antwort das Pendel im Uhrzeigersinn kreisen läßt und eine Nein-Antwort das Pendel entgegen dem Uhrzeigersinn. Sie können sich selbst oder Ihre Freunde diagnostizieren, indem Sie eine Liste der Körperorgane machen, sich auf ein Organ nach dem anderen konzentrieren und fragen, ob das Organ gesund ist. ›Allerdings‹, so warnt Polansky, ›kann es bis zu einem Jahr dauern, bis man genügend Übung hat. Man muß darauf achten, daß man gefühlsmäßig neutral bleibt, sonst wird die Pendelbewegung unterbewußt beeinflußt.‹«

Natürlich freuten wir uns, daß die Öffentlichkeit an dem Buch interessiert war. Es spornte mich zu einem noch intensiveren Studium des Pendels an.

In den Jahren von 1978 bis 1981 wohnte ich in Seagate, Brooklyn, an der Spitze von Coney Island und gab Pendel-Lesungen für meine Schüler. Während dieser Jahre ging ich dann von simplen Ja/Nein-Lesungen zu den Skala-Lesungen über. Mir wurde nämlich immer klarer, daß Ja/Nein-Antworten bei wichtigen Lebensfragen zu simpel sind.

Wenn meine Schüler mir Fragen stellten, die das Pendel beantworten sollte, kleidete ich sie in folgende Begriffe: auf einer Skala von 0 bis 10 ist es weise für Soundso (Name), sich soundso (selbst ausfüllen) zu verhalten. Auf diese Weise veränderte sich meine Position dem Fragesteller gegenüber, denn nun war die Antwort nicht mehr auf Entweder/Oder-Kategorien reduziert, sondern abgestuft, so daß der Fragesteller selbst die endgültige Entscheidung treffen mußte. Die Leute mußten ihren freien Willen benutzen.

Für mich als Lehrer war es wichtig, niemandem ›die‹ Antwort zu geben, sondern die verschiedenen Möglichkeiten zu präsentieren und die Wahl den Betreffenden selbst zu überlassen.

So benutze ich seit 1978 fast ausschließlich die Skala-Lesungen, besonders auf dem Gebiet der Selbsthilfe. Das soll aber nicht heißen, daß auch jeder Anfänger die Ja/Nein-Kategorien vermeiden soll. Im Gegenteil, ich rate allen, mit den Ja/Nein-Fragen zu beginnen und dann, mit zunehmender Übung, allmählich zu den Skala-Lesungen überzugehen.

Während dieser vier Jahre habe ich das Pendel fast täglich als ein Einstimmungsinstrument benutzt. Vor dem Unterricht stimme ich mich auf meine Schüler ein, um sie besser verstehen zu können. Es ist doch klar, daß jemand, der den körperlichen, geistigen und emotionalen Zustand eines anderen kennt, seine Informationen auf nachhaltigere Weise vermitteln kann. Oft lasse ich den geplanten Unterricht einfach fallen und mache etwas völlig anderes, wenn die Vibrationen, die ich vorher mit dem Pendel aufgepickt habe, es mir eingeben.

Abgesehen von Fragen über die Einstimmung vor dem Unterricht werden mir natürlich jeden Tag Fragen über den Beruf, die Karriere- und Geschäftsaussichten, die Gesundheit, Beziehungen, Lebensstil, Reisen, Familienprobleme, Erziehung und so weiter gestellt. Die Liste ist endlos.

Neue Welten eröffneten sich mir, meinen Schülern und den Leuten, die mich um Lesungen baten. Nach und nach wurde mir immer deutlicher bewußt, daß wir in einer dynamischen Energiewelt existieren. Wenn ich eine Frage stellte und nach innen ging, um die Antwort zu empfangen, spürte ich jetzt häufig eine Vibration, eine Frequenz, eine Energie, die mir eine Antwort gab, während das Pendel gleichzeitig in dieselbe Richtung kreiste wie das innere Gefühl.

Diese neue Erfahrung bedeutete für mich, daß *ich selbst das Pendel war!* Die Person, die das Pendel benutzt, sei es ein Anfänger, ein Fortgeschrittener oder ein Meister, ist das Pendel. Das Gewicht, das von der Schnur herabhängt, ist nur eine Verlängerung von uns selbst, durch die wir eine Erfahrung von uns selbst machen können!

Von dieser Erkenntnis war es nur ein kleiner Wahrnehmungssprung zu der Einsicht, daß alle Menschen Pendel sind. *Du bist ein Pendel.* Du hast die Möglichkeit, dich bewußt auf jeden Gegenstand, jeden Ort, jede Person einzustimmen und ein Schwingungsgefühl zu empfangen, das deren Qualität oder Ausstrahlung wiedergibt.

Ich bin dankbar, daß ich die Gelegenheit habe, meine Erfahrungen mit dem Pendel weiterzugeben. Die größte Belohnung für mich als Pendler ist, daß jemand dieses Buch liest und lernt, sich auf die Energiewelt einzustimmen, daß er mehr über sich und sein Wesen erfährt und die Keime der alten Weisheit in sich selbst sät.

Auf das Erwachen des spirituellen Bewußtseins in uns allen!

Greg Nielsen, März 1988

2

Du bist das Pendel!

Einfache harmonische Bewegung

Jede Schwingungsbewegung, die einem regelmäßigen und wiederholten Muster folgt, wird eine einfache harmonische Bewegung genannt. Eine Stimmgabel, ein Springball, die Drehung von Rädern und das Schwingen des Pendels sind Beispiele für einfache harmonische Bewegungen.

Es heißt, daß der junge Galileo eines Sonntags im italienischen Pisa des Jahres 1581 in die Kirche ging. Sein Blick fiel auf den Kronleuchter an der Kirchendecke, und da er ein genauer Beobachter war, fiel ihm auf, daß der Kronleuchter in immer gleichen Abständen hin und her schwankte. Galileo benutzte die einfache harmonische Bewegung seines Herzschlags und fühlte seinen Puls, um diese Beobachtung zu verifizieren. Die Idee des Uhrpendels war geboren worden und damit die Möglichkeit der akkuraten Zeitmessung.

Trotzdem wurde die erste funktionierende Pendeluhr erst im 17. Jahrhundert von dem bedeutenden niederländischen Astronomen Christian Huygens erfunden. Die konstante und regelmäßige Oszillation des Pendels machte den Wissenschaftlern eine akkuratere Messung möglich.

Aber was haben ›einfache harmonische Bewegung‹ und die Erfindung der Pendeluhr mit dir und mir zu tun?

Wir, als menschliche Wesen, mit dem Potential, uns unserer Gedanken, Gefühle und Wunschvorstellungen bewußt zu werden und mit unserer Aufmerksamkeit zu verfolgen, wie diese mit den Aktivitäten und Ereignissen unseres Alltags in Verbindung stehen, sind menschliche ›harmonische Bewegungen‹ und lebende Pendel.

Jeder Mensch schwingt in einer einzigartigen ›harmonischen Bewegung‹, einer Art ureigenem Lebensrhythmus, der ihm, sofern er ihm folgt, die Schätze der Liebe, berufliche Erfüllung und spirituelle Erkenntnisse zugänglich macht. Wenn wir unseren individuellen natürlichen Rhythmus nicht finden und ihm nicht folgen, ist Leiden die Konsequenz.

Wenn wir aus dem Rhythmus kommen, nicht mehr synchron schwingen, stellt sich Unwohlsein, Frustration, Schmerz und Krankheit ein. Die Schmerzen sind wie ein Schatten, der uns solange verfolgt, bis wir wieder auf die richtige Bahn gelangen, unseren individuellen Rhythmus finden und ihm folgen.

Rhythmisch und in einfacher harmonischer Bewegung zu leben, bedeutet, man ist mehr im Einklang mit dem Universum. Die Intuition funktioniert präziser und ist treffsicherer. Außerdem ist das Bewußtsein klarer; man sieht, was ist.

In diesem Seinszustand ist man ein Meßgerät, eine Wahrnehmung, die sieht, was in welchem Maß vorhanden ist. Man ist ein Pendel! Das Pendel in der Hand eines geübten Pendlers ist nicht mehr und nicht weniger als ein Meßgerät für das, was ist.

Ein bewußter Mensch, der synchron mit seinem natürlichen Rhythmus schwingt, ist ein hochsensibles Meßinstrument. Je bewußter und rhythmischer der Mensch, desto akkurater die Messungen. Ein akkurates menschliches Meßinstrument sieht und weiß. Wissen ist Macht. Die maßvolle Anwendung dieser Macht ist Weisheit.

In einem alten Weisheitsspruch der Hindus heißt es so ungefähr: »Wo der Messer, das Gemessene und das Maß sich treffen, da bin ich.« Einfach ausgedrückt bedeutet das, daß man mehr in sich selbst zentriert ist, wenn man das Leben bewußt mißt. Und wenn man in sich zentriert ist, spürt man die hohe Schwingungsfrequenz des eigenen Wesens.

Die Kraft des Gleichgewichts

Ein Gewicht am Ende einer Schnur wird in Bewegung gesetzt, und die Erdanziehungskraft besorgt den Rest: das Pendel schwingt in gleichmäßigen Abständen hin und her.

Unsere psycho-spirituelle Natur schwingt normalerweise nicht in einem derart gleichmäßigen Rhythmus. Die Erdanziehung ist nicht die einzige Kraft, die auf uns wirkt. Eine Vielzahl von psychischen und spirituellen Kräften wirken auf unser Innenleben ein.

Um nun Ordnung in diesen psycho-spirituellen Haushalt zu bringen, muß jeder einzelne von uns die Entscheidung treffen, genau das zu wollen. Wenn wir es dem Zufall überlassen und hoffen, daß wir es irgendwann, irgendwie bei einer günstigen Gelegenheit schon ›auf die Reihe kriegen‹, werden wir nie zum lebenden Pendel.

Das Gleichgewichtsstreben ist eine Kraft, die dafür sorgt, daß Energien in einem rhythmischen, pendelgleichen Abstand schwingen. Ein inneres Gleichgewichtsgefühl zu haben, bedeutet, zu wissen, wann man zu weit in eine Richtung gegangen ist, oder, besser noch, zu wissen, wann man im Begriff ist, zu weit in eine Richtung zu gehen. Dann, an diesem Punkt, wird die Aufmerksamkeit, und damit der Strom der Lebensenergien, in eine andere, mehr ausgewogene Richtung gelenkt.

Dabei fällt mir die Geschichte eines Freundes von mir ein. Als Präsident eines neugegründeten Konzerns, der eine geniale Erfindung auf den Markt bringen sollte, lastete enorme Verantwortung auf seinen Schultern. Geldgeber mußten gefunden werden, Rechnungen bezahlt, Mitarbeiter koordiniert und Marketing-Kampagnen ausgetüftelt werden. Die Arbeit nahm kein Ende.

Er kämpfte verzweifelt darum, dieses Baby-Business auf die Beine zu bringen. Die Überstunden im Büro hielten ihn permanent von seiner Frau, seiner Familie, seinen Freunden fern.

Die Arbeit ließ ihn nicht mehr los; sie lastete wie ein zwanghafter Fluch auf ihm. Nichts war wichtiger als der heilige Präsident in seinem Büro. Er fing an, die volle persönliche Verantwortung für den Erfolg oder die Niederlage des Geschäfts zu übernehmen. Nur die Arbeit zählte noch.

Mein Freund hatte seine psycho-spirituelle Balance verloren. Seine Energie kam aus dem Gleichgewicht. Das Schwingen seines inneren Pendels wurde erratisch, und er blieb an einem äußersten Ende eines Schwungs stecken.

Und nun, da das natürliche, rhythmische Zurückschwingen in andere Aktivitäten verhindert wurde, nahmen seine Probleme und Frustrationen proportional zu.

Die körperliche Gesundheit meines Freunds nahm rapide ab; er fühlte sich ausgemergelt und lethargisch. Er hatte Magenschmerzen, war ständig angespannt und hatte Schmerzen in der Brustgegend.

Das weckte ihn dann endlich auf. ›Was passiert mit mir?‹ fragte er sich schließlich. Und stellte fest, daß er sein inneres Gleichgewicht verloren hatte.

Daraufhin leitete er die sofortige Umkehr ein. Er verbrachte mehr Zeit außerhalb seines Büros, fing an, sich mit Meditation und Entspannungsübungen zu beschäftigen. Er machte ein paar Ausflüge in die Natur und veränderte seine Arbeitsauffassung. Er sah ein, daß er sich nicht die gesamte Verantwortung für Erfolge oder Niederlagen aufhalsen mußte.

Die Erdanziehungskraft bewegt das körperliche Pendel hin und her. Die Gleichgewichtskraft bewegt unser psycho-spirituelles Pendel hin und her. Und wenn man im Laufe des Pendelunterrichts lernt, sich genau einzustimmen, entdeckt man, daß die Kraft des ›Was Ist‹ das Pendel in Bewegung setzt.

Unsere psycho-spirituelle Natur

Jeder Pendel-Lehrling muß sich mit seiner psycho-spirituellen Natur in Verbindung bringen.

Aber bevor ich weitermache... was meine ich mit ›psycho-spiritueller Natur‹? Es gibt Vibrationen, die jeder von uns auf psychologischer Ebene erfährt, und dann gibt es Vibrationen, die wir auf spiritueller Ebene erfahren.

Zu den psychologischen Vibrationen gehören unter anderen:

Denken	Fühlen	Begehren
Gedanken	Stimmungen	Wünsche
Ideen	Emotion	Bedürfnisse
Mentale Aktivitäten	Sympathie	Angst
Imagination	Antipathie	Schuld
Phantasie	Kampf	etc.

Zu den spirituellen Vibrationen gehören unter anderen:

Bewußtsein	Weisheit	Klarheit
Verständnis	Kreativität	Licht
Vergebung	Dankbarkeit	Stärke
Vertrauen	Großzügigkeit	Gesundheit
Friede	Wille	Transmutation
Liebe	Mitgefühl	etc.

Aber unsere psychologische und spirituelle Natur ist nur verstandesmäßig getrennt. In Wahrheit sind beide Bereiche untrennbar miteinander verbunden. Deshalb verbinde ich die beiden Worte mit einem Bindestrich.

Eine Psyche ohne spirituelle Vibrationen ist wie eine Stadt ohne Verkehrsampeln. Die spirituellen Frequenzen sorgen für Ausgewogenheit und Stabilität innerhalb der Psyche. Ein Pendel-Lehrling kann sich nicht zum Gesellen oder zum Meister entwickeln, ohne seine spirituellen Frequenzen zu erfahren und immer wieder neu zu stimmen wie ein Klavier.

Die psycho-spirituellen Frequenzen werden vom physischen Auge gefühlt und erfahren, aber nicht gesehen. Die Wirkungen dieser Vibrationen machen sich in der physiologischen Struktur bemerkbar – im Körper.

Ein Mensch, der durch ein Trauma, inneren Aufruhr und Angstzustände geht, erfährt ein psychisches Chaos, dessen Auswirkungen auf den Körper sichtbar sind: zum Beispiel in Form von Muskelspannungen, vornübergebeugten Schultern, Dunkelheit in der Iris, Stirnrunzeln usw.

Ein(e) Pendler/in muß, ich wiederhole *muß*, die psycho-spirituellen Vibrationen, die er oder sie momentan empfindet, bewußt wahrnehmen. Ihr müßt sofort mit dieser Selbstbeobachtung anfangen! Laßt für die nächsten paar Sekunden alles fallen, schließt eure Augen und beobachtet die Gedanken, die euch in den Kopf kommen. Macht diese Übung für etwa 10 bis 15 Sekunden, ohne zu unterbrechen. Also los...

Was ist euch aufgefallen? Sind Gedanken in euer mentales Feld geschwirrt? Habt ihr sie erwischt? Erinnert ihr euch daran, was sie gesagt haben? Damit hat der Prozeß der Selbstbeobachtung begonnen.

Ein Pendler muß sich der psycho-spirituellen Vibrationen, die sein Inneres bewegen, akut und minuziös bewußt werden, weil die Aktivitäten des Unbewußten und des Unterbewußtseins eine Lesung mit dem Pendel soweit beeinflussen können, daß die Antworten nicht mehr korrekt sind.

Beim ersten Schritt geht es also darum, die inneren Kräfte zur Ruhe zu bringen, und dies geschieht, indem man sich ihre Aktivitäten klar bewußt macht. Jeden Tag muß man daran arbeiten, die bewußte Wahrnehmung dieser inneren Kräftebewegungen allmählich zu verstärken.

Schaut euch die Liste mit den psycho-spirituellen Vibrationen auf Seite 20 noch einmal an. Nehmt ihr die Vibrationen im Augenblick, in dem ihr sie erfahrt, bewußt wahr?

Fangt heute mit der Praxis der Selbstbeobachtung an. Mindestens einmal die Stunde haltet ihr 30 Sekunden lang inne und beobachtet eure Gedanken, eure Gefühle, eure Stimmungen, Emotionen und körperlichen Spannungen. Beobachtet euch, während ihr schöpferisch seid, während ihr liebevoll, dankbar, großzügig, verständnisvoll seid. Erfahrt eure Erfahrungen bewußt.

Ein lebendes Pendel

Nimm einen Gegenstand mit etwas Eigengewicht, binde ihn an einen flexiblen Faden, eine Kette oder Schnur, laß ihn von einem feststehenden Punkt herunterhängen, und du hast ein Pendel.

Wir alle sind lebende Pendel. Das Eigengewicht ist unser Körper, der flexible Faden ist die Silberschnur, die uns mit dem feststehenden Punkt unseres innersten Wesens verbindet.

Diese ›Silberschnur‹ ist unser Lebensdraht, die uns mit den nährenden und erhaltenden Frequenzen von spirituellen Vibrationen verbindet, dem ›Manna des Himmels‹. Habt ihr schon einmal einen Astronauten im Fernsehen beim ›space walk‹ beobachtet? Ist euch das lange Kabel aufgefallen, das von seinem Raumanzug zum Raumschiff ging? Das war der Lebensdraht, die Silberschnur, die den Astronauten mit der lebensspendenden Raumfähre verband.

Während wir uns im physischen Körper befinden, unterliegen wir den Gesetzen der physischen Dimension; die Erdanziehung hält uns auf dem Planeten, und wir empfinden diese Anziehung als Gewicht.

Wir selbst aber sind mehr als nur ein Körper. Wir haben eine Seele. Das Leben unserer Seele hängt von den spirituellen Vibrationen ab, die durch die Silberschnur zu uns hinfließen.

Die Seele braucht Harmonie, Liebe, Frieden, Gleichgewicht und Kreativität, um wachsen und ihre geplante Aufgabe erfüllen zu können. Wenn wir uns ausschließlich mit dem Körper identifizieren und Seele und Geist ignorieren, bauen wir negative Abwehrkräfte in der Seele auf. Die Konsequenz ist, daß die Energieströme der spirituellen Dimension, welche durch die Silberschnur fließen, auf diesen seelischen Abwehrwall stoßen.

Je geringer der Zustrom von höheren Energien, desto mehr wird man zum Sklaven der Sinne. Man lebt nur noch dafür, Körper und Sinne hochzukitzeln und zu befriedigen. Glitzer und Glamour werden zum Gegenstand übertriebener Faszination. Die Befriedigung körperlicher Begehren wird zur Motivation, zur Zwangshaltung und zum einzigen Höhepunkt.

Ein Objekt mit Eigengewicht, das nicht an einem flexiblen Faden hängt, sondern direkt an einen feststehenden Punkt gebunden ist, kann nicht als Pendel benutzt werden, weil es nicht rhythmisch hin und her schwingen und daher auch keinen Takt, keine Zeit und keine Abstände messen kann.

Menschen, die sich von der Fülle ihres Seelenlebens und den eng damit verbundenen Vitalkräften spiritueller Vibrationen abgeschnitten haben, fühlen eine innere Sinnlosigkeit und Hohlheit. Ihre Lebensenergie pulsiert nicht im rhythmischen Wechselspiel. Sie sind unbewußt. Sie können ihre Wahrnehmungen und Verhaltensweisen nicht einschätzen, also akkurat bemessen. Das Licht des Bewußtseins wird so weit heruntergeschraubt, daß sie nichts mehr sehen können.

Wenn wir erkennen, daß der Körper nur eines der Instrumente ist, durch das Bewußtsein fließt und operiert, verlieren körperliche Bedürfnisse, Begierden und Empfindungen ihre übermäßige Bedeutung. Unsere Aufmerksamkeit wendet sich Wichtigerem zu: dem spirituellen Energiebereich.

Unser Zentrum, unser Wesenskern, unser kosmisches Erbteil liegt in der gleichbleibend starken Verbindung zu der Quelle allen Lebens, der Ewigen Gegenwart, dem unerschöpflich klaren Licht des reinen Bewußtseins, und kann nur dort gefunden werden.

Ein Mensch, der sich nicht im spirituellen Vibrationsbereich verankert und zentriert, ist kein lebendes Pendel. Deine Akkuratheit beim Pendeln steht in direktem Verhältnis zu deinem Bewußtseinsgrad, deinem Fähigkeitsgrad und der Seinsebene, auf der du existierst.

Also besteht die erste Priorität des Pendlers darin, sich auf die feineren Schwingungsebenen einzustimmen. Als nächstes muß der Pendler die innige Verbindung zwischen sich selbst als Körper-Seele-Geist (lebendes Pendel) und dem äußerlichen Pendel oder der Wünschelrute spüren. Und zum Schluß muß er (oder sie) wahrnehmen, daß es sich um einen *Prozeß* der geistig-seelischen Weiterentwicklung handelt, nicht nur einen Lernprozeß, bei dem das Pendel als Schwingungsmesser benutzt wird.

Die Pendel-Antenne

Werkzeuge sind eine Verlängerung des Körpers, des Gehirns und des Nervensystems. Hacke und Spaten sind Verlängerungen der menschlichen Hände. Der Computer ist eine Verlängerung des Gehirns, durch die wir Zeit und Energie sparen, um sie für produktivere Zwecke einzusetzen.

Das Pendel ist schlicht und einfach eine Verlängerung des Nervensystems und speziell des sympathetischen Nervensystems. Das sympathetische Nervensystem ist auf die Registration von Gefühlen spezialisiert. Wenn du einen Raum betrittst und eine aufgeregte Atmosphäre wahrnimmst, ist das sympathetische Nervensystem an der Arbeit. Du kannst die Aufregung weder sehen noch berühren, spürst sie aber unmißverständlich.

Das Pendel funktioniert wie eine Antenne für das hochsensible sympathetische Nervensystem. Wenn man das Pendel bewußt in der Hand hält und eine präzise, bedeutungsvolle Frage stellt, verstärkt man die Klarheit des Empfangs. Das bewußte Einstimmen auf Vibrationen läßt uns subtile Erfahrungen mit erhöhter Sensibilität wahrnehmen.

In diesem Augenblick, während ich diese Worte schreibe, wird mein Zimmer von Fernsehgeräuschen und -bildern überflutet. Der Fernseher ist nicht eingeschaltet. Ich kann sie nicht sehen, aber sie werden ständig ausgesendet.

Sobald man den Fernseher einschaltet, empfängt die Antenne Bilder, die auf dem Bildschirm sichtbar werden. Sobald du deine Aufmerksamkeit einschaltest, deine Frage stellst und dein Pendel in der Hand hältst, kannst du die vibratorische Antwort auf deine Frage empfangen.

Habt ihr euren Fernseher schon mal eingeschaltet, während die Kaninchenohren der Zimmerantenne nach unten hingen? Nichts als knisternde Pünktchen, ein unklares Bild. Richtet die Zimmerantenne auf – Klarheit.

Das Pendel arbeitet genau wie eine Fernsehantenne. Haltet das Pendel vor euch hin, stellt den Kanal eurer Aufmerksamkeit auf eine bestimmte Frequenz ein, und ihr werdet zum menschlichen Fernsehgerät.

Je geübter der Pendler, je verfeinerter die Empfänglichkeit des sympathetischen Nervensystems, desto mehr wird er zu einem Fernsehgerät, das an eine Dachantenne angeschlossen ist. Der Empfang wird kristallklar. Antworten auf Fragen werden offensichtlich. Man erhält das unmißverständliche Schwingungsgefühl der Antwort mit den dazugehörigen Bildern und Worten.

Der Vergleich mit einer Fernsehantenne ist auch aus einem anderen, sehr wichtigen Grund absolut zutreffend. Du kannst den Fernseher mit einem Knopfdruck abschalten, und du kannst das Pendel beiseite legen, und sofort bist du nicht mehr auf den Empfang einer bestimmten Schwingung eingestimmt.

Nichts kann so quälend, furchterregend und anstrengend sein wie einmal angeschaltete mediale Bewußtheit, die durch keinen Knopf mehr ausgeschaltet werden kann. Das sympathetische Nervensystem würde wegen Überlastung zusammenbrechen. Wenn es seine normale Temperatur und seine gewohnten Druckverhältnisse zu lange überschreitet, kann sich das in emotionalen, geistigen und physischen Störungen oder Krankheiten äußern.

Der Umgang mit dem Pendel zeigt uns, wie wir empfangen und abschalten können. Diese Kontrolle gewährleistet, daß man über die reine ›außersinnliche Sensationslust‹ hinaus- und in gezielt spirituelle Bereiche hineingeht. Das, was ich außersinnliche Sensationslust nenne, ist heute überall verbreitet. Die Psychen aller Menschenrassen sind vom globalen Psycho-Müll verseucht wie die Ozeane dieses Planeten von allem erdenklichen Giftmüll.

Wenn ihr euch ganz bewußt auf irgendwelche Schwingungen einstimmt, wie es beim Pendeln der Fall ist, habt ihr mehr Kontrolle über psychische Kräfte. Was man bewußt wahrnimmt, kann man leichter kontrollieren. Beim unbewußten Einstimmen, wie im Fall von sensationslüsternem Mediumismus, wird man sehr leicht von den psychischen Kräften kontrolliert. Also hat man eine Wahl.

Unbewußtes Einstimmen: Eine Frau wird vorübergehend paralysiert

Eines Morgens bekam ich einen Anruf von einer sehr verängstigten Frau, die von ihrem Krankenlager aus anrief.

»Greg, ich bin im Krankenhaus«, stammelte sie.

»Was ist passiert?« fragte ich. »Erzähle.«

»Gestern habe ich mir eine Meditations- und Entspannungskassette angehört. Ich war total entspannt, als das Telefon klingelte und mich in die Realität zurückschleuderte. Ich bin aufgestanden, um den Hörer abzunehmen, aber meine Beine sind unter mir zusammengeknickt, also mußte ich auf allen vieren zum Telefon kriechen. Mein Mann war am Apparat.« Sie hielt inne, um Atem zu schöpfen.

»Ja... und was dann?« sagte ich.

»Ich habe ihm erzählt, daß meine Beine irgendwie tot waren und ich nicht laufen konnte. Ich mußte zum Telefon kriechen! Dann kam er hier angerast und hat mich zum Auto getragen und ins Krankenhaus gebracht. Die Ärzte konnten absolut nichts finden. Meine Beine waren immer noch taub; ich konnte nicht laufen. Dann haben sie alle möglichen Tests gemacht. Das war gestern. Aber sie haben nicht das geringste gefunden.«

Ich stellte der verwirrten, in Panik geratenen Frau noch ein paar weitere Fragen. Es stellte sich heraus, daß man ihren Fall einem Psychologen übertragen hatte, weil keine physischen Ursachen für die Taubheit in ihren Beinen festgestellt wurden, obwohl sie weiterhin nicht laufen konnte. Also mußte die Ursache psychosomatisch sein.

Diese Geschichte ist nur ein Beispiel für die Tatsache, daß *unbewußtes Einstimmen gefährlich ist.* Die Frau öffnete sich unbewußt für die Suggestionen des Sprechers auf dem Tonband und gab ihren freien Willen auf.

Gerade bevor das Telefon klingelte, hatte die Stimme auf dem Tonband gesagt: »Und jetzt entspanne deine Beine – erst das rechte, dann das linke. Fühle, wie sie taub werden.«

Biiim... biiim... bimmm...

Das Klingeln des Telefons trieb die Suggestion »fühle, wie sie taub werden« in die Tiefen des Unterbewußtseins der Frau. Das Unterbewußtsein ist wie ein Halbstarker, der es nicht besser weiß. Es nimmt Suggestionen auf, ohne zu diskriminieren. Die Suggestion drang tief genug ein, wirkte wie ein Befehl, und der Körper der Frau verhielt sich dem Befehl entsprechend. Die Beine wurden paralysiert.

Jedenfalls riet ich der Frau, erst mal alle ihre Beruhigungsmittel in den Mülleimer zu werfen, egal was die Ärzte und Schwestern sagen würden. Als sie mich anrief, stand sie unter Drogen und sprach mit lallender, stockender Stimme. Selbst über das Telefon konnte ich ihre gestörten Vibrationen empfangen. Als nächstes erklärte ich ihr, daß sie den Satz: ›Und nun fühle, wie deine Beine taub werden‹ auf ein Stück Papier schreiben solle. Dann sollte sie das Papier eine Sekunde lang mit beiden Händen anfassen, danach eine Sekunde lang loslassen. Und dies für etwa zwanzig Minuten.

Während der nächsten zwei Tage machte sie diese Übung. Am dritten Tag konnte sie schon etwas besser laufen. Das rechte Bein war mehr gelähmt als das linke, aber sie brachte es fertig, das Krankenhaus zu verlassen. Sie wiederholte die ›Anfassen-Loslassen‹-Übung noch ein paarmal, und es dauerte einige Wochen, bis ihre Beine wieder vollkommen funktionsfähig waren.

Ich bat sie, mir die Entspannungskassette zu schicken, und hörte mir einen Auszug davon an; mehr konnte ich nicht ertragen. Die Stimme auf der Kassette sandte eine unbewußt hypnotische Tonschwingung aus, die einem das Gefühl gab, daß man gegen den eigenen Willen ›unter Wasser gedrückt‹ wurde. Die Kassette ist jetzt irgendwo zwischen den Abfallbergen des New York City Mülldepots zu haben.

Die Frau hatte keine Kontrolle über das, was sie in ihr Bewußtsein hereinließ. Sie hatte den Thron ihrer Wachsamkeit mit den besten Absichten verlassen, denn schließlich, so sagte sie sich, ›wollte ich nur lernen, wie man sich entspannt‹. Trotzdem bleibt die Tatsache bestehen, daß sie einem anderen Bewußtsein erlaubte, ›sie zu entspannen‹, nicht ihrem eigenen Bewußtsein.

Mit dem Pendel entscheidest du dich bewußt für Einstimmung und Empfang. Du drehst am Schalter deines Bewußtseins und registrierst mit voller Wachheit, welche Schwingungsqualität, welche Frequenz und welches Energiefeld du hereinläßt. Und am Ende schaltest du deinen Empfang bewußt wieder ab und legst das Pendel beiseite.

Passive mediale Empfängnis ist gefährlich. Bewußte Einstimmung ist ein Licht in der Finsternis.

Zusammenfassung

1. Jede Schwingungsbewegung, die einem regelmäßigen und wiederholten Muster folgt, ist eine einfache harmonische Bewegung.
2. Jeder Mensch schwingt in einer individuellen harmonischen Bewegung, einer Art Lebensrhythmus, der ihm, sofern er ihm folgt, die Schätze der Liebe, berufliche Erfüllung und spirituelle Erkenntnisse zugänglich macht.
3. Wenn wir unseren individuellen Rhythmus nicht finden und ihm nicht folgen, ist Leiden die Konsequenz.
4. Das Pendel in der Hand eines geübten, bewußten Pendlers ist nicht mehr und nicht weniger als ein Meßgerät für das, was ist.
5. Wenn man das Leben bewußt mißt, ist man mehr in sich selbst zentriert. Und wenn man in sich zentriert ist, spürt man die hohe Schwingungsfrequenz des eigenen Wesens.
6. Das Gleichgewichtsstreben ist eine Kraft, die dafür sorgt, daß Energien in einem rhythmischen, pendelgleichen Abstand schwingen.
7. Ein inneres Gleichgewichtsgefühl zu haben, bedeutet, zu wissen, wann man zu weit in eine Richtung gegangen ist, oder, besser noch, wann man im Begriff ist, zu weit in eine Richtung zu gehen.
8. Die Erdanziehungskraft bewegt das äußerliche Pendel hin und her. Die Gleichgewichtskraft bewegt unser psycho-spirituelles Pendel hin und her.
9. Jeder Pendel-Lehrling muß sich mit seiner psycho-spirituellen Natur in Verbindung bringen.
10. Eine Psyche ohne spirituelle Vibrationen ist wie eine Stadt ohne Verkehrsampeln.
11. Ein Pendler muß sich die eigenen inneren psycho-spirituellen Vibrationen akut und minuziös bewußt machen, weil die Aktivitäten des Unbewußten oder des Unterbewußtseins eine Lesung mit dem Pendel soweit beeinflussen können, daß die Antworten nicht mehr korrekt sind.

12. Wir alle sind lebende Pendel. Das Eigengewicht ist unser Körper, der flexible Faden ist die Silberschnur, die uns mit dem feststehenden Punkt unseres innersten Wesens verbindet.
13. Unser Zentrum, unser Wesenskern, unser kosmisches Erbteil liegt in der gleichbleibend starken Verbindung zu der Quelle allen Lebens, der Ewigen Gegenwart, dem unerschöpflich klaren Licht des reinen Bewußtseins, und kann nur dort gefunden werden.
14. Deine Akkuratheit beim Pendeln steht in direktem Verhältnis zu deinem Bewußtseinsgrad, deinem Fähigkeitsgrad und der Seinsebene, auf der du existierst.
15. Das Pendel arbeitet genau wie eine Fernsehantenne. Haltet das Pendel vor euch hin, stellt den Kanal eurer Aufmerksamkeit auf eine bestimmte Frequenz ein, und ihr werdet zum menschlichen Fernsehgerät.
16. Der Umgang mit dem Pendel zeigt uns, wie wir empfangen und abschalten können. Diese Kontrolle gewährleistet, daß man über ›außersinnliche Sensationslust‹ hinaus- und in gezielt spirituelle Bereiche hineingeht.
17. Beim unbewußten Einstimmen, wie im Fall von sensationslüsternem Mediumismus, wird man allzu leicht von den psychischen Kräften kontrolliert. Also hat man eine Wahl. Bewußte Einstimmung ist ein Licht in der Finsternis.

3

Frequenzen, Kräfte, Felder

Willkommen in der Energiewelt

Wie oft schlägt dein Herz? Wie oft atmest du ein und aus? Wie oft geht die Sonne auf und unter?

Ton, Licht, Denken und Liebe – jede Person, jeder Ort und jeder Gegenstand, das Unsichtbare und das Sichtbare – Alles-was-Ist vibriert in einem bestimmten Zyklus pro Zeiteinheit.

Nehmen wir deinen Pulsschlag. Wenn dein Herz zwischen 60 und 80 Mal in der Minute schlägt, während du dich ausruhst, ist das eine ziemlich reguläre ›Frequenz‹. Nach heftigem Tanzen, Joggen oder Schwimmen erhöht sich deine Herzrate vielleicht vorübergehend auf 120 Schläge in der Sekunde; die ›Frequenz‹ kann sich verdoppeln.

Seht euch die Tabelle des bekannten elektromagnetischen Spektrums auf Seite 33 an. Einige der Worte, wie Radio, Fernsehen, Hitze und Röntgenstrahlen sind euch bekannt. Alle diese *unsichtbaren* Wellenlängen und Energien gestalten unser tägliches Leben.

Stellt euch unser tägliches Leben für einen Augenblick ohne die Nutzbarmachung von Radio-, Fernseh- und Mikrowellen vor. Wir würden uns sofort in einer Zeitmaschine auf dem Rückweg in das frühe zwanzigste Jahrhundert befinden. Nehmt die Nutzbarmachung von Röntgenstrahlen zurück, und viele medizinische und zahnärztliche Behandlungsmethoden wären für heutige Verhältnisse barbarisch. Stellt euch den Zweiten Weltkrieg ohne Radargeräte vor!

Jetzt schaut euch den mittleren Teil der Tabelle an. Seht ihr die Worte ›Sichtbares Licht‹? Inmitten der bekannten und der Wissenschaft bis heute unbekannten Frequenzen befindet sich ein winziges Guckloch von Frequenzen, die für das Menschenauge sichtbar sind: ein ganz enges Schlüsselloch, durch das du und ich den Kosmos betrachten.

Fritjof Capra schrieb in seinem Buch *Tao der Physik:*

»Licht ist nichts anderes als ein rasch alternierendes elektromagnetisches Feld, das in Form von Wellen durch den Raum reist. Heute wissen wir, daß alle Radiowellen, Lichtwellen und Röntgenstrahlen elektromagnetische Wellen sind, oszillierende elektrische und magnetische Felder, die sich nur durch die Frequenz ihrer Oszillation unterscheiden, und daß das sichtbare Licht nur ein winziger Bruchteil des elektromagnetischen Spektrums ist.«

Willkommen in der Welt der Energie, in der du dich in Bereiche jenseits der fünf Sinne begibst, jenseits von allem, was du sehen, hören, schmecken, riechen und betasten kannst!

Mit dem Pendel können wir die unendliche, multidimensionale Unermeßlichkeit der Energiewelt erkunden. Wir können uns sowohl auf das Unsichtbare, das Tausende von Meilen entfernt ist, einstimmen wie auf das Sichtbare, das uns unmittelbar umgibt. Wenn wir in der Energiewelt bewußt sind, wird Allwissen möglich. Man stimmt sich einfach auf eine Frequenz oder Frequenzen ein und registriert, erfährt und weiß.

Vitvan, ein Meister des zwanzigsten Jahrhunderts, war einer der Pioniere der Erforschung der Energiewelt. In seinem Buch *Basic Teachings of the School of the Natural Order, Band I,* schrieb er:

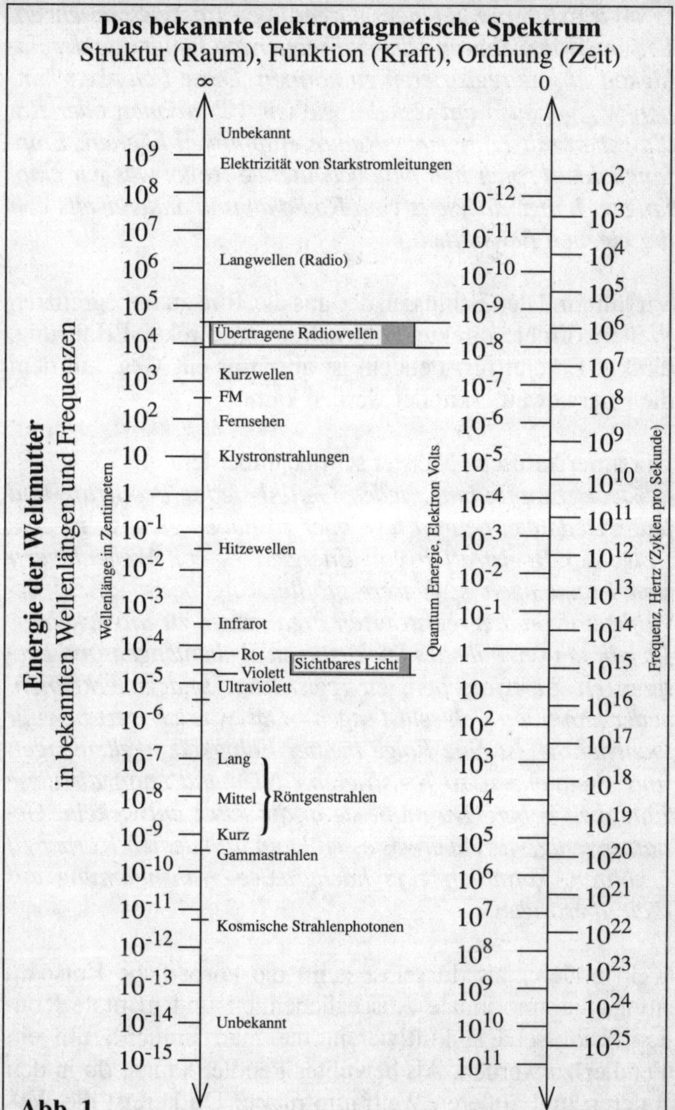
Das bekannte elektromagnetische Spektrum
Struktur (Raum), Funktion (Kraft), Ordnung (Zeit)
Energie der Weltmutter
in bekannten Wellenlängen und Frequenzen
Wellenlänge in Zentimetern
∞
10^9
10^8
10^7
10^6
10^5
10^4
10^3
10^2
10
1
10^{-1}
10^{-2}
10^{-3}
10^{-4}
10^{-5}
10^{-6}
10^{-7}
10^{-8}
10^{-9}
10^{-10}
10^{-11}
10^{-12}
10^{-13}
10^{-14}
10^{-15}
0
Unbekannt
Elektrizität von Starkstromleitungen
Langwellen (Radio)
Übertragene Radiowellen
Kurzwellen
FM
Fernsehen
Klystronstrahlungen
Hitzewellen
Infrarot
Rot
Violett
Sichtbares Licht
Ultraviolett
Lang
Mittel
Kurz
Röntgenstrahlen
Gammastrahlen
Kosmische Strahlenphotonen
Unbekannt
Quantum Energie, Elektron Volts
10^{-12}
10^{-11}
10^{-10}
10^{-9}
10^{-8}
10^{-7}
10^{-6}
10^{-5}
10^{-4}
10^{-3}
10^{-2}
10^{-1}
1
10
10^2
10^3
10^4
10^5
10^6
10^7
10^8
10^9
10^{10}
10^{11}
Frequenz, Hertz (Zyklen pro Sekunde)
0
10^2
10^3
10^4
10^5
10^6
10^7
10^8
10^9
10^{10}
10^{11}
10^{12}
10^{13}
10^{14}
10^{15}
10^{16}
10^{17}
10^{18}
10^{19}
10^{20}
10^{21}
10^{22}
10^{23}
10^{24}
10^{25}
∞

Abb. 1

»Wir existieren in einem ›Ozean‹ von Energiefrequenzen. Unsere Wahrnehmung dieser Frequenzen hängt von der Fähigkeit ab, sie registrieren zu können. Diese Fähigkeit können wir genauso entwickeln, wie wir Vibrationen oder Radiowellen mit Hilfe eines Radios empfangen können. Empfänglichkeit spielt hier eine bedeutende Rolle: was wir empfangen, hängt einerseits vom Radio ab und andererseits von der eigenen Bewußtheit.«

Vitvan fand den Schlüssel, der uns die Tore zu unbegrenzten Welten öffnet: direkte Wahrnehmung, direkte Erfahrung, direkte Erkenntnis. Pendeln ist aber nur ein Weg, auf dem die Energiewelt erkundet werden kann.

Der amerikanische Meister schrieb außerdem:

»Jede Empfindung, jedes Gefühl, jedes Bedürfnis und jeder Gedanke, den du hast oder zu haben glaubst, ist eine Folge der Registration von Energien – von Wellenlängen und Frequenzen. ... Unsere größte Aufgabe ist es, ein Bewußtsein von den registrierten Frequenzen zu entwickeln... Es gibt ein unendliches Spektrum an Wellenlängen und Frequenzen zu erforschen, zu registrieren und zu erkennen. Jeder kann von sich selbst sagen: ›Das, was ich jetzt bewußt wahrnehme, ist eine Folge meiner Fähigkeit, Wellenlängen und Frequenzen zu registrieren.‹ Niemand kann dir diese Fähigkeit geben. Du mußt sie in dir selbst entwickeln. Genausowenig, wie ich etwas essen kann, um deinen Körper zu ernähren, kann ich eine hochgradige Wahrnehmung auf dich übertragen.«

Kein anderer als du selbst kann die körperliche Entspannung, die emotionale Ausgeglichenheit und mentale Konzentrationsschärfe kultivieren, die man braucht, um ein Pendler zu werden. Als bewußter Pendler kannst du in den inneren und äußeren Weltraum reisen. Du kannst die Wellenlängen von Sternen und Planeten empfangen, genauso wie die Gedanken und Absichten der Erdenführer. Nichts bleibt verborgen. Den wachen Empfangsstationen in der Energiewelt werden alle Dinge offenbart.

Also noch einmal: Willkommen in der Welt der Energie.

Kräfte

Vier Kräfte regieren die Welt der Energie. Eine Kraft ist eine Energiebewegung, die einem stetigen, sich wiederholenden Muster folgt. Die Physiker und die Alchemisten beschreiben und bezeichnen die vier Kräfte auf verschiedene Weise. Aber es gibt auch Ähnlichkeiten. Das Gesetz der harmonischen Entsprechung macht uns deutlich, daß kein Konflikt zwischen Physik und Alchemie besteht.

Kräfte: Der Physiker

Der Physiker kategorisiert die vier Kräfte des Universums wie folgt, von der stärksten bis hin zur schwächsten:

1. Atomkraft
2. Elektromagnetische Kraft
3. Schwache Kraft (Verfallreaktionen)
4. Schwerkraft

Die Atomkräfte – bei weitem die stärksten in der Natur – halten positiv geladene Protonen und neutrale Neutronen zusammen. Diese immens starke Interaktion findet im Kern jedes Atoms statt, und zwar mit einer Stärke von zehn Millionen elektronischen Volt.

Die zweitstärkste Kraft, die aber schon weitaus schwächer ist (hundertmal geringer als die Atomkraft), ist die elektromagnetische Kraft. Elektromagnetismus ist die Interaktion zwischen aufgeladenen Partikeln. Ein Atom wird von der gegenseitigen Anziehung zwischen positiven Protonen und negativen Elektronen zusammengehalten. Elektromagnetische Interaktionen lösen chemische Prozesse aus und führen damit zu neuen Kombinationen in den Molekularstrukturen.

Hundertmillionenmal schwächer als die elektromagnetische Kraft ist die sogenannte schwache Kraft. Die schwachen Interaktionen finden in den subatomaren Bereichen statt und sind so geringfügig, daß sie nichts zusammenhalten. Im Gegenteil, diese Kraft manifestiert sich im Aufeinanderprallen von Partikeln und im Verfall von Partikeln.

Die schwächste Kraft in der Physik ist die Schwerkraft. Sie wirkt zwischen den kleinsten Partikeln und den größten Himmelskörpern in Form von einer gegenseitigen Anziehungskraft. Diese Kraft hält die Erde in ihrer Umlaufbahn um die Sonne.

Kräfte: Der Alchemist

Die Alchemisten betrachteten den Kosmos ebenfalls als eine Interaktion zwischen vier Kräften, deren Stärke oder Schwäche am jeweiligen Verflüchtigungsgrad gemessen wurde:

1. Feuer
2. Luft
3. Wasser
4. Erde

Jeder von uns erlebt die vier Elemente tagtäglich als körperliche Empfindungen und braucht alle vier zum Überleben. Ohne Feuer würden wir erfrieren; ohne Luft würden wir ersticken; ohne Wasser würden wir austrocknen, und ohne Erde hätten wir keine Werkzeuge und keine Nahrung.

Ein Alchemist, der dieses Wissen auf sein eigenes Leben bezog, war mehr als ein Wissenschaftler. Er war ein gnostischer Eingeweihter. Ein Gnostiker ist ein Mensch, der den

Weg kennt, ihn geht und dabei die Umwandlung von niedrigen Sinneswahrnehmungen, Gefühlen, Begierden und Gedanken in Licht, Erkenntnis und Liebe am eigenen Leib erfährt.

Die gnostischen Alchemisten beobachteten die Aktivitäten und Auswirkungen der vier Elemente und informierten sich damit über Struktur und Ordnung des Kosmos. Sie beobachteten die vier Elemente unter dem Gesichtspunkt des okkulten Gesetzes, das besagt *wie oben, so unten*; ›oben‹ bezieht sich auf die unsichtbaren Energiewelten; ›unten‹ bezieht sich auf die sinnlich wahrgenommene Welt.

Die Alchemisten erkannten, daß die vier Elemente auf der physischen Ebene eine Reflektion der vier Elemente auf allen Ebenen, allen Frequenzbändern sind.

Zum Beispiel entsprechen die vier Kräfte der Physik den vier Kräften der Alchemie:

Physik	*Alchemie*
Atomkraft	Feuer
Schwache Kraft	Luft
Elektromagnetik	Wasser
Schwerkraft	Erde

Denkt über die vier Elemente nach und lest dann noch einmal, was über die vier Kräfte der Physik gesagt wurde. Seht ihr, wie sie einander entsprechen?

Die Alchemisten übertrugen die Aktivitäten der vier Elemente auf eine psychologische Ebene und sahen folgende Entsprechungen:

Elemente	*Psyche*
Feuer	Geist
Luft	Denken
Wasser	Fühlen
Erde	Physische Eindrücke

Synthese

Albert Einstein versuchte sein halbes Leben lang, eine ›Einheitliche Feldtheorie‹ zu entwickeln, ein Konzept, das Atomkraft, Elektromagnetik, schwache Kraft und Schwerkraft unter einer Schirmherrschaft integrieren würde. Der Erfolg blieb ihm versagt.

In den achtziger Jahren versammelten sich die Physiker aus aller Welt in Cern, der globalen Hauptstadt für experimentelle Physik. Cern liegt am Fuß des Juragebirges in der Schweiz und besitzt den derzeit größten atomaren Teilchenbeschleuniger der Welt, den Superproton Synchroton, mit einem Umkreis von 4,2 Meilen. Ein 17 Meilen langer Beschleuniger, in dem Elektronen und Positronen auf Kollisionskurs gebracht werden und aufeinanderprallen, ist im Bau.

Aus welchem Grund werden subatomare Elementarteilchen, die sich mit nahezu Lichtgeschwindigkeit fortbewegen, zur Kollision und Verschmelzung gebracht? Die Physiker versuchen mit solchen Experimenten, die Einheit der vier Kräfte festzustellen. Der italienische Physiker Carlo Rublia hat die Verbindung zwischen elektromagnetischen und schwachen Kräften bereits entdeckt.

Während die Physiker des zwanzigsten Jahrhunderts auf diese Weise bemüht sind, herauszufinden, welche gemeinsame Kraft den vier Kräften zugrunde liegt, haben die Alchemisten das allen Kräften einheitlich zugrundeliegende Prinzip schon vor Hunderten, ja sogar Tausenden von Jahren entdeckt.

Das alchemistische Experiment bestand darin, die vier Elemente im korrekten Maß und richtigen Verhältnis miteinander zu verbinden. Die daraus resultierende Kraft nannten sie den Äther. Für sie fand die experimentelle Vermischung der vier Kräfte in ihrer eigenen, individuellen Psyche statt. Geist, Denken, Fühlen und physische Eindrücke verschmolzen nach ihren Beobachtungen zu einer einzigen

Kraft, einem fünften Element, welches Äther genannt wurde und zu einer ausgewogenen, psychischen Einheit führte.

Der Alchemist, der Gnostiker und Eingeweihte, der die vier Elemente seiner psychischen Natur auf korrekte Weise miteinander verbindet, wird zu einer Reflektion der ›höheren‹ und gleichzeitig zugrundeliegenden Kraft. Diese Art von ätherischer Präsenz wird als Friede, Bewußtheit und Stärke zugleich empfunden.

Ich habe keinen Zweifel daran, daß die Physiker das einheitliche Prinzip hinter den vier Kräften wiederentdecken (im Gegensatz zu ›entdecken‹) werden. Sie werden eine fünfte Kraft wiederentdecken, den Äther, der die anderen vier Kräfte durchdringt und miteinander verbindet. Sie werden ihre Entdeckung ›Die Präsenz‹ nennen, weil sie überall im Universum präsent ist.

Und was hat das Wissen über die universellen Kräfte mit dem Pendel zu tun? Ein Mensch, der weiß, wie man die inneren psychologischen Kräfte des Geist-Feuers, der Luft-Gedanken, der Gefühls-Wasser und der Erd-Eindrücke in sich funktionsfähig macht, hat sich bereits zum etwa 75prozentigen Meisterpendler entwickelt.

Abb. 2 Muster von Eisenspänen nahe einem Magneten

Wenn du deine inneren Kräfte mehr oder minder in den Griff bekommst, kannst du leichter wahrnehmen, welche Kräfte andere Menschen bewegen.

Deine stetige Selbstkontrolle öffnet dir die Tore zu den submikroskopischen Kräften der Physik. Kurz gesagt, der Kosmos ist deine Spielwiese!

Solange du bewußt bleibst, kannst du hingehen, wo du willst.

Felder

Fast jeder von uns hat schon gesehen, was passiert, wenn man Eisenspäne auf ein Stück Papier legt und dann einen Magneten unter das Papier hält (siehe Abbildung 2). Plötzlich sieht man die Muster der magnetischen Kraftlinien. Das unsichtbare Magnetfeld tritt in Erscheinung.

Wir sind vom universellen Kraftfeld umgeben, durchdrungen, darin eingeschlossen, und werden davon erhalten. Magnetische Felder, Schwerkraftfelder, elektromagnetische Felder, Bioenergiefelder und Aurafelder sind jeweils Felder innerhalb von Feldern, die alle strukturell und funktionsmäßig ineinander übergehen.

Der deutsche Atomphysiker W. Thirring drückte es folgendermaßen aus:

»Das Feld existiert immer und überall; es kann nie zerstört werden. Es ist der Träger aller materiellen Erscheinungen. Es ist das ›Nichts‹, aus dem das Proton die Pi-Mesons hervorbringt. Das Dasein und das Verschwinden von Elementarteilchen sind nur Bewegungsformen des Feldes.«

Thirring setzte das ›Nichts‹ absichtlich in Anführungsstriche, denn es ist nicht leer. Im Gegenteil, der Weltraum ist eine dynamische Fülle, die mit anderen räumlichen Dimensionen verbunden ist und einen vollkommen ausgefüllten einheitlichen Raum ergibt.

Der chinesische Mystiker Tschuang Tzu formulierte es so:

»Wenn man weiß, daß das Unendliche Nichts voller Chi (Energie) ist, erkennt man, daß es kein Nichts gibt.«

Die Kraft, die das Feld zu irgendeinem Zeitpunkt am meisten beherrscht, entscheidet über die Eigenschaften des Feldes. Schwerkraft ist beispielsweise die dominierend wirksame Kraft bei irdischen Körpern, und so macht sich das Gravitationsfeld als Gewicht bemerkbar.

Wenn Astronauten das Gravitationsfeld der Erde verlassen, verändern sich die dominierenden Kräfte. Im Weltraum herrscht keine Anziehungskraft; die Astronauten sind schwerelos. Die dominierende Kraft wird jetzt elektromagnetisch, und das elektromagnetische Feld macht sich in Form von Hitze, Licht, Radiowellen usw. bemerkbar.

Der Pendler muß die dominierende Kraft in seinem Umfeld in jedem Moment bewußt wahrnehmen, wenn er sich akkurat auf eine Frequenz oder Frequenzen einstimmen will.

Nehmen wir einmal an, du hast eine Frage. Du nimmst dein Pendel und stellst sie, während eine Heavy-Metal-Rockband durch die Stereoanlage dröhnt. Solange du kein Meisterpendler bist, wird deine Akkuratheit von dem Getöse beeinträchtigt, weil der dominierende Lärm der Musik dein Aurafeld sehr wahrscheinlich durcheinanderbringt. Aufmerksamkeit, Denken, Fühlen und Empfänglichkeit sind mit ziemlicher Sicherheit unkoordiniert.

In dem Maße, in dem deine psychologischen Kräfte gestört sind, wird auch der Vorgang der Einstimmung auf die richtige Bandbreite, der Empfang und die Antwort gestört sein.

Mit dem Pendel kann das Unbekannte erkannt werden. Man wird zum kosmischen Entdeckungsreisenden. Das Bewußtsein kann sich in neue Dimensionen hineinbewegen. Geheimnisse werden offenbart und verborgene Schätze freigelegt.

Die unsichtbaren Felder, Kräfte und Frequenzen können berührt, gefühlt und genauso spürbar erfahren werden, wie du das Buch, das du jetzt in der Hand hältst, berührst, fühlst und erfährst.

Und damit sind wir beim praktischen, zunächst einfachen und dann immer komplexer werdenden Lernprozeß des Pendlers angelangt.

Zusammenfassung

1. Ton, Licht, Denken und Liebe – jede Person, jeder Ort und jeder Gegenstand, das Sichtbare und das Unsichtbare – Alles-was-Ist vibriert mit einer bestimmten Frequenz.
2. Mit dem Pendel können wir die unendliche, multidimensionale Welt der Energie erkunden. Wir können uns auf etwas Unsichtbares in Tausenden von Meilen Entfernung einstimmen, genauso wie auf das Sichtbare, das uns unmittelbar umgibt.
3. Wenn wir in der Energiewelt bewußt sind, wird Allwissen möglich. Man stimmt sich einfach auf eine Frequenz oder Frequenzen ein und registriert, erfährt und weiß.
4. Kein anderer als du selbst kann die körperliche Entspannung, die emotionale Ausgeglichenheit und mentale Konzentration kultivieren, die man braucht, um ein Pendler zu werden.
5. Vier Kräfte regieren die Welt der Energie. Eine Kraft ist eine Energiebewegung, die einem stetigen, sich wiederholenden Muster folgt.
6. Jeder von uns spürt die vier Elemente tagtäglich in körperlichen Empfindungen als Feuer, Luft, Wasser und Erde.
7. Die gnostischen Alchemisten beobachteten die Aktivitäten und Auswirkungen der vier Elemente und informierten sich damit über Struktur und Ordnung des Kosmos.

8. Ein Alchemist ist ein Mensch, der den Weg kennt, ihn geht, und die Umwandlung von niedrigen Sinneswahrnehmungen, Gefühlen, Begierden und Gedanken in Licht, Erkenntnis und Liebe am eigenen Leib erfährt.
9. Der Alchemist, der Gnostiker und Eingeweihte, der die vier Elemente seiner psychischen Natur auf korrekte Weise miteinander verbindet, wird zu einer Reflektion der höheren und gleichzeitig zugrundeliegenden Kraft. Diese Art von ätherischer Präsenz wird als Friede, Bewußtheit und Stärke zugleich empfunden.
10. Ein Mensch, der weiß, wie man die inneren psychologischen Kräfte des Geist-Feuers, der Luft-Gedanken, der Gefühls-Wasser und der Erd-Eindrücke in sich funktionsfähig macht, hat sich zum etwa 75prozentigen Meisterpendler entwickelt.
11. Wir sind von universellen Kräften umgeben, durchdrungen, darin eingeschlossen und werden davon erhalten.
12. Der Pendler muß die dominierende Kraft in seinem Umfeld in jedem Moment bewußt wahrnehmen, wenn er sich akkurat auf eine Frequenz oder Frequenzen einstimmen will.
13. Die unsichtbaren Felder, Kräfte und Frequenzen können berührt, gefühlt und genauso erfahren werden, wie du das Buch, das du jetzt in der Hand hältst, berührst, fühlst und erfährst.

4

Die Benutzung des Pendels

Die Frühlingssonne sandte ihre wärmenden Strahlen durch das Fenster eines Appartements auf der West-Side von Manhattan. Die Menschen im Appartement saßen in Licht getaucht, während sie einem Vortrag über die Benutzung des Pendels zuhörten. Karls Worte vermengten sich mit dem Sonnenlicht und drangen um so müheloser ins Hirn der erwartungsvollen Studenten.

»Hat jeder von euch ein Pendel?«

Sue meldete sich und sagte mit enttäuschter Stimme: »Nein… nein, ich habe keins. Ich war letzte Woche nicht hier und habe vergessen zu fragen, ob wir eine Hausaufgabe bekommen haben.«

»Das macht nichts.« Karl war verständnisvoll wie immer. »Trägst du einen Ring auf einem deiner Finger?«

»Klar«, antwortete Sue mit unsicherem Gesicht.

»Na also, dann hast du in ein paar Minuten ein Pendel.« Karl wandte sich an Laura, seine Frau, und bat sie, ein Stück Angelleine aus seinem Werkraum zu holen.

Inzwischen kramten die anderen Studenten ihre selbstgemachten Pendel aus Hosentaschen, Aktenmappen und Handtaschen hervor. Ein Stimmengewirr erhob sich, während sie einander ihre Heimarbeiten vorführten. Da waren kleine und große, bunte und schlichte, solide wirkende und überaus zarte Pendel, aber alle hatten eine grundlegende Form: ein Gewicht hing an einem Faden.

Laura kam mit der Angelleine zurück.

»Dank dir, mein Herz. So. Sue, bring mir deinen Ring, und dann hast du gleich ein Pendel.« Sue reichte ihm das Goldband und blieb neben Karl stehen, während er die Leine an den Ring knotete. »Bitte sehr. Das dürfte genügend Gewicht sein.« Er hielt das Behelfspendel vor sich hin, um sein Gewicht zu prüfen. Mit Balance und Gewicht zufrieden, reichte er es Sue.

»Alles klar, Leute?«

Die Versammlung fiel in aufmerksames Schweigen.

»Das erste, was ihr machen müßt, ist euer Unterbewußtsein programmieren. Nehmt jeder ein Stück Papier.«

Eine Symphonie von Raschelgeräuschen folgte.

»Jetzt zeichnet ihr zwei Kreise. Nahe nebeneinander, und so rund wie möglich. (Siehe Abbildung 3.) Auf dem Tisch liegen drei Zirkel, wenn ihr wie ich seid und eure Kreise aus freier Hand aussehen wie kranke Hühnereier.«

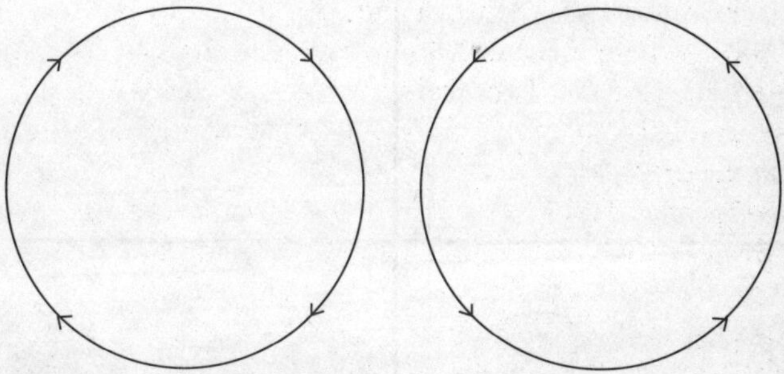

Abb. 3 Die Kreisbewegungen des Pendels

»Fertig?« Karl schaute sich um. Sue war zuletzt fertig. »Und jetzt zeichnet ihr eine senkrechte Linie, die von einer waagerechten durchkreuzt wird, unter die beiden Kreise.« (Siehe Abbildung 4.)

Karl lächelte. Seine Studenten trugen ein Sortiment von gerunzelten Stirnen zur Schau.

Jim hob die Hand. Karl nickte ihm zu.

»Wozu diese Kreise und das Kreuz, Karl?«

Die anderen bekräftigten Jims Frage mit lautem Murmeln.

»Mädels, Jungs… gebt mir eine Chance«, lachte Karl. »Bevor wir mit den Kreisen und dem Kreuz weitermachen, muß ich euch zeigen, wie man das Pendel hält. Ist irgend jemand unter euch ein Linkshänder?« Betty hob die Hand. »Gut, Betty, also hältst du dein Pendel in der linken Hand. Halte die Schnur zwischen Daumen und Zeigefinger«, Karl demonstrierte die korrekte Art, das Pendel in der Linken zu halten, während er sich Betty zuwandte. Sie saß neben der

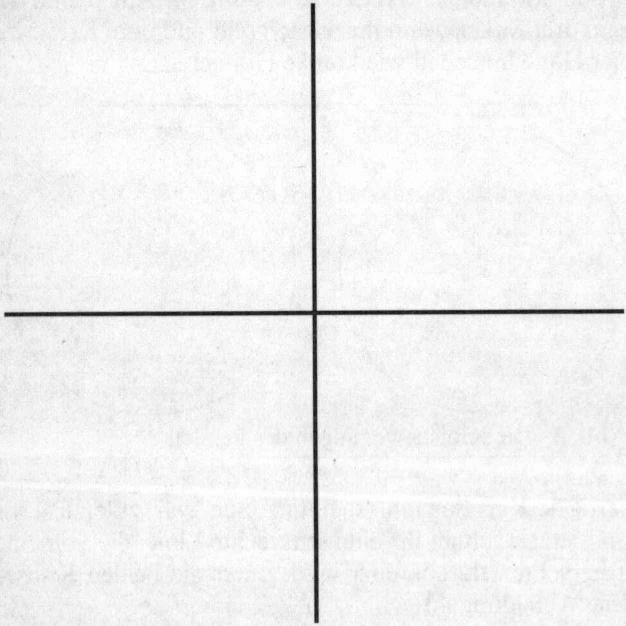

Abb. 4 Achse für die Pendelposition

kombinierten Fernseh-, Radio- und Hifi-Anlage auf der gegenüberliegenden Seite des Zimmers von Jim und neben Sue.

»Der Rest von euch Rechtshändern hält das Pendel auf diese Weise.« Er nahm es in die andere Hand. Jeder hielt jetzt ein Pendel in die Höhe.

»Wie lang sollte die Schnur in etwa sein?« fragte Bill. Die anderen lachten, weil Bill ungefähr 25 Zentimeter Schnur zwischen Findern und Pendel hängen hatte.

»Lacht nicht«, wies Karl sie gutmütig zurecht. »Die Schnur soll so lang sein, wie es sich gut für jeden einzelnen anfühlt. Für mich persönlich fühlen sich acht bis dreizehn Zentimeter am besten an. In manchen Büchern werden komplizierte Formeln angeboten, mit denen die exakte Länge bestimmt werden soll. Das kommt mir zu anstrengend und unnötig vor. Bill, wenn du dich mit 25 Zentimetern wohlfühlst, dann ist es richtig für dich.«

»Karl, ich glaube, ich habe nicht genügend Schnur an diesem Pendel«, schluchzte Bill. Alle lachten und schüttelten ihre Pendel vom äußersten Ende der Schnur.

Die Klasse beruhigte sich wieder und richtete die Aufmerksamkeit auf Karl. Jeder wollte so schnell wie möglich die Antwort auf einige seiner dringendsten Lebensfragen haben.

»Bevor wir eine Antwort vom Pendel bekommen können, müssen wir die Pendelbewegungen kennenlernen und unser Unterbewußtsein programmieren. Setzt euch alle mit geradem Rücken auf eure Stühle und stellt die Füße flach auf den Boden«, erklärte Karl.

»Warum ist das so wichtig?« fragte Bill. »Ist es nicht wichtiger, daß man entspannt ist und es sich bequem macht?«

»Wenn du gerade sitzt, fließt die Energie gewöhnlich besser durch das Nervensystem, das ist das eine. Das andere ist, daß du dich in aufrechter Haltung besser konzentrieren kannst, als wenn du herumhängst. Mit der Entspannung und der Bequemlichkeit hast du recht, aber du kannst beim Geradesitzen genauso entspannt sein wie im Liegen.«

Karl wandte sich an die gesamte Klasse. »Während ihr das Pendel haltet, sollt ihr tatsächlich so locker wie möglich sein. Macht keinen steifen Arm. Laßt die Spannung von den Schultern und den Rückenmuskeln abfallen. Atmet alle ein paarmal tief ein und aus, etwa vier- oder fünfmal. Karl machte eine Pause während alle sich lockerten und atmeten.

»Okay, jetzt wollen wir sehen, ob euer Geist in der Lage ist, die Materie zu beeinflussen«, sagte Karl mit leichtem Grinsen.

»Du meinst so was wie *mind over matter* (Herrschaft des Geists über die Materie)?« ließ Betty verlauten.

»Richtig. Jeder läßt sein Pendel jetzt direkt über dem Schnittpunkt, an dem die beiden Linien sich kreuzen, hängen (siehe Abbildung 4). Konzentriert euere Geisteskraft auf das Pendel und gebt ihm im Geist den Befehl, über der senkrechten Linie hin- und herzupendeln. Macht keine Bewegung mit dem Arm! Bewegt es nur mit eurem geistigen Willen!«

Alles war vollkommen still. Jeder konzentrierte sich. Und dann begannen die Pendel zu schwanken, manche langsam, manche heftig. Einige der jungen Leute waren so erstaunt, daß sie unvermittelt Oohs und Ahhs ausstießen. Keiner konnte leugnen, daß das Pendel ohne jede andere Antriebskraft als die des puren geistigen Willens hin und her bewegt wurde.

»So, und jetzt bringt ihr das Pendel mit Geisteskraft dazu, über dem Mittelpunkt der Achse anzuhalten.« Wieder war das Erstaunen groß. Der Erfolg stellte sich mehr oder minder sofort ein. Karl fuhr mit seinen Anweisungen fort. »Und jetzt befehlt ihr dem Pendel, über der waagerechten Linie hin- und herzuschwanken. Sobald es sich ein paarmal bewegt hat, bringt ihr es wieder über dem Schnittpunkt der beiden Linien zum Stehen – wiederum ausschließlich mit Geistesenergie.«

Alle konnten das Experiment erfolgreich abschließen, bis auf Carol. Die Frustration in ihrem Gesicht veranlaßte Karl zu fragen: »Hast du irgendwelche Probleme, Carol?«

»Es will mir nicht gehorchen. Ich verstehe das nicht. Die anderen können das, aber ich nicht.« In ihren Augen stand ›Niederlage‹ geschrieben.

»Dann müssen wir die Ursache für die Schwierigkeit kennenlernen.« Karl strahlte Zuversicht aus. »Zunächst einmal: Was ist deine innere Einstellung in bezug auf *mind over matter*?«

»Sehr, sehr skeptisch«, sagte sie fast barsch.

»Das könnte dein Problem sein, Carol.«

»Wieso?«

»Innere Einstellungen sind ein Teil des unterbewußten Geistes. Wenn die Kraft deines Skeptizismus stärker ist als die Kraft deines bewußten Willens, das Pendel zu bewegen, werden die Chancen für eine Bewegung annuliert.«

»Was soll ich machen, um meine Einstellung zu verändern?«

»Hör auf, dich damit zu identifizieren, das ist das erste. Laß deine Einstellung los. Nimm die neutrale Haltung eines Wissenschaftlers ein, der weder für noch gegen etwas ist. Beobachte einfach, was geschieht.«

Carol versuchte es noch einmal, wieder ohne Erfolg. Die ganze Klasse schaute mittlerweile zu, und sie fühlte sich beobachtet.

»Wenn mich nicht alles täuscht, machen die vielen Zuschauer dich dieses Mal nervös«, sagte Karl verständnisvoll.

»Das ist wahr«, gab sie zu.

»Dann schlage ich vor, daß du allein zu Hause übst. Das Gefühl, daß andere dich beobachten und beurteilen, nimmt dir die Konzentration. Wenn du ein paarmal machst, was ich gesagt habe, dann hast du den Bogen raus.«

»Kommen wir jetzt zu den Kreisen?« fragte Jim.

»Also gut, Jim. Die Kreise sollen unserem Unterbewußtsein dabei helfen, sich auf die Bedeutung der Pendelbewegungen einzuprogrammieren.« Karls Auge schweifte über die Sitzenden. »Laßt eure Pendel über dem linken Kreis hängen und gebt ihm den geistigen Befehl, sich im Uhrzeigersinn über dem Kreis zu bewegen. (Siehe Abbildung 3.) Zur selben Zeit sprecht ihr innerlich oder auch laut zu eurem Unterbewußtsein und erklärt ihm, daß eine kreisförmige Bewegung im Uhrzeigersinn ›ja‹ bedeutet. Sagt es mindestens dreimal hintereinander, während ihr zuseht, wie eure Pendel rotieren. Damit dürfte die Botschaft dem Unterbewußtsein klargemacht worden sein.«

»Karl«, jammerte Carol. »Mein Pendel bewegt sich schon wieder nicht.« Die anderen fuhren fort, Karls Anweisungen auszuführen, während er sich Carol zuwandte.

»Bewege dein Pendel einfach einmal mit der Hand.«

»Aber empfängt mein Unterbewußtsein dann die Botschaft?«

»Wenn du zu deinem Unterbewußtsein sprichst und die Rotation im Uhrzeigersinn mit den Augen verfolgst, müßte die Botschaft durchkommen.«

Widerstrebend tat Carol, was Karl empfohlen hatte. Sie sah nicht sonderlich zufrieden aus, aber Karl war sicher, daß ihr Unterbewußtsein auch so programmiert werden würde.

Erneut zur gesamten Klasse gewandt, fuhr Karl fort. »Und jetzt wiederholt ihr das Ganze über dem Kreis auf der rechten Seite, nur soll das Pendel diesmal gegen den Uhrzeigersinn rotieren. (Siehe Abbildung 3.) Und diesmal erklärt ihr eurem Unterbewußtsein, daß eine Rotation gegen den Uhrzeigersinn ›nein‹ bedeutet.«

Alle übten fleißig, in dem Bestreben, das Pendel ernsthaft einsetzen zu können und Antworten auf ihre Fragen über Berufsaussichten und Beziehungsprobleme zu bekommen.

Carol hatte keine Schwierigkeiten, weil sie ihr Pendel mit der Hand bewegte. Bill war als erster mit der Programmierung fertig und fing an, herumzualbern und sein Pendel wie wild zu schwingen. Sue benutzte ihr Fingerring-Pendel ohne die geringsten Schwierigkeiten. Betty folgte den Instruktionen, aber als Linkshänderin ging es ihr gegen den Strich, alles genau wie die anderen zu machen.

»Wenn ich mache, was du gesagt hast, fühlt es sich unnatürlich an«, sagte Betty zu Karl. »Liegt das vielleicht daran, daß ich ein Linkshänder bin?«

»Kann sein. Dein Unterbewußtsein mag darauf programmiert sein, die meisten Sachen andersherum zu machen als die Rechtshänder. Ich werde mal mein eigenes Pendel fragen, ob es das Beste ist, wenn du die Ja- und Nein-Antworten deines Pendels genau umgekehrt als die anderen programmierst.«

Während Karl sprach, nahm er sein Pendel und hielt es vor sich hin. Die anderen schauten gespannt zu, denn jetzt würden sie zum erstenmal miterleben, wie das Pendel praktisch angewandt wird. Karls Pendel fing sehr schnell an, sich im Uhrzeigersinn zu bewegen. Für Karl war die Antwort also ein ›Ja‹.

»Okay, Betty, dein Gefühl war völlig richtig. In deinem Fall ist es besser, wenn du dein Pendel programmierst, im Uhrzeigersinn zu rotieren, wenn die Antwort Nein ist, und gegen den Uhrzeigersinn, wenn die Antwort Ja ist.«

»Macht mit allem weiter, ich will euch nicht aufhalten, während ich mein Pendel neu programmiere«, sagte Betty.

»Danke, Betty, aber der Platz, auf dem du momentan sitzt, erinnert mich noch an einen anderen wichtigen Punkt.« Die Klasse beäugte Bettys Stuhl.

»Sag bloß, daß Bettys Stuhl der elektrische Stuhl für linkshändige Pendler ist«, warf Bill ein. Alle gackerten.

»Nein, nicht unbedingt. Betty sitzt neben der Hifi-Radio- und Fernsehanlage, und wenn man in der Nähe von elektrischen Geräten mit hohen Voltzahlen pendelt, kann das den Empfang stören. Die Strahlungen solcher Geräte können das Pendel wie wild ausschwingen lassen, so daß man kaum eine korrekte Antwort bekommt. Betty, wahrscheinlich ist es am besten, wenn du dein Unterbewußtsein nicht in der Nähe des Fernsehers programmierst.«

»Aber das Gerät ist doch gar nicht angeschaltet«, wandte sie ein.

»Trotzdem. Es war vor nicht langer Zeit eingeschaltet und manche von den Vibrationen der Fernsehbilder schweben sicher noch um das Gerät herum. Du weißt ja, was für einen Irrsinn die Sender jeden Tag ausstrahlen; also kannst du dir die Qualität der Vibrationen in der Nähe des Geräts vorstellen.«

Jim hatte bis dahin still dagesessen und nur die Instruktionen befolgt. Doch nun gewann sein Eifer, etwas über die eigentliche Pendelpraxis zu erfahren, die Oberhand. »Wann geht es denn hier wirklich los? Was müssen wir machen, um aus diesem Ding eine Antwort für unsere Fragen herauszubekommen?«

»Bevor wir die wichtigeren Fragen in unserem Leben über Gesundheit, Beruf und Beziehungen und so weiter beantworten können, müssen wir einfache Experimente machen«, warnte Karl. »Am Anfang könnt ihr nicht erwarten, hundert Prozent akkurate Antworten zu erhalten.«

»Was für Experimente?« Jim wollte den Lernprozeß unbedingt beschleunigen.

Karl nahm einen Apfel, der auf dem Tisch vor ihm lag, in die Hand. »Laßt uns hiermit anfangen.«

»Du meinst, wir müssen Äpfel essen, wenn wir gute Pendler werden sollen«, stichelte Bill.

»Nein, das meine ich nicht. Hier, Bill.« Karl reichte Bill den Apfel. »Leg den Apfel auf den Tisch mit dem Stielende nach oben, und halte dein Pendel über den Apfel.«

Bill tat, wie ihm geheißen. »So?« fragte er.

»Nicht ganz. Erinnerst du dich an das, was ich vorhin gesagt habe?«

»Ah ja. Wir sollen mit geradem Rücken sitzen.«

»Genau. Setz dich gerade hin, die Füße ein Stück auseinander und fest auf den Boden gepflanzt. Keine gekreuzten Hände oder übergeschlagenen Beine, keine Berührung vom Nebenmann während einer Lesung. Wenn ihr eure Hände oder Beine kreuzt, kann es sein, daß der Empfang kurzgeschlossen wird.«

Carol, die sich an die Schwierigkeiten mit ihrer inneren Einstellung erinnerte, fragte: »Was ist mit Bills Einstellung?«

»Die Einstellung ist von absoluter Wichtigkeit, Also, Bill, bleib innerlich soweit wie möglich neutral, was das Resultat betrifft. Du darfst keine Meinung über das, was bei einer Lesung herauskommen soll, haben. Halte dein Pendel einfach über den Apfel und beobachte, was geschieht.«

Bill kam den Anweisungen nach bestem Vermögen nach und hielt sein Pendel über den Apfelstiel. Während er sich bemühte, geistige Neutralität zu wahren, fiel ihm auf, daß ein paar Gedanken aus dem Nichts in seinen Kopf kamen. Aber anstatt ihnen seine Aufmerksamkeit und Energie zu widmen, ließ er sie gehen. Sein Pendel begann langsam im Uhrzeigersinn zu rotieren.

»Es sieht aus, als wollte das Pendel sagen, daß das Stielende dieses Apfels positiv geladen ist«, meinte Bill.

»Richtig,« stimmte Karl zu. »Und jetzt dreh den Apfel um und finde heraus, wie das Pendel auf die andere Seite reagiert. Bleib neutral. Versuche nicht, die Antwort vorauszuahnen. Wenn du merkst, daß du mental oder emotional etwas erwartest, dann atme ein paarmal tief durch die Nase ein und aus.«

Bill drehte den Apfel um und wiederholte die Prozedur. Langsam begann das Pendel entgegen dem Uhrzeigersinn zu rotieren, womit eine negative Polarität angedeutet wurde.

»Ich spüre wirklich etwas!« rief Bill begeistert. »Ich fühle tatsächlich so etwas wie eine Vibration von dem Ende des Apfels kommen. Eine Art Energiefluß zwischen Apfel und Pendel.«

»Du hast es erfaßt, Bill. Aus dem Physikunterricht in der Schule weißt du ja, daß alles im sogenannten materiellen Universum aus Energie besteht. Die Sache ist ganz einfach.

Du hast dich auf das Energiesystem des Apfels eingestimmt und damit erfährst du seine vitale Lebensenergie unmittelbar.«

»Also weißt du, Karl«, sagte Jim, »was du da sagst, klingt ja sehr logisch, aber woher weißt du, ob es wahr ist?«

»Laß dich von niemandem beeinflussen, solange du es selbst nicht weißt. Mach deine eigenen Erfahrungen.« Karl nahm den Apfel und reichte ihn Jim hinüber. »Hier. Versuch's mal. Sieh einfach, was dabei herauskommt.«

Jim wiederholte das Apfelexperiment mit dem gleichen Resultat. Er spürte die Energieverbindung zwischen dem Apfel und seiner Hand genauso.

»Bist du jetzt zufrieden, Jim?« fragte Karl.

»Kein Zweifel, es funktioniert. Was gibt's sonst noch an Experimenten, die wir machen können?«

»Es gibt ein paar ähnliche Experimente wie das mit dem Apfel. Tut euch paarweise zusammen.« Bill und Sue fanden sich, während Jim und Betty ein Paar bildeten. Carol blieb übrig, also arbeitete Karl mit ihr.

»Komm, Sue, laß uns tanzen.« Bill nahm Sue bei der Hand und versuchte, sie vom Stuhl hochzuziehen. »Komm, laß uns swingen wie die Pendel.«

Aber Sue wollte nicht. »Hör auf mit dem Unsinn. Solche Experimente müssen ernstgenommen werden.«

»Laß den Bill herumalbern«, schaltete Karl sich ein. »Ich glaube, das entspannt ihn am meisten.«

»Na gut, aber ich will nicht tanzen«, beharrte Sue.

»Während unseres Experiments wird Bill deine Hand gebrauchen, aber nicht mir dir tanzen.« Die anderen machten erstaunte Gesichter. »Wie ich sehe, könnt ihr euch nicht vorstellen, was das heißen soll. Carol, wir fangen mit dir an. Halte dein Pendel über meine rechte Handfläche.«

Die Klasse verfiel in Schweigen, um Carol die Gelegenheit zu geben, ihre Konzentration auf einen Punkt zu bringen. Den einzelnen Schritten des Apfelexperiments folgend, stellte Carol beide Füße flach auf den Boden und richtete sich entspannt, aber gerade auf ihrem Stuhl auf. Sie atmete tief aus und blieb innerlich so neutral wie möglich. Erstaunlicherweise rotierte ihr Pendel sofort im Uhrzeigersinn.

»Es klappt! Ich spüre die Energieverbindung zu deiner Hand! Ich glaube, das Pendel und ich fangen an, uns zu mögen.«

»Und jetzt schau, was bei meiner linken Hand passiert.«

Carol wiederholte die Prozedur über Karls linker Hand. Diesmal rotierte das Pendel gegen den Uhrzeigersinn.

Bill, Sue und Betty kamen ohne Schwierigkeiten zu den gleichen Resultaten wie Carol. Nur Jim war verwirrt, weil sein Pendel gegen den Uhrzeigersinn über Bettys rechter Hand rotierte und im Uhrzeigersinn über ihrer Linken.

»Hey, Karl, schau dir das an. Mein Pendel ist wohl verrückt geworden.« Betty lächelte nur.

»Hast du alle Faktoren deines Experiments in Betracht gezogen, Jim?« fragte Karl.

»Also... ich habe mit geradem Rücken dagesessen, die Atemzüge gemacht«... Jim dachte nach. Dann schlug der Blitz der Erkenntnis ein: »Betty ist linkshändig.«

»Genau«, stimmte Karl zu.

»Soll das heißen, daß das Pendel Polaritäten registriert?« fragte Betty.

»Du sagst es. Das Apfel- und das Handexperiment waren dazu da, positive oder negative Energiepole festzustellen. Wir haben dem Pendel keine Ja- oder Nein-Frage gestellt, sondern nur die positiven und negativen Pole von bestimmten Objekten gemessen.«

»Willst du damit sagen, daß alles einen positiven und einen negativen Pol hat?« fragte Sue ungläubig.

»Ich will es mal so ausdrücken.« Karl wollte nicht gleich dogmatisch werden. »Die Erde hat einen Nordpol und einen Südpol; jedes Atom hat ein Proton und ein Elektron. Nenne mir irgend etwas, das keine zwei Pole hat.«

»Laßt uns ein paar Ja- oder Nein-Fragen stellen«, fiel Bill ein, der es nicht mehr abwarten konnte.

»Ja«, pflichtete Jim ihm bei. »Ich muß Antworten auf ein paar meiner wichtigsten Fragen haben.«

»Augenblick mal. Ihr müßt schrittweise vorgehen. Der Lernprozeß kann auf keiner Stufe übersprungen werden. Zuerst müßt ihr einfache Ja- oder Nein-Antworten meistern. Dann, wenn ihr fortgeschritten seid, könnt ihr an die wichtigeren Probleme herangehen, wiederum nur mit Ja- oder Nein-Antworten.«

»Mit welcher Art von Fragen sollen wir anfangen?«

»Zunächst wollen wir uns an Fragen halten, deren Antworten sofort bestätigt werden können. Mit anderen Worten: Antworten, die wir mit den fünf Sinnen bestätigen können. Hier ist eine, mit der wir anfangen können: ›Habe ich eine Fünfdollarnote in der Hosentasche?‹«

»Ist es leichter, eine korrekte Antwort zu bekommen, wenn wir das Pendel über einen der beiden Kreise auf dem Stück Papier halten?« fragte Sue.

»Das kann sein. Wenn ihr den Kreis vor euch seht, hat das Unterbewußtsein vielleicht einen klareren Empfangsdraht, aber da wir unser Unterbewußtsein bereits programmiert haben, ist es nicht notwendig, die Kreise zu benutzen.«

Alle saßen hübsch aufrecht da und hielten ihre Pendel vor sich her. Wenn ein Fremder den Raum in diesem Moment betreten hätte, wäre er vielleicht auf die Idee gekommen, in eine Versammlung von verrückt gewordenen menschlichen Kuckucksuhren gestolpert zu sein.

»Wer hat eine Ja-Antwort von seinem Pendel bekommen?« Bill, Betty und Sue hoben die Hände. »Dann nehme ich an, daß Jim und Carol ein Nein bekommen haben?«

Jim bestätigte, daß sein Pendel nein gesagt hatte.

»Und du, Carol?«

»Ich habe wieder die gleichen Schwierigkeiten. Ich kann nicht so einfach neutral bleiben. Außerdem wollte ich unbedingt die richtige Antwort bekommen.«

»Hast du die Atemübungen gemacht?«

»Ja, vier oder fünf tiefe Atemzüge.«

»Anstatt nach vier oder fünf Atemzügen aufzuhören, versuche doch einmal, während der gesamten Lesung langsam und rhythmisch zu atmen. Versuche es gleich noch mal und sieh, welche Antwort du dann bekommst.«

Carol tat, wie ihr geheißen. Ihr Pendel begann im Uhrzeigersinn zu schwingen: Ja.

Karl lachte, während er Jim anschaute. »Anscheinend bist du völlig allein. Es steht vier zu eins, daß ich tatsächlich eine Fünfdollarnote in der Tasche habe.«

»Was habe ich falsch gemacht?« klagte Jim.

»Mach dir keine Sorgen, Jim. Rom ist auch nicht an einem Tag gebaut worden. Erinnere dich daran, was ich über die einzelnen Schritte gesagt habe. Man kann nicht am ersten Tag lernen, das Pendel mit absoluter Akkuratesse zu benutzen. Wenn man ein Zimmermann, ein Zahnarzt oder ein Computerprogrammierer werden will, muß man auch lange üben und ständig aus den Fehlern lernen. Jeder hier wird im Laufe des Trainings Fehler machen, das ist ein Grund, warum ich möchte, daß ihr mit simplen Ja/Nein-Fragen anfangt, die sofort überprüft werden können. Wenn ihr das Ergebnis gleich feststellen könnt, wißt ihr, ob ihr es richtig macht. Irgendwann, wenn ihr achtzig- oder mehr als achtzigprozentige Akkuratheit erlangt habt, werden auch wichtigere Fragen korrekt beantwortet.«

»Okay, das sehe ich ein. Trotzdem möchte ich wissen, was ich falsch gemacht habe.«

»Welche unterbewußten Einstellungen hast du während der Lesung bei dir bemerkt, Jim? Hast du befürchtet, einen Fehler zu machen? Warst du übereifrig? Du mußt mental und emotional so neutral wie möglich bleiben.«

»Ich weiß es nicht genau.«

»Also versuchst du bei der nächsten Lesung herauszufinden, was den Empfangskanal zum Pendel blockiert.«

»Laßt uns mal eine andere Frage stellen«, rief Carol, nun da sie etwas mehr Selbstbewußtsein hatte.

»Gut. Hier ist die nächste Frage. Vergeßt nicht, so neutral wie es irgend geht zu bleiben, genauso, wie ich es schon zigmal gesagt habe. Und jetzt kommt's: Haben wir zu diesem Zeitpunkt mehr als bloß einen Karton Milch im Kühlschrank?«

Alle hielten ihr Pendel und atmeten. Carol fuhr mit den langsamen Atemzügen fort, die ihr vorher zum Erfolg verholfen hatten. Jim wirkte diesmal etwas vorsichtiger in seinem Bestreben, so neutral wie möglich zu bleiben. Bills und Sues Pendel rotierten entgegen dem Uhrzeigersinn, also ein Nein. Betty und Carol bekamen eine Ja-Antwort. Jims Pendel schwang seltsamerweise weder in die eine noch in die andere Richtung.

»Wie kann das angehen? Mein Pendel wollte überhaupt nicht rotieren.«

»Keine Sorge, Jim. Laß uns zuerst einmal feststellen, wieviel Milch wir im Kühlschrank haben. Vielleicht erklärt sich damit dein wundersamer Mangel an Bewegung.«

Alle sprangen auf, um keine weitere Sekunde zu verschwenden, bevor die korrekte Antwort offenbart wurde. »Würdest du bitte die Zeremonie vollziehen?« Karl wandte sich mit einer dramatischen Handbewegung an Laura.

Laura legte die Hand auf den Griff des Kühlschranks und hielt inne, um die Spannung noch zu erhöhen. Dann riß sie die Tür ruckartig auf. Alle Augen überflogen den Inhalt der Fächer. Kein Tropfen Milch weit und breit in Sicht.

»Du hast uns ausgetrickst, Karl, und die Milch weggezaubert«, witzelte Bill.

»Das ist unfair«, fiel Betty ein. »Du hast die ganze Zeit gewußt, daß keine Milch im Kühlschrank war.«

»Okay, ich gebe es zu.« Unter Karls Worten legte sich das Geschrei. »Überlegt es euch mal: beweist das nicht, wie wichtig es ist, neutral zu bleiben?«

»Das ist wahr«, sagte Betty. »Selbst die Einstellung, daß die Antwort in jedem Fall ein Ja oder ein Nein sein muß, verhindert wahre Neutralität.«

»Du hast den Nagel auf den Kopf getroffen. Ich habe euch, noch bevor ich die Frage stellte, gewarnt. Ich habe die Notwendigkeit, neutral zu bleiben, geradezu übertrieben. Allein mein Tonfall hätte mich schon verraten müssen.«

Jim war stolz auf sein Ergebnis. »Mich hast du nicht verblendet.«

»Wahrlich! Und diesmal sieht die Sache genau umgekehrt aus: vier falsche Antworten gegen eine richtige. Aber sieh dich vor, Jim. Du darfst nicht allzu selbstbewußt und stolz werden, sonst macht es sich bei deiner nächsten Lesung als Fehler bemerkbar. Kommt, wir gehen zurück ins Wohnzimmer.«

Alle nahmen wieder ihre alten Plätze ein, bis auf Laura, die in der Küche blieb, um einen Teller mit Leckerbissen anzurichten. Sie kehrte mit Keksen und einem Karottenkuchen zurück. Bill griff als erster zu. Die anderen folgten sofort.

»Nicht schlecht«, komplimentierte er kauend. »Woher hast du das Rezept?«

»Meine Mutter hat es mir bei ihrem letzten Besuch gegeben.«

»Kann ich das Rezept für den Karottenkuchen haben?« fragte Sue. Laura stimmte zu. »Bevor du gehst, schreibe ich es auf.«

»Apropos Mutter. Hier ist die Idee für unsere nächste Frage, die uns auch gleich zum nächsten Schritt in der Lektion bringt. ›Wird Lauras Mutter uns besuchen?‹ Aber halt, wartet. Denkt nach, bevor ihr zum Pendel greift. Ist das eine intelligente Frage?«

Eine Pause entstand. Carol meldete sich als erste.

»Die Frage ist zu ungenau. Zweifellos wird deine Schwiegermutter dich irgendwann einmal besuchen. So, wie die Frage jetzt formuliert ist, ist sie bedeutungslos. Man braucht kein Pendel, um sie zu beantworten.«

»Wie sollte die Frage formuliert werden?«

»Sie muß präziser sein«, meinte Bill.

»Ich weiß, wie wir fragen müssen«, rief Betty dazwischen. »Wir müssen den Zeitfaktor einbeziehen. Wenn wir fragen, ob Lauras Mutter in einer, zwei oder drei Wochen kommt, und so weiter, kann das Pendel irgendwann mit Ja antworten.«

»Ausgezeichnet, Betty. Die Kunst des Pendelns hängt in hohem Maße von intelligenter Fragestellung ab. Wir müssen präzise Grenzen setzen, und Bettys Vorschlag, die Frage in bestimmte Zeitgrenzen zu fassen, ist ein gutes Beispiel dafür. Also nehmen wir jetzt Bettys Fragestellung und sehen dann, was dabei herauskommt.«

Sue und Bill erhielten eine Ja-Antwort für die nächste Woche. Carol und Jim pendelten, daß die Mutter in zwei Wochen käme. Bettys Pendel sagte nein bei sowohl einer als auch zwei Wochen. Sie versuchte es noch einmal und erhielt jedesmal ein Ja auf beide Fragen. Daraufhin präzisierte sie die Frage noch mehr und fragte nach einer Woche und einem Tag, dann zwei Wochen und zwei Tagen usw. Mit Hilfe dieser exakteren Fragestellung rotierte Bettys Pendel bei zehn Tagen im Uhrzeigersinn. Die anderen meldeten Karl ihre jeweiligen Antworten.

»Anscheinend hat keiner diesmal eine falsche Antwort bekommen. Wir waren nicht präzise genug. Betty hat exaktere Grenzen gesetzt und zehn Tage als Antwort erhalten. Laura, wann kommt deine Mutter das nächstemal zu Besuch?«

»Nach dem, was sie mir gestern am Telefon sagte, in zehn Tagen. Aber aus ihrem Tonfall hörte ich heraus, daß es auch ein paar Tage früher oder später sein könnte.«

»Das dürfte die unterschiedlichen Ergebnisse erklären.«

»Was meinst du damit, Karl?« fragte Jim.

»Lauras Mutter hat wahrscheinlich noch keinen genauen Besuchstag im Kopf, sondern spielt im Unterbewußtsein mit verschiedenen Zeiten zwischen einer und zwei Wochen.«

»Ich sehe, wie wichtig die Art der Frage beim Pendeln ist«, fiel Sue ein.

»Genau. Pendelkunst ist in vieler Hinsicht die Kunst, Fragen zu formulieren. Die Fragen müssen intelligent sein. Zum Beispiel ist die Frage ›Geht es Bills Bruder gut?‹ eine unsinnige Frage.«

»Wieso«, witzelte Bill.

»Erstens wissen wir nicht, ob du einen Bruder hast. Und wenn du einen hast, was meinen wir mit ›gut‹? Der Sinn der Worte muß immer so klar und spezifiziert wie möglich sein. Wenn wir körperlich ›gut‹ meinen, sollte das in die Frage eingebaut werden. Wenn wir geistig, emotional oder finanziell ›gut‹ meinen, muß es ausdrücklich formuliert werden.«

»Was sollen wir sonst noch bei der Fragestellung beachten?« fragte Jim.

»Hütet euch vor sinnlosen Fragen. Wenn ihr zum Beispiel fragt ›Werde ich jemals heiraten?‹ und dabei wißt, daß ihr absolut gegen eine Heirat seid, ist die Frage sinnlos. So gibt das Pendel euch natürlich eine negative Antwort. Auch vor Zukunftsfragen muß man sich als Anfänger sehr in acht nehmen. Die Zukunft ist wie Knetmasse, die in jedem gegenwärtigen Moment von euren Gedanken, Gefühlen und Taten neu geformt wird. Es ist unwahrscheinlich, daß ihr gute Ergebnisse bei Zukunftsfragen erzielt, solange ihr die Gedanken, Gefühle und Taten der Gegenwart nicht bis zum gewissen Grad unter Kontrolle habt.«

»Sonst noch etwas?« fragte Betty.

»Genug für heute. Ich glaube wir haben eine ordentliche Dosis an Wissen für die erste Sitzung verarbeitet.«

Zusammenfassung

1. Halte die Pendelschnur zwischen Daumen und Zeigefinger. Die Länge der Schnur soll sich komfortabel für *dich* anfühlen.
2. Bei einer Lesung sitzt man mit geradem Rücken und mit beiden Füßen flach auf dem Boden. Bei aufrechter Hal-

tung fließt die Energie ungehinderter durch das Nervensystem.
3. Sei so entspannt wie möglich. Laß die Spannung in den Armen, Schultern und Rückenmuskeln fallen. Atme vier- oder fünfmal tief ein und aus.
4. Benutze die Kreise, um die Bedeutung der Pendelrotationen in dein Unterbewußtsein zu programmieren.
5. Halte das Pendel über dem Uhrzeiger-Kreis. Befiehl dem Pendel im Geiste, sich im Uhrzeigersinn über dem Kreis zu bewegen. Sprich zur selben Zeit zu deinem Unterbewußtsein, entweder innerlich oder laut, und erkläre ihm, daß eine kreisförmige Bewegung im Uhrzeigersinn ›ja‹ bedeutet. Sage es mindestens dreimal hintereinander, während du zuschaust, wie dein Pendel rotiert. Wiederhole den Vorgang mit der Bewegung entgegen dem Uhrzeigersinn – der Nein-Antwort.
6. Mach dir die Atmosphäre im Raum vor einer Lesung bewußt. Spürst du negative Vibrationen oder befinden sich eine Menge Elektrogeräte in der Nähe?
7. Bevor du wichtige Fragen über Gesundheit, Beziehungen und den Beruf beantworten kannst, mußt du mit einfachen Experimenten anfangen. Am Anfang kann man keine hundertprozentige Akkuratheit erwarten.
8. Bleib geistig und gefühlsmäßig so neutral wie möglich. Du darfst keine vorgefaßte Meinung über das Ergebnis haben.
9. Du lernst schrittweise. Zuerst meisterst du einfache Ja- oder Nein-Antworten. Dann, mit fortschreitenden Fähigkeiten, kannst du dich an wichtigere Ja- oder Nein-Fragen heranwagen.
10. Beobachte deine innere Einstellung. Die Erwartung, daß jede Frage mit einem klaren Ja oder Nein beantwortet werden kann, verhindert wahre Neutralität.
11. Die Kunst des Pendelns hängt in hohem Maße von intelligenter Fragestellung ab. Du mußt präzise formulierte Fragen stellen. Ungenaue Fragen sind sinnlos.

12. Hütet euch vor Fragen über die Zukunft. Die Zukunft ist wie Knetmasse und wird in jedem Augenblick von euren gegenwärtigen Gedanken, Gefühlen und Taten umgeformt. Es ist unwahrscheinlich, daß man Zukunftsfragen korrekt beantwortet, solange man seine gegenwärtigen Gedanken, Gefühle und Taten nicht einigermaßen unter Kontrolle hat.

5

Wortbedeutungs-Pendel

Verbale Richtungsweiser

Jeder von uns ist sicher schon einmal im Auto durch eine fremde Stadt gefahren und hat jemanden nach dem Weg fragen müssen. Normalerweise hält man an einer Tankstelle an, um den Tankwart zu fragen, wo Straße X ist.

Dann passiert gewöhnlich eins von drei Dingen. Der Tankwart sagt, er kennt die Straße und gibt dir Anweisungen: Nach der zweiten Ampel links fahren und dann die nächste rechts abbiegen. Nach einem Kilometer siehst du Straße Y. Die fährst du, bis du rechts Straße X siehst.

Natürlich verfährst du dich gleich wieder. Die Erklärungen sind unklar, und die verbale Landkarte des Tankwarts stimmt nicht mit der realen Landschaft überein. Manche seiner Anweisungen stimmen, aber an anderen Stellen hat er wichtige Wegweiser ausgelassen, an denen du dich orientieren könntest. Der Tankwart vergißt, daß du diesen Weg noch nie gefahren bist, während er die Stecke vielleicht in- und auswendig kennt.

Das zweite, was passiert, ist, daß dir falsche Richtungsweiser gegeben werden. Er hat dich mißverstanden oder, was häufig vorkommt, die Eingeborenen schicken die Touristen absichtlich auf eine wilde Phantomjagd. In solchen Fällen ist der verbale Richtungsweiser nicht mehr als ein sinnloses Geräusch.

Die dritte Möglichkeit hat ein Happy-End. Der Tankwart gibt dir präzise, einleuchtende und akkurate Instruktionen. Sein verbaler Wegweiser entspricht der tatsächlichen Landschaft.

Laßt uns diese drei Möglichkeiten in Begriffe fassen:

1. Der verschwommene verbale Richtungsweiser.
2. Das verbale Richtungsgeräusch.
3. Der akkurate verbale Richtungsweiser.

Wenn ich, du oder irgend jemand sonst redet oder schreibt, kommt eine dieser drei Möglichkeiten zum Tragen. Es ist von kritischer Bedeutung, daß wir wahrnehmen, von welcher Ebene wir kommen, wenn wir sprechen oder etwas aufschreiben. Wenn du verbales Richtungsgeräusch mit akkuraten verbalen Richtungsweisern verwechselst, wirst du höchstwahrscheinlich bald frustriert sein, wütend, haßerfüllt oder leiden müssen.

Auf der anderen Seite kann dir das gleiche passieren, wenn du akkurate Richtungsweiser mit sinnlosen Richtungsgeräuschen verwechselst. Und wenn du einen verschwommenen verbalen Richtungsweiser mit den beiden anderen Arten verwechselst, kommst du ebenfalls in Schwierigkeiten.

Ihr müßt euch trainieren, verbale Richtungsweiser bewußt voneinander zu unterscheiden. Hört euch die Sprecher im Radio oder Fernsehen an. Lest Zeitungen und Journale. Hört euch selbst und eurer Umgebung zu. Differenziert und nehmt die Klarheit der einzelnen verbalen Anzeiger genau wahr. Seht, ob ihr zwischen verschwommenen Texten, puren Geräuschen und akkuraten Aussagen unterscheiden könnt. Beobachtet, wie oft ihr wirklich ganz sicher seid.

Wenn du dir nicht sicher bist, sage innerlich ›ungenügende Daten‹. Mit anderen Worten, ein Text oder eine Rede mag akkurat, verschwommen oder ein Geräusch sein, aber du bist dir nicht sicher. Du mußt es erst überprüfen, bevor du relativ sicher sein kannst.

Warum diese Haarspalterei? Weil eine akkurate Antwort beim Pendeln in hohem Maße von der Klarheit der Fragestellung abhängt. Eine verschwommene Frage ergibt eine verschwommene Antwort. Eine Geräuschfrage ergibt eine Geräuschantwort. Eine akkurate Frage ergibt eine klare Antwort.

Ein Pendler muß die Qualität von verbalen Richtungsweisern präzise wahrnehmen und diese Beobachtungsschärfe kultivieren. Die Fähigkeit, sich mit Hilfe des Pendels auf Frequenzen einzustimmen, wird zum großen Teil durch tägliches Training mit verbalen Richtungsweisern entwickelt.

Höre im Lauf des Tages genauer hin, lies mit verschärfter Wahrnehmung. Kannst du den Grad der Akkuratheit eines Texts spüren? Es erfordert Praxis. Deine Fähigkeit, die Genauigkeit von verbalen Richtungsweisern zu spüren, erhöht deine Trefferquote beim Pendeln um mindestens 50 Prozent.

Warum Generelle Semantik?

Im Jahr 1933 veröffentlichte der polnische Ingenieur und Mathematiker Alfred Korzybski das Buch *Science und Sanity*, das die Grundlage seiner ›Generellen Semantik‹ war. Korzybski setzte das Wort ›generell‹ vor ›Semantik‹, um seine Lehre von der Wortbedeutungslehre, also der Semantik, zu unterschieden. Die Generelle Semantik ist weitaus umfassender und steht für die Anwendung der Methoden, Prinzipien und Standpunkte der Wissenschaft im täglichen Leben.

Korzybski betrachtete Männer, Frauen und Kulturen mit den Augen eines Ingenieurs. Er beobachtete die Struktur, Funktion und Ordnung einzelner Männer, Frauen und Kulturen von einem übergeordneten Standpunkt.

Dabei stellte er fest, daß Menschen keine Tiere sind und erkannte, daß wir einen großen Irrtum begehen, wenn wir uns als teilweise tierisch verstehen. Er sah, daß dieser uralte

Glaube zum großen Teil für die weitverbreitete ›Überleben-der-Tüchtigsten‹- und die ›Katz-frißt-Maus‹-Mentalität zwischen Individuen, Geschäftsleuten und Völkern verantwortlich ist.

Er sah, daß Menschen anders strukturiert sind als Tiere. Diesen Unterschied nannte er seine ›zeitbindende Theorie‹: Menschen geben das Gelernte aneinander weiter. Jeder fängt dort an, wo seine Vorgänger aufgehört haben.

Tiere hingegen wiederholen die gleichen Überlebensstrategien wie die Generationen vor ihnen. Die Vögel bauen ihre Nester beispielsweise noch genauso wie vor Tausenden von Jahren. Der Mensch, im Gegensatz dazu, baut hochkomplizierte Wolkenkratzer, Siedlungen und Appartementhäuser. Wir leben nicht länger in Hütten und Indianerzelten wie unsere Vorfahren.

Alles, was wir besitzen, unsere Nahrung, Kleidung, Behausung, baut auf den Errungenschaften unserer Vorgänger auf. Und alle, die nach uns kommen, sind von unseren Errungenschaften abhängig. Korzybski folgerte daraus, daß Menschen ›Zeitbindungsglieder‹ sind und durch Zeit untereinander verbunden werden.

Die Erkenntnis, daß Menschen anders als Tiere strukturiert sind, brachte Korzybski auf die Idee, daß sie auch anders funktionieren müssen. Er stellte fest, daß die Wissenschaftler gewöhnlich die effizientesten menschlichen ›Zeitbindungsglieder‹ sind. Er fragte sich: ›Was machen die Wissenschaftler anders als der Großteil des Rests von uns?‹ Und kam zu dem Schluß, daß die Wissenschaftler ihre Vorgehensweise ändern, wenn sie den mittlerweile erkannten Tatsachen nicht länger entspricht.

Der Großteil des Rests der Menschheit geht nicht wissenschaftlich vor und neigt dazu, sich an rigide Standpunkte, Theorien, Einstellungen und Verhaltensweisen zu klammern. Diese Tendenz wird von Korzybski als ›Nachahmung von Tieren in unseren nervlichen Reaktionen‹ bezeichnet. Um diesem, für das Überleben nicht förderlichen, Verhaltensmuster entgegenzuwirken, schlug er vor, daß jeder Mensch die wissenschaftliche Vorgehensweise im täglichen Leben praktizieren sollte.

Wissenschaftler formulieren Theorien über die Art und Weise, wie die Welt funktioniert. Dann beobachten sie, wie die Welt funktioniert. Wenn der tatsächliche Vorgang auf nichtverbaler Ebene ein anderer ist als die sprachlich formulierte Theorie (erinnert ihr euch an die verbalen Richtungsweiser?), dann modifiziert der Wissenschaftler seine Theorie.

Die meisten von uns wenden diese grundsätzlich wissenschaftliche Methode nicht im täglichen Leben an. Wir alle neigen dazu, bestimmte Theorien, Ideen, Einstellungen, Glauben, Standpunkte, Philosophien, Konzepte usw. usw. (verbale Richtungsweiser) zu übernehmen, ohne sie mit den tatsächlichen Vorgängen in der Realität zu vergleichen. Das Resultat ist, daß wir, die Nicht-Wissenschaftler, ständig irgendwelche ›Probleme‹ haben.

Ein wissenschaftlicher Pendler muß wissenschaftliche Methoden bei der Beobachtung von nicht-verbalen Energiestrukturen, Funktionen und Ordnungen anwenden und daraufhin Fragen stellen, die den in der Realität beobachteten Vorgängen gerecht werden. Das bedeutet, daß man empfänglich für neue Fakten bleibt. Wenn er einen neuen Aspekt der gegenwärtigen Situation wahrnimmt, modifiziert der wissenschaftliche Pendler seine Frage dementsprechend.

Präzise Fragestellung

Im Lauf der Jahre bin ich von unzähligen Menschen um eine Lesung gebeten worden und stellte dann fest, daß ihre Fragen unklar waren. Ihre verbalen Richtungsweiser waren entweder verschwommen oder nicht mehr als Geräusche.

Hier sind nur einige der typischsten unklaren Fragen: Liebt Soundso mich? Bin ich gesund? Werde ich einmal reich? Ist Johnny ein guter Junge? Wo soll ich im Urlaub hinfahren?

Seht ihr, warum solche Fragen zu diffus sind? In seiner Generellen Semantiklehre weist Korzybski auf den Unterschied zwischen Abstraktionen hoher und niederer Ordnung hin. Zum Beispiel die Frage: ›Ist Johnny ein guter Junge?‹ Das Wort ›gut‹ ist eine Abstraktion hoher Ordnung. Was meint der Fragesteller genau mit dem Wort ›gut‹?

Fast jedesmal muß ich die Leute vor einer Pendellesung ausfragen, bevor ich selbst eine präzise Frage formulieren kann. Zum Beispiel muß ich den Klienten fragen: »Was verstehst du unter ›gut‹? Was genau willst du eigentlich wissen?«

Manchmal wollen sie einfach nicht von ihrem ›gut‹ loslassen, ob sie wissen, was es für sie bedeutet oder nicht. Also muß ich geduldig versuchen, die dahinterliegende spezielle Frage herauszuarbeiten. Ich erkläre ihnen, daß ›gut‹ die verschiedensten Dinge für verschiedene Menschen bedeutet. Was der eine als gut empfindet, mag dem anderen als schlecht erscheinen. Es hängt von den Wertvorstellungen des einzelnen ab.

Seine Mutter mag Johnnys Musikalität als ›gut‹ bezeichnen, während der Vater das gleiche Talent als ›schlecht‹ empfindet. Ein Elternteil sieht die Freude in Johnnys Gesicht, wenn er Klavier spielt. Der andere zuckt zusammen, weil er glaubt, daß ›alle Musiker Nichtsnutze sind‹ und ›sich nie davon ernähren können‹, usw.

Wenn ich einem Klienten anhand eines Beispiels klarmachen kann, was ich meine, können sie vielleicht auch mir mit einem bestimmten Beispiel klarmachen, was sie meinen, wenn sie fragen: ›Ist Johnny ein guter Junge?‹ Vielleicht können die Klienten sich an bestimmte Verhaltensweisen von Johnny erinnern und dann die dahinterliegende Frage formulieren, wie etwa: ›Ißt Johnny zu viele Kekse?‹

Jetzt kommen wir der Sache schon näher. Die Frage ist für meinen Geschmack noch immer nicht präzise genug, aber sie hilft mir bei der Formulierung meiner letzten Frage: ›Ißt Johnny in Anbetracht seiner Diätvorschriften zu viele Kekse?‹

Ist euch der verschwommene verbale Richtungsweiser und die Abstraktion hoher Ordnung bei dem Wort ›zu viele‹ aufgefallen? Für den einen mögen ›zu viele‹ ›zu wenig‹ sein und für den anderen sind es ›gerade genug‹.

Die Mutter, die sich wegen Johnnys Naschgier Sorgen machte, wurde in ihrer Vermutung bestätigt: Ja, Johnny aß in Anbetracht seiner Diätvorschriften zu viele Kekse. Diese Antwort führte zu weiteren speziellen Fragen über den Grund für sein Keksverlangen und was unternommen werden könne, um seinen Kekskonsum zu reduzieren.

Eine entspannte, bequeme Haltung und ruhevolle Bewußtheit ist notwendig beim Pendeln, aber die Akkuratheit beim Pendeln hängt im gleichen Maße von *Präziser Fragestellung* ab. Das ist der *Meisterschlüssel Nr. 1*.

Die besorgte Mutter begann mit der Frage: 1. Ist Johnny ein guter Junge? Das war ein verbales Richtungsgeräusch, eine grundsätzlich bedeutungslose Frage. Sie wurde in: 2. Ißt Johnny zu viele Kekse? verwandelt. Wir näherten uns dem Ziel, hatten aber immer noch einen diffusen Richtungsweiser. Indem wir die Frage weiter präzisierten: 3. Ißt Johnny in Anbetracht seiner Diätvorschriften zu viele Kekse?, gelangten wir schließlich zum akkuraten verbalen Richtungsweiser.

Wie Korzybski schon erkannte: Je genauer der verbale Richtungsweiser mit der Struktur der Realität übereinstimmt, desto reibungsloser die Interaktion mit Menschen, Orten und Dingen. Diese fundamentale Tatsache, auf das Pendeln übertragen, bedeutet, daß präzise Fragestellung den Pendelanfänger zum Pendler mittleren Fortschritts macht.

Disziplinierte Üben entlang den hier aufgeführten Richtlinien macht sich auf dramatische Weise bezahlt. Deine Genauigkeit erhöht sich rapide. Das Pendel antwortet schneller. Die Rotationen des Pendels werden von unmißverständlichen Empfindungen, klaren Gedanken und präzise richtungweisenden Antworten begleitet.

Antworten datieren

Habt ihr schon mal eine halbe Banane gegessen und die andere Hälfte liegenlassen? Sehr wahrscheinlich – oder wenigstens kennt ihr jemanden, der es einmal gemacht hat.

Eine reife Banane hat eine gelbe Schale. Diese gelbe Schale pellst du jetzt ein Stück zurück und ißt eine Hälfte der Banane. Den Rest läßt du, weiterhin in der Schale, auf dem Küchentisch liegen.

Eine Stunde später kommst du in die Küche zurück. Du siehst die Banane. Und wie sieht sie aus? Die gelbe Schale ist braun bis schwarzbraun. Die Banane um zehn Uhr ist nicht dieselbe wie die um neun Uhr.

Ralph Waldo Emerson drückte es so aus: »Die Welt rollt dahin; die Umstände ändern sich jede Stunde.« Das einzig Konstante im Leben ist Wechsel. Ein Pendler muß die Veränderungen bei Menschen, Orten und Dingen wahrnehmen.

Wenn du eine Frage stellst, dich einstimmst und die Antwort empfängst, darfst du nie vergessen, daß die Antwort, die du heute aus dem Äther greifst, nicht notwendigerweise dieselbe sein muß wie die, die du morgen aufpickst. Die Antworten mögen starke Ähnlichkeiten aufweisen, aber sie können auch völlig unterschiedlich sein.

Pendel-Neulinge tun gut daran, ihre Antworten zu datieren, besonders, wenn die Antworten ohnehin aufgeschrieben werden.

Wenn ihr eure Antworten archiviert oder Freunden schriftliche Antworten gebt, wird euch das Datum eventuelle Veränderungen aufzeigen. Im Lauf der Zeit wagt ihr euch wahrscheinlich an schwierigere Fragen heran, woraufhin die

Leute von euren Fähigkeiten hören und euch um Lesungen bitten werden. Wenn ihr ihre Fragen beantwortet habt, solltet ihr sie daran erinnern, daß die erhaltene Antwort für den heutigen Tag, für jetzt und hier gilt. Erklärt ihnen, daß alles sich ständig verändert. Das Leben ist ein dynamischer Prozeß; Energiestrukturen formieren sich, werden erhalten und lösen sich wieder auf.

Eine Freundin von mir rief eines Tages bei mir zu Hause an und bat mich, am Abend bei ihr vorbeizukommen, weil sie sehen wollte, wie das Pendel ein paar ihrer Fragen beantworten würde.

Eine ihrer Fragen illustriert, wie wichtig es ist, die Antworten zu datieren. Sie fragte: »Ist es ein weiser Entschluß, wenn ich mit Bill Smith ins Geschäft gehe?« Das Pendel rotierte im Uhrzeigersinn – ja. Ich fühlte eine starke, positive Schwingung; die Lebenswege der beiden waren zu der Zeit verknüpft.

Bill hatte das Kapital und Carol besaß das Produkt. Sie wurden zu Geschäftspartnern und arbeiteten sehr gut zusammen. Ihre Pläne entwickelten sich und nahmen Gestalt an.

Carol freute sich und erklärte, daß das Pendel absolut recht gehabt hatte. Ich erinnerte sie daran, daß sich alles aber auch verändern könne. Jawohl, am 21. September 1983 waren Bill und Carol geeignete Geschäftspartner. Carols Erfahrungen bestätigten das.

Einige Monate vergingen. Die Firma stieß auf ein paar Schwierigkeiten, und Bills flüssiges Kapital lief aus. Die Spannungen zwischen den beiden nahmen zu. Eine Menge ›negative‹ Ereignisse folgten. Die Partnerschaft wurde abrupt aufgelöst.

Carol rief mich an und sagte: »Dem Pendel zufolge hätten wir geeignete Geschäftspartner sein müssen.« Ihr Tonfall zeigte ihre innere Einstellung: Das Pendel empfing eine positive Schwingung am 21. September 1983, also muß die Schwingung für immer und ewig positiv bleiben.

Das Pendel ist nicht das Orakel von Delphi. *Du* empfängst *eine* Antwort, nicht *die* Antwort, wenn du dich mit dem Pendel auf Frequenzen einstimmst.

Du, deine Freunde, deine Studenten und Klienten sind für alles verantwortlich, was geschieht. Notiere die Veränderungen. Akzeptiere das, was ist, und verhalte dich dementsprechend.

Datiere die Antworten, die du erhältst. Erinnere die Leute, denen du Lesungen gibst, daran, daß die heutige Antwort nicht in Stein gemeißelt ist. Morgen ist ein neuer Tag. Erkläre ihnen vor, während oder nach einer Lesung, daß sie die Antwort nicht unbesehen annehmen sollen. Schau dir die jeweiligen Lebensumstände der Leute genauer an. Vergleiche die Antworten mit den Fakten.

Das Pendel ist ein Helfer, kein Gott!

Wortbedeutungsreaktionen

»Knüppel und Brocken brechen mir die Knochen, aber Wörter treffen mich nie.« Meine Mutter hatte diesen Spruch parat, wenn die Kinder der Nachbarschaft irgendwelche Gehässigkeiten hinter mir herriefen. Die Worte eines anderen können unsere Gefühle verletzen. Dieses Gefühl der Verletzung ist eine Wortbedeutungsreaktion.

Jeder von uns reagiert mit größerer Intensität auf manche Worte. Wenn jemand uns bei einem bestimmten Namen nennt, eine Sprache benutzt, die uns unverständlich ist, oder ein für uns heikles Thema anschneidet, reagieren wir emotional.

Laßt mich eine Geschichte erzählen, um den Punkt zu illustrieren. Eine Firma bat mich, einen Radio-Werbetext für ihr Produkt zu verfassen. In einem Text benutzte ich das Wort ›Oma‹, und zwar in einem absolut positiven Zusammenhang, nicht als herablassende ›Du bist zu alt‹-Verhöhnung.

Nachdem die Reklame produziert und auf Tonband aufgenommen worden war, bat ich meine Freunde und Familie um ihre Kommentare. Alle fanden, daß der Text informativ und humorvoll war und Beachtung finden würde. Selbst der Marketing-Manager und seine Sekretärin meinten, er sei richtig formuliert.

Ich gab das Tonband dem Manager, damit die Besitzer des Konzerns es sich anhören und ihre endgültige Einwilligung geben konnten. Ein paar Tage später rief ich selber an. Einer der vier Besitzer war eine 60jährige Frau. Sie konnte das Wort ›Oma‹ nicht leiden.

›Oma‹ war eines der ›Auslöserworte‹, die eine emotionale Reaktion hervorriefen. Offenbar war sie sechzig und hatte keine Enkelkinder, worüber sie sehr enttäuscht war. Ihr Sohn hatte nie geheiratet, und nun, mit vierzig, war er ein eingefleischter Junggeselle.

Wir änderten den Text und ersetzten ›Oma‹ mit ›Tante Bess‹. Die meisten hielten das Ergebnis jetzt für weniger effektiv, aber der Multimillionen-Dollar-Konzern strahlte die Reklame im gesamten Nordwesten von Amerika aus.

In Wahrheit sind Worte als solche völlig bedeutungslos. Wenn sie nicht in einen imaginären Zusammenhang gebracht werden, sind Worte Geräusche.

Wenn du deine Pendel-Fragen in passende Worte fassen willst, mußt du dir zuerst deine eigenen Wortbedeutungsreaktionen bewußt machen und die deiner Klienten. Ernest Hemingway antwortete auf die Frage, warum er sich so gut mit so vielen verschiedenen Menschen aus aller Welt verständigen konnte: »Weil ich ihre Sprache spreche.«

Damit war nicht gemeint, daß er sämtliche Fremdsprachen beherrschte, sondern daß er mit Seeleuten über die See sprach, mit Wissenschaftlern über Wissenschaftliches, mit Schriftstellern über das Schreiben, mit Soldaten über den Kampf usw.

Das Wissen um deine persönlichen Auslöserworte und Wortbedeutungsreaktionen läßt dich klare Fragen formulieren. Das Wissen um die verbalen Präferenzen von Freunden und Klienten läßt dich ihre Fragen in Worte fassen, ohne eine Wortbedeutungsreaktion in ihnen auszulösen.

Emotionale Reaktionen verfälschen das Ergebnis von Lesungen. Die störenden Vibrationen von negativen Gefühlen blockieren den klaren Empfang der Antwort-Vibration.

Wenn du deine automatischen Reaktionen bewußt wahrnimmst, bist du auch eher in der Lage, persönliche Fragen über dein Liebes-, Familien- und Geschäftsleben und deine Gesundheit zu beantworten.

Vielen Pendlern fällt es schwer, akkurate Antworten auf ihre persönlichen Lebensfragen zu erhalten. Ihre privaten Sympathien und Antipathien, Wünsche und Abwehrmechanismen, besonders wenn diese stark ausgeprägt sind, können die Pendelbewegung direkt beeinflussen.

Man muß Tag für Tag, wo man geht und steht, üben, üben, üben, um die eigenen Auslöserworte und emotionalen Wortbedeutungsreaktionen kennenzulernen. Und dann muß man die Identifikation loslassen, man muß aufhören, ihnen Energie zu geben. Es dauert ein Weilchen, aber allmählich nimmt man sein Verhalten immer präziser wahr; man sieht und weiß die Antworten auf Fragen.

Kolloidales Verhalten

»Der Begriff ›kolloidal‹ wurde zuerst von dem britischen Chemiker Thomas Graham eingeführt, um den Unterschied zwischen dem Verhalten von Stoffen zu beschreiben, die sich leicht kristallisieren und tierische Membrane durchdringen, und Stoffen, die eine ›amorphe‹ oder gallertartige Masse bilden und tierische Membrane nicht leicht oder gar nicht durchdringen. Graham nannte die erste Kategorie ›Kristalloide‹ und die zweite ›Kolloide‹, dem griechischen Wort für Klebe entnommen.«

Aus »*Sciene und Sanity*« von Alfred Korzybski.

»Elektrische Ströme, hervorgerufen von Gefühls- und Gedankenprozessen (psychologische Vorgänge) bewegen sich über den Oberflächenbereichen der kolloidalen Struktur eines Körperorganismus und verändern Oberflächenspannungen entsprechend ihrer positiv-negativen Wechselwirkungen. Diese Energieströme können durch persönliche Wortbedeutungsreaktionen, Wertvorstellungen etc. in Gang gesetzt oder durch einen anderen Menschen ausgelöst werden, Inhalt des Rassenbewußtseins, emotionaler Programmierung usw. sein. Die psychologischen Wortbedeutungsreaktionen, die wir als Liebe, Mut, Seelenstärke etc. (positiv) klassifizieren, und als Angst, Sorge, Eifersucht, Neid etc. (negativ), können als Faktoren betrachtet werden, welche die Oberflächenspannung von kolloidalen Strukturen beeinflussen.«

Aus »*Healing Technic*« von Vitvan.

Hier haben wir den *Meisterschlüssel Nr. 2* in der Hand! (Meisterschlüssel Nr. 1 war Präzise Fragestellung.) *Wenn du einen hohen Akkuratheitsgrad beim Pendeln erreichen willst, mußt du die psychologischen Kraftströme der Umgebung, die sich über der elektromagnetischen Spannungsoberfläche deines Körpers hin und her bewegen, bewußt wahrnehmen.*

Sobald du eine Frage in spezielle Worte gekleidet hast, wird es Zeit, daß du störende psychologische Einflüsse in der Umgebung soweit wie möglich neutralisierst.

Mach dir klar, welche potentiell störenden Kräfte sich in der Umgebung befinden, wie Mikrowellenofen, Hochspannungselektrizität, Radiowellen, elektromagnetische Frequenzen, Zigarettenrauch, Geräuschkulissen usw. Bevor du weitermachst, müssen solche Einflüsse ausgeschaltet oder soweit wie möglich reduziert werden, oder begib dich an einen anderen, harmonischeren Ort für deine Lesungen.

Noch wichtiger als die Einflüsse der Umgebung sind psychologische Kräfte. Mental-emotionale Aktivitäten verursachen elektrische Ströme über den kolloidalen (gallertartigen) Oberflächen im menschlichen Körper.

Hierzu muß jetzt gesagt werden, daß kolloidale Oberflächen in unserem Körper eine enorm riesige Gesamtfläche bedecken. Eine Fläche in der Größe eines Schrotkorns der Nummer 5 mit feinen Partikeln von 0,00000025 Zentimetern Durchmesser hat eine Gesamtoberfläche von fast 7400 Quadratmetern!

Frage dich: ›Was fühle ich? Was denke ich? In welcher Stimmung bin ich? Habe ich momentan eine hohe und stabile Energie? Machen sich intensive Sympathien, Antipathien, Wünsche oder Gegenreaktionen auf meiner kolloidalen Oberfläche bemerkbar?‹ Wenn die psychologischen Kräfte relativ ruhig sind, ist die kolloidale Oberflächenspannung relativ neutral und daher sensibler, empfänglicher für die Schwingungen der Antworten.

Wenn du psychologische Störfaktoren in deinem Inneren wahrnimmst, ganz gleich wie subtil sie sein mögen (vergiß nicht, wie riesig die kolloidale Oberfläche ist), mußt du sofort einen Schritt zurücktreten, aufhören, dich mit ihnen zu identifizieren und *sowohl positive wie negative* Gedanken und Gefühle loslassen.

Bevor du eine Frage stellst, sorgst du dafür, daß du dich in einem neutralen, nicht-identifizierten wachen Zustand befindest. Viele psychologische Störungen können durch langsames, rhythmisches Atmen durch die Nase eliminiert werden, wobei sich auch die Schultern- und Nackenmuskeln entspannen.

Fragen, die automatisch sehr intensive Reaktionen in der eigenen Psyche auslösen, sollten gar nicht erst gestellt werden. Der kolloidale Aufruhr wird den Empfang der korrekten Antwort höchstwahrscheinlich verhindern. Es kann Monate oder gar Jahre dauern, bis man intensive Wortbedeutungsreaktionen überwindet.

Grundlegende Transformationen in der eigenen Psyche werden durch ständige Selbstbeobachtung über einen langen Zeitraum hinweg, durch das Ausschalten von selbstzerstörerischen Verhaltensmustern und Dienst an den Mitmenschen eingeleitet. Im sechsten Kapitel wird dieser Transformationsprozeß eingehender behandelt.

»Der eigene funktionsmäßige Entwicklungsgrad, Bewußtseinsstand oder die Gabe der Selbstbeobachtung entscheidet über den Effekt (den die registrierten Kräfte oder Frequenzen haben). Das heißt, daß ein Mensch, der aufgrund seiner Entwicklung und seines Verständnisses in der Lage ist, sich zu schützen, selbst die gewalttätigsten und destruktivsten Vibrationen des Rassenbewußtseins nicht notwendigerweise als destruktiv erfährt. Es ist eine Tatsache, daß die eigenen semantischen Werteinschätzungen (bewußt und/oder unbewußt) darüber entscheiden, ob die wahrgenommenen Frequenzen destruktiv, unharmonisch oder in irgendeiner Form abträglich erscheinen. Aus diesem Grund kann die Kraft unserer eigenen semantischen Wertvorstellungen und ihre Auswirkung auf das riesige Gebiet unserer kolloidalelektrischen Oberflächen als determinierend bezeichnet werden.«

Aus »*Healing Technic*« von Vitvan.

Zusammenfassung

1. Verbale Richtungsweiser müssen bewußt wahrgenommen und auf ihre Präzision und Klarheit hin überprüft werden. Sieh, ob du zwischen verschwommenen verbalen Richtungsweisern, Richtungsgeräuschen und genauen Richtungsweisern unterscheiden kannst.
2. Eine akkurate Antwort beim Pendeln hängt in hohem Maße von der Klarheit der Fragestellung ab.
3. Generelle Semantik ist die Anwendung der Methoden, Prinzipien und Standpunkte der Wissenschaft im täglichen Leben.

4. Korzybski stellte fest, daß Wissenschaftler ihre Theorien und Vorgehensweisen revidieren, wenn diese den mittlerweile erkannten Tatsachen nicht länger entsprechen. Die meisten von uns gehen nicht wissenschaftlich vor; wir klammern uns weiterhin an Theorien, Ideen, Einstellungen, Glaubensrichtungen usw., selbst wenn die Tatsachen sich geändert haben. Die Konsequenz: wir haben ständig irgendwelche Probleme.
5. Ein wissenschaftlicher Pendler muß wissenschaftliche Methoden bei der Beobachtung von nicht-verbalen Energiestrukturen, Funktionen und Ordnungen anwenden und daraufhin Fragen stellen, die den in der Realität beobachteten Vorgängen gerecht werden.
6. Eine entspannte, bequeme Haltung und ruhevolle Bewußtheit ist notwendig beim Pendeln, aber Akkuratheit beim Pendeln hängt im gleichen Maße von *Präziser Fragestellung* ab. Das ist der *Meisterschlüssel Nr. 1.*
7. Diszipliniertes Üben entlang den aufgeführten Richtlinien macht sich auf dramatische Weise bezahlt. Deine Genauigkeit erhöht sich rapide. Das Pendel antwortet schneller. Die Rotationen des Pendels werden von unmißverständlichen Empfindungen, klaren Gedanken und präzise richtungweisenden Antworten begleitet.
8. Wenn du eine Frage stellst, dich einstimmst und die Antwort empfängst, darfst du nie vergessen, daß die Antwort, die du heute aus dem Äther greifst, nicht notwendigerweise dieselbe sein muß wie die, die du morgen aufpickst. Die Antworten mögen starke Ähnlichkeiten aufweisen, aber sie können auch völlig unterschiedlich sein.
9. Der weise Pendler datiert die erhaltenen Antworten. Das Datum macht Veränderungen deutlich.
10. Das Pendel ist nicht das Orakel von Delphi. *Du* empfängst *eine* Antwort, nicht *die* Antwort.
11. Normalerweise erinnere ich Klienten vor, während oder nach einer Lesung daran, daß sie die Antwort nicht unbesehen schlucken sollen. Schau dir die jeweiligen

Lebensumstände der Leute genauer an. Vergleiche die Antworten mit den Fakten. Das Pendel ist ein Helfer, kein Gott!

12. Wenn du präzise Pendelfragen formulieren willst, mußt du dir zuerst deine eigenen Wortbedeutungsreaktionen und die deiner Klienten bewußt machen.
13. Wortbedeutungsreaktionen verfälschen das Ergebnis von Lesungen. Die störenden Vibrationen von negativen Gefühlen blockieren den klaren Empfang der Antwort-Vibration.
14. Wenn du einen hohen Akkuratheitsgrad beim Pendel erreichen willst, mußt du die psychologischen Kraftströme der Umgebung, die sich über der elektromagnetischen, kolloidalen Spannungsoberfläche deines Körpers hin und her bewegen, bewußt wahrnehmen. Das ist der *Meisterschlüssel Nr. 2.*
15. Sobald du eine Frage in spezielle Worte gekleidet hast, wird es Zeit, daß du störende psychologische Einflüsse in der Umgebung soweit wie möglich neutralisierst.
16. Noch bevor du eine Frage stellst, sorgst du dafür, daß du dich in einem neutralen, nicht-identifizierten, wachen Zustand befindest.
17. Wenn du psychologische Störfaktoren in deinem Inneren wahrnimmst, ganz gleich, wie subtil sie sein mögen, mußt du sofort einen Schritt zurücktreten, aufhören, dich mit ihnen zu identifizieren, und sowohl positive wie negative Gedanken und Gefühle loslassen.

6

Der ausgewogene Pendler

Bewußtes Pendeln

Was meine ich hier mit ›bewußt‹? Bewußt sein bedeutet, direkt wahrzunehmen. Ich spreche nicht vom täglichen vollautomatischen Bewußtsein: Da ist ein Auto. Ich muß zur Arbeit gehen. Ich habe Hunger. Das Bewußtsein, das ich meine, verlangt, daß man sich die Mühe macht, seine Aufmerksamkeit in einem Zustand wortloser Wahrnehmung zu halten. Wenn du bewußt bist, wirken die Leute, die Plätze und die Dinge um dich herum lebendiger, dynamischer, ihre Einwirkung ist unmittelbarer.

Hier ist eine bewußtseinserweiternde Übung, die überall im täglichen Leben praktiziert werden kann. Nimm fünf bis zehn Gegenstände in deinem Haus und lege sie auf einen Tisch. Such dir einen Gegenstand aus und schau ihn dir ohne zu assoziieren an.

Wie lange kannst du ihn anschauen, ohne zu denken, zu phantasieren, abzuschweifen? Fünf Sekunden, zehn Sekunden, eine Minute oder mehr? Im bewußten Zustand siehst du, ohne zu denken, ohne mental aktiv zu werden.

Sagen wir einmal, du hast einen Papierbeschwerer aus Rosenquarz, ähnlich wie der auf meinem Schreibtisch. Ich betrachte ihn, will aber nicht im Gedächtnis herumkramen und daran denken, wie ich ihn gekauft habe usw. Statt dessen nehme ich ihn nur beobachtend wahr.

Ich sehe Farbschattierungen, hellere und dunklere Rosatöne. Die Farben verlaufen in Schichten von außen nach innen. Ich sehe eine imperfekte, kreisförmige Form von etwa vier Zentimetern Dicke und acht Zentimetern Durchmesser. Die Oberfläche ist glatt und nach außen gewölbt, das Unterteil ist rauh und ausgehöhlt. Er wiegt etwa 200 Gramm. Der Quarzstein wird überall von feinen Linien durchkreuzt. Hier und dort nehme ich zwischen dem Rosa Flecken und Linien aus weißem Quarz wahr. Ich spüre eine beruhigende, friedliche Vibration davon ausgehen. Ich fange an, kristalline Muster im Stein zu sehen; die sich überschneidenden Linien formen rechteckige, diamantähnliche Figuren usw., usw., usw.

Ich könnte ohne weiteres 15 bis 20 Minuten fortfahren, den Papierbeschwerer auf meinem Schreibtisch wahrzunehmen. Bewußte Wahrnehmung ist eine Reise in das Jetzt, ein Ausflug in den kosmischen Ozean. Bis jetzt habe ich gerade die Oberfläche des Steins bewußt wahrgenommen, könnte aber noch viel tiefer gehen. Er vibriert mit Lebensenergie.

Praktiziert diese Bewußtseins-Übung, dadurch werden eure Wahrnehmungsmuskeln trainiert. Solche Übungen werden zu unbezahlbaren Werkzeugen für eine verbesserte Lebensführung. Menschen und Umgebungen werden lebendiger. Ihr seht, was vor eurer Nase ist; ihr seht, was links und rechts von euch existiert und selbst Dinge, die hinter euch sind. Ihr entwickelt eine Rundumsicht von 360 Grad. Ihr werdet wach.

Und dann nehmt ihr wahr, daß eure ›inneren‹ Gedanken, Gefühle, Stimmungen, Wünsche und Träume etwas mit den täglich auf euch zukommenden Ereignissen zu tun haben. Ihr stellt fest, daß die Qualität der ›äußeren‹ Ereignisse sich verändert, wenn ihr die Qualität eurer Gedanken, Gefühle und Wünsche verändert.

Mit dem Pendel kannst du den Prozentsatz an Zeit messen, die irgend jemand bewußt verbringt. Wieviel Prozent der Zeit ist Soundso bewußt? 90 bis 100 Prozent? Wenn du ein Nein bekommst, geh weiter herunter. 80 bis 90 Prozent? usw., bis du eine Rotation im Uhrzeigersinn, ein Ja, erhältst.

Ob du in der Lage bist, deinen eigenen Bewußtseins-Prozentsatz festzustellen, hängt davon ab, wie neutral du bleiben kannst. Vielleicht kann ein anderer Pendler es für dich feststellen. Aber vergiß nie, jede erhaltene Antwort mit deinen eigenen Erfahrungen zu vergleichen. Beobachte dich. Wie oft bist du wirklich bewußt?

Eine weitere Übung, mit der man sein Bewußtsein trainieren kann, ist diese: Sieh, berühre, fühle alles, und sag zu jeder Person, jedem Ort, jedem Ding: ›Dies wird jetzt bewußt.‹

Je bewußter der Pendler oder die Pendlerin, desto eher empfängt, spürt, vernimmt er oder sie auch die absolut feinsten Frequenzen ringsumher. Der ausgewogene Pendler lebt bewußt. Unbewußtheit, mangelnde Wachheit, zieht weitere Unbewußtheit nach sich. Beim Pendeln geht es um vermehrte Bewußtheit, nicht um weniger Bewußtheit.

Das Rad des ganzheitlichen Lebens

Betrachten wir einmal die Abbildung 5. Das Rad des ganzheitlichen Lebens symbolisiert verschiedene untereinander verknüpfte Lebensbereiche, wie du und ich sie erfahren. Die Einteilung in acht Sparten ist willkürlich. Ich hätte das Rad auch in mehr oder weniger Sparten einteilen können, also nimm die Trennungen zwischen den Ausschnitten nicht allzu ernst. Kein Lebensbereich ist isoliert und völlig getrennt von irgendeinem anderen.

Zum Beispiel ist das Mentale nicht vollkommen vom Emotionalen getrennt. Ja, es gibt Intellektuelle, die sich bis zu einem gewissen Grad von ihren Gefühlen abgeschnitten haben; trotzdem wird der Verstand mehr oder weniger von den Gefühlen beeinflußt. Die beiden Bereiche sind untereinander verbunden.

Wer als Pendler ausgewogen werden will, muß sich selbst zunächst einmal genau anschauen. Nehmt das achtspeichige Rad als Spiegel für euch selbst und schaut hinein.

Fangt mit dem physischen Bereich an. Könnt ihr spüren, fühlen, erfahren, wissen, wo ihr ›körperlich‹ in jedem Moment seid? Seid ihr körperbewußt?

Geht weiter zum emotionalen Bereich. Richtet eure Aufmerksamkeit auf diese Lebensenergie. Aber analysiert nicht. Das ist nicht notwendig. Schaut einfach hin und seht. Hier wollen wir nur sehen, wo wir in diesem Moment in irgendeinem Bereich sind.

Das Rad des ganzheitlichen Lebens

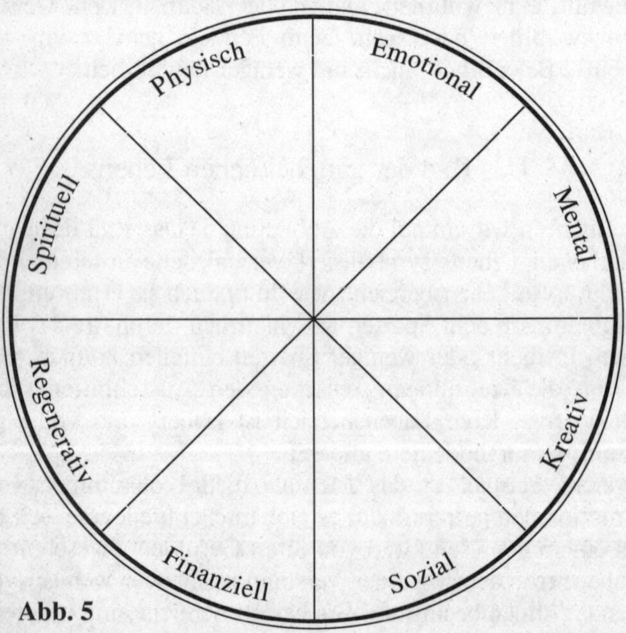

Abb. 5

Um ausgewogen zu werden, mußt du zuerst feststellen, in welchem Zustand du jetzt, in diesem Moment bist. Du kannst nicht von Los Angeles nach San Franzisko fahren, wenn du nicht weißt, daß du momentan in Los Angeles bist.

Die meisten von uns basieren ihr Verhalten 1. auf Reflexion und 2. auf Reaktion. In jedem einzelnen der acht Lebensbereiche neigen wir zur automatischen Aktivierung durch Reflexion und/oder Reaktion.

Die Tendenz ist stark, die jeweilige Umgebung oder den Personenkreis der Umgebung zu absorbieren, zu reflektieren und dann dementsprechend zu reagieren. Seid ihr schon einmal auf einem Sportplatz gewesen? Wenn ihr je einem Fußballspiel vor Ort zugeschaut habt, dann wißt ihr, was ich meine. Konntet ihr ruhig und friedlich dasitzen?

Jetzt stellt sich die Frage, ob ihr agiert oder in Wahrheit reagiert. Aktion ohne Reaktion ist außergewöhnlich. Checkt es aus. Gewöhnlich reagieren wir automatisch auf Menschen, Plätze, Dinge, Worte, Symbole, Erinnerungen – die Liste ist endlos.

Fangt an, eure Reflexionen und Reaktionen in jedem der acht Lebensbereiche bewußter wahrzunehmen. Je bewußter ihr die eigenen Reflexionen und Reaktionen wahrnehmt, desto eher bemerkt ihr auch die von anderen Menschen. Eine derart akute Wahrnehmung erhöht die Qualität und Genauigkeit eurer Lesungen und hilft euch und euren Mitmenschen.

Lebensenergien

PHYSISCH Das Wort physisch hat den gleichen Sprachstamm wie das Wort Physik. Die Physik ist das Studium der Struktur von Materie, ihrer Kraftfelder und Frequenzen. Unser physisches Selbst, unser Körper, ist ein dynamisches Phänomen. Er ist keine Ansammlung lebloser Materie, sondern, wie das Wort Physik schon sagt, eine vibrierende Struktur von untereinander verbundenen Energieebenen.

Die Körperzellen sind Energiesysteme, keine Gefängniszellen. Unsere Zellen setzen sich aus Molekülen zusammen, und Moleküle bestehen aus Atomen. Atome sind ebenfalls keine solide Masse, sondern unvorstellbar winzige Sonnensysteme, die von negativen und positiven Spannungsladungen zusammengehalten werden. Genau wie unser größeres Sonnensystem bestehen Atome zum größten Teil aus weitem Raum.

Dummerweise klammern viele, wenn nicht die meisten von uns auf diesem Planeten, sich unbewußt an ein uraltes Konzept vom physischen Dasein, das keineswegs den Tatsachen entspricht. Unbewußt glauben wir, daß der Körper ein massives, solides Objekt ist, ein bloßer Gegenstand, und diese Geisteshaltung beeinflußt die Art und Weise, wie wir uns selbst und andere behandeln. Wir gehen mit dem Körper wie mit einem toten Ding um, anstatt ihn als ein dynamisches Energiesystem zu behandeln, das natürlichen Gesetzmäßigkeiten folgt – normalen Temperaturen und Druckverhältnissen, Nahrungszufuhr, Luft- und Wasserqualität usw.

Wenn ich das Wort ›physisch‹ in diesem Buch und im Zusammenhang mit dem Rad des ganzheitlichen Lebens benutze, verstehe ich darunter also ein dynamisches, organisches Energiesystem.

Und jetzt zeichne das Achtspeichen-Rad auf ein Stück Papier. Breite es auf einem Tisch vor dir aus. Stimm dich mit dem Pendel auf dein physisches Selbst oder das physische Selbst eines anderen ein. Halte dein Pendel über der physischen Sparte. Frage, ob Soundso eine ausgewogene physische Lebensenergie zu diesem Zeitpunkt hat.

Wenn ja, kannst du den Grad dieser Ausgewogenheit oder Harmonie feststellen, und zwar folgendermaßen: Du schreibst eine Zahlenreihe von 10 bis 0 senkrecht untereinander. Wenn die Antwort Ja war, fang mit zehn an. Du fragst, ob Soundsos physische Lebensenergie momentan auf dem höchsten Grad steht. Geh die Zahlenreihe herunter, bis dein Pendel mit Ja rotiert. Wenn die Antwort von vornherein Nein war, fang mit 0 an, um den Grad der Unausgewogenheit zu messen, bis du bei irgendeiner Zahl ein Ja bekommst.

Eine Nein-Lesung von 0 bis 6 weist auf physische Unausgeglichenheit hin, die nähere Beachtung verdient. Die Person muß herausfinden, was ihr fehlt, und definitive Schritte unternehmen, um die Ursachen der Unausgewogenheit zu eliminieren. Im 9. Kapitel werden Gesundheits- und Heilfragen näher besprochen. Man kann in diesem Zusammenhang die Diät, Frischluftzufuhr und sonstige Faktoren überprüfen, um mögliche Ursachen festzustellen.

EMOTIONAL Was ist eine Emotion? Eine Emotion ist eine Lebensenergie, eine vibratorische Kraft, die als automatische ›innere Bewegung (Motion)‹ erfahren wird. Emotionen sind gewöhnlich reaktionäre Kräfte. Wir beschließen kaum jemals bewußt, jetzt emotional zu reagieren. Eine Emotion widerfährt uns. Sie springt uns plötzlich aus unserem psychologischen Energiefeld an wie ein Teufelchen aus einer Spieldose.

Emotionale Energie wallt auf, hebt uns hoch und inspiriert uns, schleudert uns in Abgründe und deprimiert uns. Unterdrückte, nicht ausgedrückte Emotionen können uns über einen längeren Zeitraum hinweg ebenso schaden wie ein Schlag mit einem Knüppel auf den Kopf. Exzessive und zwanghafte Emotionen saugen uns die Lebenskraft ab, sorgen für Tumult in Beziehungen und blockieren den Zugang zu allem, was das Herz in Wahrheit begehrt.

Wer sich die eigenen emotionalen Energien bewußt macht, macht sich eine außerordentliche Chance im Leben zunutze. Die Flutwellen der Gefühle können gezügelt und in die gewünschten Bahnen gelenkt werden. Die dadurch nutzbar gemachte Kraft kann als Treibstoff für eine Erfindung, künstlerischen Ausdruck, eine Geschäfts- oder Familiengründung usw. benutzt werden.

Um die emotionale Ausgewogenheit einer Person festzustellen, werden die gleichen Schritte wie oben wiederholt. Sämtliche Sparten können so nacheinander überprüft werden.

1. Halte das Pendel über die Sparte deiner Wahl.
2. Frage, ob Soundsos Lebensenergie in Sparte X momentan ausgewogen ist.
3. Wenn ja, fahre fort, den Grad der Ausgewogenheit auf einer 0-zu-10-Skala zu überprüfen. Du fragst, ob Soundsos Lebensenergie in Sparte X zur Zeit auf 10 steht, und so weiter, bis du ein Ja als Antwort erhältst.
4. Wenn nein, fang mit 0 an und geh auf der Skala nach oben, bis du ein Ja erhältst.

MENTAL Der mentale Bereich wird durch gedankliche Aktivitäten charakterisiert. Was ist ein Gedanke? Ein Gedanke ist eine Vibration, eine Frequenz, eine Kraft, die im mentalen Energiefeld registriert oder aufgezeichnet wird.

Gedanken existieren auf vielen unterschiedlichen Ebenen, unter anderem der automatischen, subjektiven, korrelativen, kreativen, inspirierten und visionären Ebene. Man könnte ein ganzes Buch nur mit Definitionen, Erklärungen und Beispielen für jeden Denkbereich füllen.

Der ausgewogene Pendler muß sich die Aktivitäten seines mentalen Energiefelds bewußt machen. Probiert folgendes: Legt das Buch für einen Moment beiseite. Macht die Augen zu. Beobachtet eure Gedanken. Was läuft im mentalen Feld ab?

Ist alles ruhig, still, friedlich? Ist es wie ein tiefer kristallklarer Bergsee, auf dem sich keine Welle kräuselt? Oder ist das mentale Feld ein brausender Ozean mit haushohen Wellen, die unkontrollierbar gegen die Klippen des Gehirns schlagen?

Ein Pendelexperte stabilisiert und beruhigt seine Mentalenergien, besonders während der Lesungen. Gedankenwellen und Gedankenformen folgen seinen Befehlen. Ein klares mentales Feld ist die Voraussetzung für klare Fragen und Antworten.

KREATIV Kreative Lebensenergie hat eine beruhigende, verlangsamende, kathartische Wirkung auf die Psyche, den Körper, das Nervensystem. Farbgefühl, Musikalität, Erfindungsgabe, Formsinn, Phantasie und geistige Beweglichkeit sind nur einige der Ausdrucksformen der Kreativität.

Wenn wir unsere kreativen Energien anzapfen und sie in konstruktive Bahnen leiten, fügen wir unserem Dasein eine weitere Dimension hinzu. Im Laufe der Jahre habe ich mich auf Tausende von Individuen eingestimmt und das Achtspeichen-Rad des ganzheitlichen Lebens dabei als Landkarte benutzt. In fast allen Fällen war die Sparte der Kreativität mehr oder minder vernachlässigt worden.

Wenn ich eine fünfprozentige Ausgewogenheit oder weniger in der kreativen Sparte auspendle, sagt der Betreffende meistens: »Ich bin nun einmal nicht kreativ. Ich bin auf keinem Gebiet sonderlich begabt.« Die amerikanische Psyche scheint blockiert, sobald kreative Energien angezapft und in entsprechende Bahnen gelenkt werden sollen. Die Allgemeinheit geht davon aus, daß man ein geniales Talent mitbringen muß, um kreativ zu werden. Das ist natürlich absolut unwahr. Du mußt nicht die Stimme einer Barbra Streisand haben, um singen zu können. Sing einfach; hör auf, dich mit einem Ideal zu identifizieren und mit dem, was andere Leute von deinem Gesang halten könnten.

Kreativität ist die Spielfreudigkeit der Seele. Wenn du deine Spiel- und Experimentierfreudigkeit unterdrückst, vermeidest, ablehnst, kommt der Fluß der kreativen Lebensenergien aus dem Gleichgewicht. Der Fluß richtet sich nach innen, wird introvertiert und verwandelt sich in Zerstörungs- anstatt in Schaffenskraft. Viele sogenannte ›negative‹ Menschen sind in Wirklichkeit hochbegabt, nur haben sie leider noch kein konstruktives Ventil für ihre Schöpferkraft gefunden.

SOZIAL Die sozialen oder kommunikativen Lebensenergien verbinden uns untereinander. Die meisten nehmen den Fluß dieser Energien aber nicht bewußt wahr. Was fühlst du, wenn du einem Fremden begegnest? Was fühlst du, wenn du einem engen Freund begegnest? Fühlst du den Energiefluß der kommunikativen, verbindenden Vibrationen?

Der ausgewogene Pendler, der sich darauf vorbereitet, einmal Lesungen für seine Freunde und Klienten zu geben, muß sich die zwischenmenschlich verbindenden Energien bewußt machen. Und wie? Indem er sich bei jeder Begegnung mit anderen Menschen bewußt darauf einstellt, die Vibrationen der anderen mit größerer Sensibilität zu empfangen.

Was spürst du zwischen dir und einem anderen Menschen? Findet eine geistige Begegnung statt, fällt die Kommunikation und das Lächeln leicht? Oder herrscht keine Übereinstimmung, spürst du Mißtrauen und Antagonismus? Zwischen diesen beiden Extremen gibt es unzählige Schattierungen. Wenn du lernst, die Nuancen der zwischenmenschlichen Energiekommunikation mit bewußter Sensibilität wahrzunehmen, hast du eines der besten Navigationsinstrumente, das es auf der Welt gibt.

Wenn du beim Pendeln feststellst, daß die verbindungsaufnehmenden Energien eines Menschen nicht ausgewogen sind, kann es sein, daß die Personen sich derzeit im Konflikt mit anderen, in Scheidung oder in sonstigen Beziehungsschwierigkeiten befindet. Es kann aber auch sein, daß die Person dazu neigt, sich zurückzuziehen, vielleicht als Reaktion auf eine seelische Verletzung, von der sie sich erst allmählich erholen muß. Es kann sich aber auch um einen Rückzug von den Mitmenschen nach einer Phase der sozialen oder sonstigen zwischenmenschlichen Überforderung handeln.

Was immer die Gründe sein mögen: wenn das Gleichgewicht im Bereich der Beziehungen wiederhergestellt wird, nimmt auch die Vitalkraft, Freude und innere Harmonie der Person zu. Eine Unausgewogenheit in diesem Bereich über einen längeren Zeitraum hinweg kann zu gefährlichen soziopathischen Störungen führen. Die meisten Kriminellen, Gewalttäter und zwanghaft zurückgezogenen Menschen haben ihr Gleichgewicht im kommunikativen Energiebereich verloren und brauchen Langzeit-Therapie oder Selbsthilfe, um den natürlichen Austausch mit anderen wiederherzustellen.

FINANZIELL Das Wort allein löst eine endlose Folge von Wortbedeutungsreaktionen aus. Außer Religion und Politik gibt es wohl kaum ein Thema, das emotional so stark beladen ist. Dennoch verlangt unsere profit-orientierte Wettbewerbsgesellschaft, daß wir unser Geld ständig verdienen, verwalten und, wenn möglich, vermehren.

Nicht selten findet man beim Pendeln in dieser Sparte starke Gleichgewichtsstörungen. Die Geschäftsperson, die jahrein, jahraus einen 12- bis 15stündigen Arbeitstag absolviert, steuert zielstrebig auf Schwierigkeiten, Leiden und Schmerzen zu. Wer zuviel Lebensenergie in einen einzigen Bereich investiert, raubt die anderen sieben Bereiche buchstäblich aus. Bei vielen Geldhaien liegt die Heirats- und Scheidungsrate ungewöhnlich hoch; sie ernähren sich schlecht, vernachlässigen ihren Körper und bleiben emotional oft auf einer unterentwickelten Ebene stecken.

Seltsamerweise führen aber auch die sogenannten armen Leute auf der anderen Seite des Spektrums kein ausgeglichenes Leben. Die ständige Sorge um Geld für Essen, Miete und Kleidung schafft ähnlich unausgewogene Umstände wie bei den Geldmachern.

Beide Extremfälle müssen ihre innere Einstellung in bezug auf Finanzen überprüfen. Der ›Geldmacher‹ muß von seiner Wettbewerbs- und Geldgier-Frequenz herunterkommen, kreativer mit seinem Reichtum umgehen und sich bewußt und konkret um einen ausgewogeneren Lebensstil bemühen. Die Menschen mit der ›Mangelbewußtseins-Mentalität‹ müssen ihren Horizont erweitern und erkennen, daß ihre Geldnot das Resultat einer inneren Angstvorstellung ist, nie genug zu haben. Eine solche Angsthaltung zieht finanzielle Unsicherheit magnetisch an.

Um meinen Standpunkt noch näher zu erklären, empfehle ich Wallace D. Wattles klassische Lektüre *»Financial Success Through the Power of Creative Thought«*. Das Buch wurde um die Jahrhundertwende geschrieben, ist aber im Nachdruck erhältlich. Ich selbst habe eine Kurzfassung mit dem Titel *»Scientific Financial Success«* geschrieben (erhältlich über *Life Energy Sciences*, Adresse im Anhang dieses Buches).

»Es gibt eine Wissenschaft des finanziellen Erfolgs. Wer ihre Methoden anwendet, schafft sich unter Garantie ausgewogene und stabile finanzielle Verhältnisse. Durch finanziellen Erfolg macht man mehr aus sich selbst und ist demnach auch besser geeignet, Gott und der Menschheit zu dienen.«
Aus *»Scientific Financial Success«*.

REGENERATIV Die regenerative Lebensenergie sorgt für Erneuerung. Wer eine Haltung, Einstellung, Gewohnheit oder Verhaltensweise ändern will, braucht regenerative Lebensenergie, um die Umwandlung konkret herbeizuführen.

Erneuerung ist ein fortlaufender Prozeß. Die alten Ägypter symbolisierten den Vorgang der fortlaufenden Regeneration und Wiedergeburt mit dem Skarabäus-Käfer. Der Skarabäus rollt seine Eier zum Schutz und zur Ernährung der Larven in einen Ball von Dung ein, und 30 Tage später gehen die neugeborenen Käfer daraus hervor.

Wenn du, deine Freunde oder Klienten regenerative Lebensenergie nicht bewußt channeln, ist die Pendellesung sehr wahrscheinlich negativ. Nur wer bewußt an seiner Transformation arbeitet, Selbsthilfe und Selbsterkenntnis sucht, erneuert sich ständig und wird demnach positiv vom Pendel gelesen.

Wenn die regenerativen Kräfte nicht bewußt eingesetzt werden, kehren sie sich anscheinend sehr leicht um und werden zu degenerativen Kräften. Mit ›Degeneration‹ meine ich, daß Lebensenergie selbstzerstörerischen Verhaltensweisen zugeführt wird.

Auf der physischen Ebene können Exzesse sich unter anderem als Rauchen, Trinken, Drogengenuß und Überessen bemerkbar machen. Auf der emotionalen Ebene kann es Zorn, Ungeduld, Aggressivität und Angst sein. Auf der mentalen Ebene manifestiert sich die Unausgeglichenheit als exzessives Strebertum, rigides Festhalten an Dogmen und Glaubenssystemen oder schlicht als exzessives Nachdenken.

In der kreativen Sparte kann Lebensenergie zu zwanghaftem Schaffensdrang degenerieren, der zum ›Künstlerego-Syndrom‹ führt. ›Kunst um der Kunst willen‹, sonst zählt nichts mehr im Leben. Der Schaffensdrang macht diese Leute blind. Ihr Ego bläht sich mit dem selbstfabrizierten Helium ihrer eigenen Phantasie auf.

Nach innen gerichtete kommunikative Energien werden, wie ich vorher schon erwähnt habe, zu kriminellen, antisozialen oder Isolierungstendenzen. Und auf dem finanziellen Sektor führt mangelnde Regeneration entweder zu Armut oder zu zwanghafter Geldanhäufung, wie ich eben bereits gesagt habe.

Man hört das Wort Regeneration relativ selten. Die meisten von uns wissen nicht, wann, wie und wo sie den Zugang dazu herstellen und diese Kräfte bewußt channeln können. Es wird langsam Zeit, daß diese vernachlässigte Lebensenergie erkannt wird. Weiß Gott, wir brauchen sie im täglichen Leben, um zu wachsen, uns zu erneuern und zu transformieren.

Stagnation ist ein Absterben. Ohne bewußte Regeneration findet unbewußte Degeneration statt.

SPIRITUELL Vor ein paar Tagen kam ein hochgradig sensibler Mensch bei mir im Büro vorbei und fragte mich, wie er das Pendel dazu benutzen könne, sein Leben zu ändern.

Mit seiner Einwilligung begann ich mich daraufhin mit Hilfe des Achtspeichen-Rads auf seine Struktur einzupendeln.

Die ersten sieben Sparten seiner Lebensenergie waren relativ ausgewogen, aber als ich fragte: »Ist die spirituelle Lebensenergie von Mr. X zu diesem Zeitpunkt ausgewogen?«, merkte ich, daß er auf seinem Stuhl zu rutschen begann, den Kopf senkte, die Augen leicht nach oben verdrehte und nervöse Handbewegungen machte.

Mein neuer Freund hatte eine Wortbedeutungsreaktion, wie sie im Buche steht. Er reagierte tatsächlich so heftig, daß ich nicht sofort mit der Lesung fortfahren konnte. Ich hielt inne, sah ihn an und versuchte, so gut es ging, zu erklären, was ich mit ›spirituell‹ meinte.

»Für mich bezieht sich das Wort ›spirituell‹ auf nichtverbale Frequenzen, die direkt erfahrbar sind. Spirituelle Frequenzen, Vibrationen und Wellenlängen oszillieren mit höherer Geschwindigkeit als beispielsweise mentale oder emotionale Lebensenergien.«

Ich fuhr fort, ihm zu erklären: »Ich gebrauche ›spirituell‹ nicht im Sinne von Dogma, fixierten Vorstellungen, blindem Glauben oder dem Übernehmen der Erkenntnisse und Visionen eines anderen. Niemand kann dein Essen für dich verdauen; warum soll irgendein anderer spirituelle Erfahrungen für dich machen können? Die direkte Erfahrung der spirituellen Frequenzen bringt Frieden, erhöhte Wahrnehmung, Kraft, Wissen, Verständnis, Weisheit, Willenskraft und Liebe. Wer das weiß«, sagte ich, »kann nicht mehr blind anbeten.«

Seine starke semantische Reaktion war daraufhin abgeklungen. Ich konnte mich nun auf seine spirituellen Vibrationen einstimmen.

Zusammenfassung

1. Bewußt sein bedeutet, direkt wahrzunehmen. Wenn du bewußt bist, wirken die Leute, die Plätze und die Dinge um dich herum lebendiger, dynamischer, ihre Einwirkung ist unmittelbarer.
2. Bewußte Wahrnehmung ist eine Reise in das Jetzt, ein Ausflug in den kosmischen Ozean.
3. Praktiziert die bewußtseinserweiternde Übung, dadurch werden die Wahrnehmungsmuskeln trainiert. Solche Übungen werden zu unbezahlbaren Werkzeugen für eine verbesserte Lebensführung.
4. Je bewußter der Pendler oder die Pendlerin, desto eher empfängt, spürt, vernimmt er oder sie auch die absolut feinsten Frequenzen ringsumher.
5. Das achtspeichige Rad des ganzheitlichen Lebens symbolisiert verschiedene untereinander verknüpfte Lebensbereiche, wie du und ich sie erfahren.
6. Wer ein ausgewogener Pendler werden will, muß sich selbst genau anschauen. Nehmt das Achtspeichen-Rad als Spiegel für euch selbst und schaut hinein.
7. Die meisten von uns basieren ihr Verhalten 1. auf Reflexion und 2. auf Reaktion. Wir neigen zur automatischen psychologischen Aktivierung durch Reflexion und/oder Reaktion.
8. Dein physisches Selbst, dein physiologischer Organismus, dein Körper, ist ein dynamisches Phänomen, keine Ansammlung lebloser Materie. Er ist, wie das Wort Physik schon sagt, eine vibrierende Struktur von untereinander verbundenen Energieebenen.
9. Dummerweise klammern viele, wenn nicht die meisten Menschen auf diesem Planeten, sich unbewußt an ein uraltes Konzept vom physischen Dasein, das nicht den Tatsachen entspricht. Unbewußt glauben wir, daß der Körper ein massives, solides Objekt ist, ein bloßer Gegenstand.

10. Diese unterbewußte Geisteshaltung beeinflußt die Art und Weise, wie wir uns selbst und andere behandeln. Wir gehen mit dem Körper wie mit einem toten Ding um, anstatt ihn als ein dynamisches Energiesystem zu behandeln, das natürlichen Gesetzmäßigkeiten folgt – normalen Temperaturen und Druckverhältnissen, Nahrungszufuhr, Luft- und Wasserqualität usw.
11. Eine Emotion ist eine Lebensenergie, eine vibratorische Kraft, die als automatische ›innere Bewegung (Motion)‹ erfahren wird. Emotionen sind gewöhnlich reaktionäre Kräfte. Wir beschließen nicht bewußt, jetzt emotional zu reagieren. Eine Emotion widerfährt uns. Sie springt uns plötzlich aus unserem psychologischen Energiefeld an wie ein Teufelchen aus einer Spieldose.
12. Wer sich die eigenen emotionalen Energien bewußt macht, nutzt eine außerordentliche Chance. Gefühlsaufwallungen können gezügelt und in die gewünschten Bahnen gelenkt werden. Die dadurch nutzbar gemachte Kraft kann als Treibstoff für eine Erfindung, künstlerischen Ausdruck, eine Geschäfts- oder Familiengründung usw. benutzt werden.
13. Der mentale Bereich wird durch gedankliche Aktivitäten charakterisiert. Was ist ein Gedanke? Ein Gedanke ist eine Vibration, eine Frequenz, eine Kraft, die im mentalen Energiefeld registriert oder aufgezeichnet wird.
14. Der Pendelexperte stabilisiert und beruhigt seine Mentalenergien, besonders während der Lesungen. Gedankenwellen und Gedankenformen folgen seinen Befehlen. Ein klares mentales Feld ist die Voraussetzung für klare Fragen und Antworten.
15. Kreative Lebensenergie hat eine beruhigende, verlangsamende, kathartische Wirkung auf die Psyche, den Körper, das Nervensystem.
16. Kreativität ist die Spielfreudigkeit der Seele. Wenn du deine Spiel- und Experimentierfreudigkeit unterdrückst, vermeidest, ablehnst, kommt der Fluß der kreativen

Lebensenergien aus dem Gleichgewicht. Er richtet sich nach innen und verwandelt sich in Zerstörungskraft anstatt in Schaffenskraft.

17. Die sozialen und kommunikativen Lebensenergien verbinden uns untereinander. Wenn du lernst, die Nuancen der zwischenmenschlichen Energiekommunikation mit bewußter Sensibilität wahrzunehmen, hast du eines der besten Navigationsinstrumente, die es auf der Welt gibt.
18. Unsere profit-orientierte Wettbewerbsgesellschaft verlangt, daß wir unser Geld ständig verdienen, verwalten und, wenn möglich, vermehren.
19. Beide Extremfälle, der ›Geldmacher‹ und der ›Mangelbewußte‹ müssen ihre Einstellung in bezug auf die finanzielle Lebensenergie ändern.
20. Die regenerative Lebensenergie sorgt für Erneuerung. Wer eine Haltung, Einstellung, Gewohnheit oder Verhaltensweise ändern will, braucht regenerative Lebensenergie, um die Umwandlung herbeizuführen.
21. Es wird Zeit, daß diese vernachlässigte Lebensenergie erkannt wird. Weiß Gott, wir brauchen sie im täglichen Leben, um zu wachsen, uns zu erneuern und zu transformieren. Ohne bewußte Regeneration findet unbewußte Degeneration statt.
22. Spirituelle Frequenzen, Vibrationen und Wellenlängen oszillieren mit höherer Geschwindigkeit als beispielsweise mentale oder emotionale Lebensenergien.
23. ›Spirituell‹ bedeutet nicht Dogma, fixierte Vorstellungen, blinder Glaube oder das Übernehmen der Erkenntnisse und Visionen eines anderen Menschen.
24. Eine direkte Erfahrung der spirituellen Frequenzen bringt Frieden, erhöhte Wahrnehmung, Kraft, Wissen, Verständnis, Weisheit, Willenskraft und Liebe.

7

Liebespendel

Beziehungsebenen

Ein Freund rief mich eines Tages an und fragte, ob ich ihm einige seiner Beziehungsfragen auspendeln könne. Er hatte gerade eine äußerst unangenehme Scheidung hinter sich gebracht. Die Feindseligkeiten zwischen ihm und seiner Ex-Ehefrau belasteten ihn weiterhin so sehr, daß er sich nicht vorstellen konnte, eine neue Beziehung einzugehen. Jedenfalls wollte er dieselben Fehler nicht noch einmal machen.

Er rief also an und fragte mich nach einer Frau, die er gerade kennengelernt hatte und attraktiv fand. Die beiden hatten ein paarmal miteinander gesprochen, und sie schien auch ihn attraktiv zu finden. Trotzdem war ihm der Gedanke an einen neuen Beziehungskonflikt unerträglich.

Ich spürte seine Unsicherheit und Sorge durch das Telefon, also bat ich ihn, bei mir vorbeizukommen, damit ich einen Vereinbarkeitstest zwischen ihm und seiner neuen Bekannten machen konnte.

Fred kam an. Wir setzten uns an den Küchentisch. Auf ein Stück Papier malte ich zwei Kolonnen von jeweils fünf Kreisen nebeneinander. (Siehe Abbildung 6, Seite 99) Über jede der beiden Kreiskolonnen zeichnete ich eine waagerechte Linie, und zwischen die beiden waagrechten Linien eine dritte, auf die ich das Datum eintrug (erinnert ihr euch an meinen Aufruf, die Antworten zu datieren?).

Vereinbarkeit bei Partnerschaftsbeziehungen

__________________ __________________

Datum:________

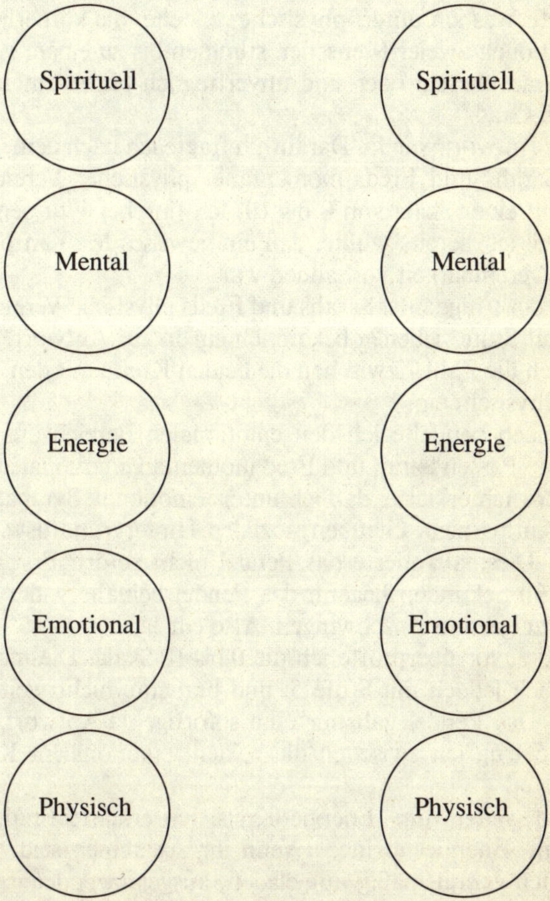

Abb. 6

Über die Kreise auf der rechten Seite schrieb ich Freds Namen. Den Namen der Frau trug ich über den linken Kreisen ein. Dann schrieb ich von oben nach unten in die Kreise: Spirituell, Mental, Energie, Emotional, Physisch. Jetzt waren wir soweit, die Fragen zu stellen. »Passen Sarah und Fred zu diesem Zeitpunkt physisch zueinander?« Ich erklärte, was ich unter ›physisch‹ verstehe: die körperlichen Vibrationen zweier Menschen stimmen bis zu einem gewissen Grad überein oder sind unverträglich bis zu einem gewissen Grad.

Die Antwort war Ja. Daraufhin fragte ich nach dem Grad von Sarahs und Freds momentaner physischer Vereinbarkeit auf einer Skala von 0 bis 10. Ich fing bei 6 zu pendeln an, weil ich bereits wußte, daß ein gewisses Maß an physischer Vereinbarkeit vorhanden war.

Bei der Frage: »Ist Sarahs und Freds physische Vereinbarkeit auf Stufe sieben?« bekam ich ein Ja zur Antwort. Also trug ich die Zahl 7 zwischen die beiden Kreise mit den Worten ›Physisch‹ ein.

Danach pendelte ich den emotionalen Bereich aus und fragte: »Passen Sarah und Fred momentan emotional zueinander?« Ich erklärte, daß ich unter ›emotional‹ Sympathien und Antipathien, Glauben, sozialen Hintergrund usw. verstehe. Diesmal rotierte das Pendel nicht sofort. Erst nach etwa 30 Sekunden begann das Pendel beinahe widerwillig im Urzeigersinn zu schwingen. Also ein Ja.

Wie zuvor überprüfte ich die 0-bis-10-Skala. Diesmal begann ich jedoch mit Stufe 5, und brauchte nicht weitersuchen. Das Pendel gab mir eine sofortige Ja-Antwort. Die Zahl 5 trug ich zwischen die beiden ›emotionalen‹ Kreise ein.

Und weiter zum ›Energie‹-Kreis. Ich erklärte Fred, was ich mit ›Energie‹ meine: »Wenn ihr zusammen seid, fühlt ihr euch energiemäßig aufgeladen, ausgelaugt oder irgendwo dazwischen.« Die Antwort war, daß die beiden Energien sich auf Stufe 9 miteinander vertrugen.

Wir gingen zum mentalen Bereich über, und ich erklärte, daß mentale Vereinbarkeit die Geisteshaltung, kommunikativen Fähigkeiten, Konzepte, Sprache und Ideen zweier Partner miteinander vergleicht. Ein polnischer Kommunist und ein polnischer Katholik passen mental wahrscheinlich kaum zusammen. Zwei Weltanschauungen können so gegensätzlich sein, daß zur Zeit keine klare Verständigung möglich ist.

Die mentale Vereinbarkeit von Sarah und Fred befand sich auf Stufe 8. Also schrieb ich die Ziffer zwischen die beiden ›mentalen‹ Kreise.

Schließlich fragte ich: »Passen Sarah und Fred momentan spirituell zueinander?« Wieder erklärte ich, was ich damit meinte. »Die spirituelle Ebene ist eine Bandbreite von sehr hohen Bewußtseinsschwingungen. Diese Schwingungen haben nichts mit einem Glauben an religiöse Dogmen zu tun. Es ist ein bewußtes Erfahren von Frequenzen, Kräften und Energiefeldern in verschiedenen Dimensionen, einschließlich unserer dreidimensionalen Realität. Zwei Menschen können spirituelle Realitäten auf sehr ähnliche oder auch völlig verschiedene Weise erfahren.«

Die spirituelle Vereinbarkeit der beiden war auf Stufe 9, was ich zwischen die dafür vorgesehenen Kreise eintrug.

Die Bewertung der Vereinbarkeit in Beziehungen

»Das ist alles sehr interessant, aber was soll es heißen?« fragte Fred in verunsichertem Ton.

»Warte«, sagte ich. »Ich werde es dir erklären. Zuerst mußt du dir das Gesamtdiagramm deiner Beziehung im größeren Rahmen betrachten. Was fällt dir dabei auf?«

»Die meisten Antworten waren Ja und die Zahlen fast immer höher als 5. Wahrscheinlich ist das ganz gut«, meinte Fred mit einem Anflug von verständlichem Skeptizismus in der Stimme.

Ich interpretierte das Gesamtbild noch weiter: »So, wie es momentan aussieht, würde ich diese Beziehung als exzellent bezeichnen. Zu dem Schluß bin ich auf folgende Weise gekommen. Wenn alle fünf Beziehungsbereiche maximal die Stufe 10 erreichen können, dann beträgt die Gesamtsumme 5 mal 10 = 50. Multipliziere das mal zwei, und du hast eine 100prozentige Vereinbarkeit der beiden Partner.«

Ich schrieb die folgenden Zahlen für ihn nieder:

Bewertung der Beziehung:

90 bis 100	= Überragend
75 bis 89	= Exzellent
50 bis 74	= Gut
49 u. darunter	= Schlecht

»Aha«, rief Fred, »jetzt sehe ich, was du meinst. Du hast die Zahlen zwischen Sarah und mir addiert. Okay, neun und acht... wir haben eine Summe von 38 zwischen den Kreisen. Mal zwei genommen – macht insgesamt 76 Prozent – und das ist ›exzellent‹.«

»So ist es. Aber freu dich nicht zu früh. Vergiß nicht, daß die Antworten datiert werden und diese Antwort nur die heutigen Schwingungen gemessen hat. Wir können den Vereinbarungstest zwischen dir und Sarah in den nächsten Wochen noch ein paarmal wiederholen. Außerdem ist es noch wichtiger, daß du wahrnimmst, was sich zwischen dir und Sarah persönlich abspielt. Wie fühlst du dich, wenn ihr zusammen seid? Fühlst du dich energiemäßig aufgeladen?«

»Dein Rat fällt auf offene Ohren. Ich verstehe, was du meinst. Der Vereinbarungstest für eine Beziehung ist nicht die Beziehung.«

»Genau, es ist nur ein Mittel, um bewußter wahrzunehmen, was sich zwischen den Leuten abspielt. Außerdem ist eine 76-Prozent-Lesung an der Grenze zwischen gut und exzellent. Also sieht es momentan so aus, als könnte es hier und dort ein paar Konflikte geben, um sozusagen für Abwechslung zu sorgen. Alle Beziehungen sind dynamisch. Keine ist statisch. Wir leben in einem Energie-Universum. Beziehungen erzeugen Energie und setzen Energie frei. In jedem Moment kann eine generell überragende Beziehung kurzfristig zu einer schlechten Beziehung werden, falls ein spontaner Konflikt entsteht. Andererseits kann eine generell schlechte Beziehung in manchen Momenten exzellent oder sogar überragend werden.«

Vereinbarkeitsinterpretation

Fred wollte mehr wissen. »Sarah und ich werden uns also wahrscheinlich gut vertragen – aber was kannst du mir sonst noch sagen?«

»Zuerst betrachten wir uns das Gesamtbild – in deinem Fall eine 76prozentige Vereinbarkeit. Danach schauen wir uns die einzelnen Bereiche an und interpretieren die Zahlen.«

»Im emotionalen Bereich scheinen wir Schwierigkeiten zu haben«, stimmte Fred zu. »Und ich weiß nicht, wieviel mehr ich davon noch aushalten kann.«

»Augenblick mal, Fred«, warf ich ein. »Was sind die Tatsachen? Erzähle mir ein bißchen über Sarahs Hintergrund.«

»Sie ist in einer engverbundenen Familie und in einer Großstadt aufgewachsen.«

»Siehst du, dieser Unterschied zwischen dir und Sarah könnte der einzige Grund für die 5 sein. Aufgrund meiner Erfahrungen bei zahllosen Lesungen würde ich sagen, daß ihr zwei eine faire Chance habt, eine dauerhafte Beziehung zu entwickeln. Momentan paßt ihr in vier von fünf Bereichen zusammen. Eure höchsten Zahlen sind 8 oder 9.

In vielen Lesungen passen zwei Menschen auf der physischen und emotionalen Ebene sehr gut zusammen und auf der spirituellen, mentalen und Energieebene haben sie sehr niedrige Zahlen. Diese Art von Beziehungen sind offenbar nie von Dauer. Heute ganz groß und morgen vergessen. Eine starke physische Anziehung und emotionale Erregung fühlen sich phantastisch an, aber in einem Monat bis zu einem halben Jahr ist das Feuer erloschen.«

»Also ist die Anziehung zwischen Sarah und mir nicht bloß ein Strohfeuer?«

»Richtig. Eine physische Anziehung ist vorhanden, aber mit einer 7 ist sie wahrscheinlich nicht dein Ideal und du auch nicht ihres.«

»Das ist absolut wahr«, gab Fred mit einigem Erstaunen zu.

»Aber mit der 9 auf der Energieebene zwischen euch fühlst du dich bestimmt ungeheuer gestärkt und verjüngt durch ihre Nähe.«

Fred nickte nur.

»Mit der 8 beziehungsweise 9 auf der mentalen und spirituellen Ebene sprecht ihr wahrscheinlich über Themen von tiefer Bedeutung und habt in etwa die gleiche Meinung darüber.«

»Wieder absolut richtig«, antwortete Fred.

»Also würde ich zusammenfassend sagen, daß es sich lohnt, wenn du deine verständlichen Zweifel überwindest und die Beziehung allmählich vertiefst. Es dauert eine Zeitlang, bis sich die unterschiedlichen Sympathien, Antipathien und Kindheitsprogrammierungen auf der emotionalen Ebene bemerkbar machen und verstanden und akzeptiert werden können. Teilt einander die innersten Ziele, Ideale und Wunschträume mit und betrachtet eure Beziehung unterdessen als eine gute Freundschaft. Alles andere entwickelt sich von selbst. Du brauchst nichts zu übereilen. Folge deinem eigenen Rhythmus.«

Fred dankte mir für die Lesung, und ich sagte, er solle mich jederzeit anrufen, um die Sache erneut zu überprüfen, weil es so überaus wichtig ist, sich immer wieder neu einzustimmen.

Fred und Sarah wurden gute Freunde. Ein Jahr später begannen sie, zusammen zu leben. Drei Jahre darauf heirateten sie. Jetzt, an ihrem dritten Hochzeitstag, erwarten die beiden ihr erstes Kind.

Liebe

Im ersten Jahr meiner Arbeit mit dem Pendel geriet ich in eine Situation, die mir als gute Lektion dienen sollte. Ich befand mich auf der Stufe, wo meine Lesungen 75 bis 80 Prozent akkurat waren.

Durch eine Arbeitskollegin wurde ich mit Elaine bekanntgemacht. Elaine war eine Stewardeß bei einer der großen amerikanischen Fluggesellschaften. Sie war Anfang Zwanzig und suchte in ihrer Freizeit nach ihrem Idealmann.

So betrat ich die Arena. Elaine war von Pendelpower fasziniert, und zwar mehr als ihr guttat, wie ich schließlich einsehen mußte. Sie freute sich, daß sie Fragen über die Männer, denen sie überall begegnete, stellen konnte, und fragte das Pendel jedesmal: »Liebt Soundso mich?«

Zuerst machte es mir nichts aus, eine derartige Frage zu stellen, aber als die Tage und Wochen dahingingen, und Elaine immer wieder nach demselben Kerl fragte und dann nach einem anderen, dann dem nächsten, wurde mir klar, daß ich das Wort ›Liebe‹ unbedingt näher erklären mußte.

Jedesmal, wenn sie mich um eine Lesung bat und das Wort ›Liebe‹ in der Frage enthalten war, hatte ich ein ungutes Gefühl, wußte aber nicht genau, warum. Endlich, nach zwei Monaten, dämmerte mir, daß die ›Liebe‹, nach der Elaine sich erkundigte, nicht die ›Liebe‹ war, auf die ich mich in Gedanken einstimmte.

Außerdem wurde mir schlagartig bewußt, daß ein Mensch, der einen anderen fragen muß, ob jemand ihn liebt, höchstwahrscheinlich nicht geliebt wird. Wie dem auch sei, die Liebesverbindung wird nicht *erfahren*.

Als Elaine das nächstemal um eine Lesung bat, fragte ich: »Sag mal, was verstehst du eigentlich unter Liebe? Wenn ich das wüßte, könnte ich genauere Antworten bekommen.«

Elaine schwieg ein paar Sekunden lang. Die Frage hatte ihr die Sprache verschlagen. Schließlich sagte sie: »Wenn man sich gut fühlt und lieb zueinander ist.«

»Okay, wenn das so ist, wie fühlst du dich in der Nähe von Soundso?«

»Er sieht sehr gut aus und ist auch nett.«

»Aber wie fühlst du dich?«

»Weiß nicht. Wahrscheinlich ein bißchen nervös.«

Diese Antwort traf mich wie ein Hammerschlag. Elaine hatte offenbar noch nie eine wirklich liebevolle Beziehung mit einem Mann erfahren. Ihre wahre Frage war: Was ist Liebe und wie kann ich sie fühlen? Nicht: Liebt Soundso mich?

Von dem Tag an begann ich den Vereinbarkeitstest für Beziehungen zu benutzen, um die ›Liebe‹ oder die potentielle Liebe zwischen zwei Menschen in präzisere Kategorien einteilen zu können.

Der Versuch, die nichtsprachliche Erfahrung von Liebe in Worte zu kleiden, ist so gut wie zum Scheitern verurteilt. Elaines Schweigen kam der Wahrheit vielleicht am nächsten. Liebe als Erfahrung ist für immer unbeschreiblich. Wenn wir unbedingt sagen müssen, was Liebe ist, dann wohl am besten mit dem, was Liebe nicht ist. Es ist kein Besitzergreifen, keine Selbstsucht. Liebe ist nicht Sex, kein Dominieren des anderen, kein Dominiertwerden. Es ist kein gegenseitiges Benutzen, kein Manipulieren usw.

Ehe

Wenn die Flitterwochen vorüber sind und ein Paar eine Zeitlang zusammen gelebt hat, wird die ›romantische Realität‹ allmählich von der ›Beziehungsrealität‹ ersetzt. Mit Beziehungsrealität meine ich, daß beide Partner aufgrund der Erfahrungen miteinander ein völlig anderes Bild vom anderen entwickeln und, wichtiger noch, eine völlig neue Wahrnehmung des anderen.

Die Seifenblase platzt. Du siehst die Schattenseiten. Du arbeitest länger und spielst weniger mit dem anderen. Du hast Verantwortungen und Pflichten zu übernehmen.

Wenn die Liebesverbindung stark ist, kann die Beziehungsrealität fortbestehen, was heißt, daß man in einer Ehe lebt. Aber wenn die ›romantische Realität‹ Grundlage der Beziehung war, ist die Beziehungsrealität erschütternd. Die Ehe endet in Scheidung, weil die Liebesverbindung zu schwach ist.

Das Pendel kann in einer Ehe sehr hilfreich sein. Sobald Spannungen, Konflikte, Mißverständnisse und schwierige Fragen innerhalb einer Ehe auftauchen, kann ein Pendler schnellstens herausfinden, was die Schwierigkeiten verursacht.

Das Wunderheilmittel ist immer Bewußtheit. Bewußtheit, Wachheit ist wie ein Laserstrahl, der das Dickicht des Unwissens und die Druckpunkte der Vergangenheit durchdringt. Bewußtheit ist wie eine Sonne, die die Wolken der Trauer und Verzweiflung auflöst und vertreibt. Bewußtheit erhellt die Finsternis einer Seele und bringt ihr die Klarheit des Morgens.

Wer seine Ehe von Zeit zu Zeit auspendeln läßt, lernt die Gefühle, Gedanken und Standpunkte seines Partners besser verstehen und kann ihnen mit größerer Sensibilität begegnen.

Allzu oft können wir einfach nicht ausdrücken, was wir fühlen. Einer der beiden Partner mag gerade emotionale Schwierigkeiten haben.

Du fragst: »Was ist denn los?«, und der andere sagt: »Weiß ich nicht« oder: »Nichts.«

Mit dem Pendel kannst du sofort herausfinden, was los ist. Überzeuge dich selbst. Stell dem Pendel eine Reihe von präzisen Fragen. Eine Ja-Antwort und eine darauffolgende Lesung mit der 0-bis-10-Skala zeigt dir das spezielle Problem.

Unter Umständen stellt sich heraus, daß die Spannungen zwischen den Partnern nicht durch die Beziehung als solche, sondern durch einen äußeren Einfluß hervorgerufen werden. Oder etwas Ungeklärtes innerhalb der Beziehung wird tatsächlich zum Problem. Deshalb ist es besser, festzustellen, was es ist, und eine Lösung zu finden, als die Liebe darunter leiden zu lassen.

Hier ist eine Liste von Fragen, mit deren Hilfe man das spezielle Beziehungsproblem ausfindig machen kann.

»Wird Soundso (der Partner) durch etwas, das ich mache… sage… denke… fühle… glaube… gestört?«

Wenn du ein Ja auf eine dieser Fragen erhältst, werde noch genauer. Zum Beispiel kann ein Ja bei ›etwas, das ich mache‹ auf ganz spezielle Verhaltensweisen bezogen werden, wie Rauchen, zuviel Alkohol trinken, Fernsehen, vergessen, das Auto abzuschließen… usw. usw. Du mußt eure gemeinsamen Erfahrungen zur Grundlage für deine Fragen machen.

Ein Nein als Antwort auf die Reihe der obengenannten Fragen mag darauf hinweisen, daß das Problem bei der anderen Person liegt – etwas, was der Partner macht, sagt, denkt, fühlt oder glaubt – oder daß das Problem außerhalb der Beziehung liegt, am Arbeitsplatz, bei den Freunden, in der Gemeinde usw. Sobald du die Störungsquelle herausgefunden und das Problem oder die Probleme definiert hast, kannst du gemeinsam mit dem Partner darangehen, die notwendigen Schritte zur Wiederherstellung der Harmonie einzuleiten. Oder du mußt einsehen, daß die Ehe ihrem Ende zugeht.

Der Zyklus nähert sich der Vollendung; ihr seid euch begegnet, habt euch geliebt, geheiratet, habt euer Leben geteilt, eure Lektionen gelernt, und nun ist es Zeit, weiterzugehen.

Viele sagen, daß es heutzutage schwer ist, wahre Freunde zu finden. Offenbar werden Freundschaften begeistert gegründet, aber auch sehr schnell wieder fallengelassen. Wir sind ständig in Bewegung. Wir sind selbstbezogener als frühere Generationen. Die Zeiten haben sich geändert; wir sind unpersönlicher geworden. Freundschaften von der Art, die früher ein Leben lang hielten, sind so gut wie verschwunden.

Moderne Freundschaften haben oft wenig damit zu tun, wie lange man sich bereits kennt oder wieviel man gemeinsam durchgemacht hat, obwohl diese Kriterien weiterhin die Grundlage einer Freundschaft sein können. Im Zuge unseres kollektiven Übergangs in ein neues Zeitalter mit einer neuen Rassenpsychologie schließen wir überall und zu jeder Zeit neue ›spontane‹ Freundschaften.

Das Gesetz der gegenseitigen Sympathie-Vibrationen kann folgendermaßen erklärt werden: Wenn mindestens zwei Personen, Orte oder Gegenstände (oder eine Kombination davon) auf der gleichen Frequenz schwingen/vibrieren, kann man von Sympathie-Vibrationen sprechen. Mit anderen Worten, es findet eine starke Anziehung und ein Energieaustausch statt – sie befinden sich auf der ›gleichen Wellenlänge‹.

Erst gestern erzählte einer meiner Freunde mir, er habe jemanden getroffen, mit dem er eine sofortige Freundschaft schloß. Sein Kommentar: »Das war, als hätte wir uns schon jahrelang gekannt.« Da er zuvor ein paar weniger erfreuliche Freundschaftserfahrungen gemacht hatte, wollte er denselben Fehler nicht noch einmal machen. Ich wurde also gebeten, die Vereinbarkeit der beiden auszupendeln.

Folgende Zahlen ergaben sich zwischen den Partnern zu dem Zeitpunkt: Im physischen Bereich 9. Emotional 8. Energie 10. Mental 8. Spirituell 8. Die fünf Zahlen addiert ergeben 43, mal zwei genommen ergibt 86 Prozent. Eine 86prozentige Vereinbarkeit ist nach meiner Bewertungstabelle eine ›exzellente‹ Beziehung, die fast schon an eine überragende Beziehung grenzt.

»Kein Wunder, daß ihr euch sofort angefreundet habt«, meinte ich. Viele New-Age-Freundschaften werden ›rasch‹, ›spontan‹ und ›sofort‹ geschlossen. Ich setze diese Worte deshalb in Anführungsstriche, weil sie allgemein mit Vorurteilen behaftet sind. Wenn man von der Vorstellung ausgeht, daß ›Freundschaft Zeit braucht‹, mögen solche Freundschaften frivol wirken. Aber das Gesetz der Sympathie-Vibrationen tritt jenseits von Zeit in Kraft. Wie ein New-Age-Lehrer und Autor sagte: »Dein Sein zieht deine Lebensumstände an sich.«

Schaut euch die Menschen, mit denen ihr einen Großteil eurer Zeit verbringt, noch einmal genau an. Ein alter Spruch sagt ›Gleich und gleich gesellt sich gern‹. Mit anderen Worten, deine Freunde reflektieren in vieler Hinsicht, was du selbst bist, deine eigenen Tendenzen, Einstellungen, Gewohnheiten, Sympathien, Antipathien usw.

Gautama Buddha gab seinen Schülern folgenden Rat:
Wenn du keinen Freund hast,
nüchtern, rein und weise,
geh deinen Weg allein – wie ein König, der
einem eroberten Reich entsagt,
oder wie ein Elefant,
der frei im Walde trabt.
Besser Alleinsein als
die Freundschaft eines Narren.
Geh deinen Weg allein wie ein Elefant,
der frei im Walde trabt. Fordere nichts.
Halte dich fern von Unbewußtheit.
Wähle deine Freunde tugendreich und exzellent,
vermeide die niedere Gesinnung und
die üble Tat der Unbewußten.
Aus der »*Dhammapada*«.

Zusammenfassung

1. Alle Beziehungen sind dynamisch, keine ist statisch. Wir leben in einem Energie-Universum. Beziehungen erzeugen Energie und setzen Energie frei.
2. In jedem Moment kann eine generell überragende kurzfristig zu einer schlechten Beziehung werden, genauso wie eine generell schlechte Beziehung in manchen Momenten exzellent oder sogar überragend sein kann.
3. Durch einen Vereinbarkeitstest kann man bewußter wahrnehmen, was sich zwischen den Leuten abspielt.
4. In vielen von meinen Lesungen stellte sich heraus, daß zwei Menschen auf der physischen und emotionalen Ebene sehr gut zusammen passen können, aber auf der spirituellen, mentalen und der Energieebene sehr niedrige Zahlen haben. Diese Art von Beziehungen sind offenbar nie von Dauer. Eine starke physische Anziehung und emotionale Erregung fühlen sich gut an, aber in einem Monat bis zu einem halben Jahr ist das Feuer erloschen.
5. Der Versuch, die nicht-sprachliche Erfahrung von Liebe in Worte zu fassen, ist zum Scheitern verurteilt. Liebe als Erfahrung existiert auf der Ebene der Unnennbarkeit.
6. Wenn wir sagen müssen, was Liebe ist, dann wohl am besten mit dem, was Liebe nicht ist. Es ist kein Besitzergreifen, keine Selbstsucht. Liebe ist nicht Sex, kein Dominieren des anderen, kein Dominiertwerden. Es ist kein gegenseitiges Benutzen, kein Manipulieren usw.
7. Wenn die Flitterwochen vorüber sind und ein Paar eine Zeitlang zusammen gelebt hat, wird die ›romantische Realität‹ von der ›Beziehungsrealität‹ ersetzt.
8. Die Seifenblase platzt. Du siehst die Schattenseiten. Du arbeitest länger und spielst weniger mit dem anderen. Du mußt Verantwortung übernehmen. Wenn die Liebesverbindung stark ist, kann die Beziehungsrealität fortbestehen, was heißt, daß man in einer Ehe lebt.

9. Das Pendel kann in einer Ehe sehr hilfreich sein. Sobald Spannungen, Konflikte, Mißverständnisse und schwierige Fragen auftauchen, kann ein Pendler herausfinden, was die Schwierigkeiten verursacht.
10. Das Wunderheilmittel ist immer Bewußtheit. Bewußtheit ist wie ein Laserstrahl, der das Dickicht des Unwissens und die Druckpunkte der Vergangenheit durchdringt. Bewußtheit ist wie eine Sonne, die die Wolken der Trauer und Verzweiflung auflöst und vertreibt. Bewußtheit erhellt die Finsternis einer Seele und bringt ihr die Klarheit des Morgens.
11. Wer seine Ehe von Zeit zu Zeit auspendeln läßt, lernt die Gefühle, Gedanken und Standpunkte seines Partners besser verstehen und kann ihnen mit größerer Sensibilität begegnen.
12. Im Zuge unseres kollektiven Übergangs in ein neues Zeitalter mit einer neuen Rassenpsychologie schließen wir überall und zu jeder Zeit neue ›spontane‹ Freundschaften.
13. Das Gesetz der gegenseitigen Sympathie-Vibrationen kann folgendermaßen erklärt werden: Wenn mindestens zwei Personen, Orte oder Gegenstände (oder eine Kombination davon) auf der gleichen Frequenz schwingen/vibrieren, findet eine starke Anziehung und ein Energieaustausch statt – sie befinden sich auf der ›gleichen Wellenlänge‹, die Sympathie-Vibrationen herrschen vor.
14. Viele New-Age-Freundschaften werden spontan und sofort geschlossen. Das Gesetz der Sympathie-Vibrationen tritt jenseits der Zeit in Kraft. Zeit spielt keine Rolle. »Dein Sein zieht deine Lebensumstände an sich.«

8

Karriere – Geschäft – Finanzen

Einen Beruf wählen

Wie findet man heraus, für welche Karriere, welche Art von Arbeit man sich am besten eignet? Auch dabei kann das Pendel nützlich sein.

Nichts ist tragischer als ein Mensch, der sich eine Karriere oder einen Beruf aussucht, für den er nicht geeignet ist. Der resultierende mentale, emotionale und zwischenmenschliche Streß führt gewöhnlich zu Problemen im täglichen Leben – um es einmal gelinde auszudrücken.

Wenn man gebeten wird, eine Berufsfrage für einen anderen Menschen auszupendeln, kann man nur hoffen, daß die Person bereits eine generelle Vorstellung von ihren Interessen und Talenten hat, dann kann man nämlich auch die richtigen Fragen stellen.

Anfang 1984 wurde ich von einer Frau gebeten, mit dem Pendel herauszufinden, auf welchem Gebiet sie ihre Fähigkeiten am besten einsetzen könne. Sie hatte verschiedene Talente, deshalb mußten wir alle der Reihe nach auspendeln.

Zunächst schrieben wir die Bereiche auf, an denen sie interessiert war: eine schriftstellerische Tätigkeit, numerologische Analysen, esoterische Therapie und Selbsthilfe-Kurse.

Ich ging die Liste mit der folgenden Frage herunter: »Wie weise ist es für Terry, auf einer Skala von 0 bis 10, wenn sie ihre Arbeitskraft auf 1. Schreiben (hier pendelte ich eine 8 aus), 2. numerologische Analysen (2), 3. esoterische Therapie (8), und 4. Unterricht in Selbsthilfe (10) konzentriert?«

Sie konnte es kaum abwarten, mit ihrem Unterricht in Selbsthilfe anzufangen, aber ich sagte ihr, sie solle es erst einen Monat lang ausprobieren, um zu sehen, ob die Realität die Pendellesung bestätigen würde.

Also organisierte sie ihren ersten Kursus und gab New-Age-orientierten Selbsthilfeunterricht. Innerhalb eines Monats war die erste Klasse überfüllt, und sie mußte eine zweite einführen. Die Nachfrage nach ihren Kursen war erstaunlich groß. Da für Schreiben und esoterische Therapie jeweils eine 8 ausgependelt worden war, verfolgte sie diese beiden Berufsziele ebenfalls. Beide brachten ihr ein zusätzliches Einkommen, doch waren sie nicht so erfolgreich wie die Selbsthilfe-Kurse.

Neun Monate nach unserer Lesung hatte Terry bereits eine beachtliche Schar von Anhängern, und ihre Studenten waren dankbar für den regelmäßigen Unterricht.

In Terrys Fall verdeutlichte das Pendel nur, was sie bereits selber wußte. Sie mußte eigentlich nur Prioritäten setzen und dann dementsprechend zielbewußt handeln. Gott sei Dank war sie vernünftig genug, den Hinweis des Pendels in die Tat umzusetzen.

Bevor ich fortfahre, möchte ich aber noch einmal auf das Wort ›weise‹ zurückkommen, das ich bei Terrys Frage benutzt habe. In der generellen Semantik ist ein solches Wort eine Abstraktion hohen Ranges. Aber in diesem Fall bezieht sich ›weise‹ auf Terrys gesamten Lebensweg und steht für: ›Wäre es für ihre Gesamtentwickung das beste oder geeignetste?‹

Es ist nicht weise, eine heiße Herdplatte anzufassen. Du verbrennst dir die Hand – Schmerzen sind das Resultat. Es ist jedoch weise für Terry, New-Age-orientierte Kurse in Selbsthilfe zu leiten. Würde sie es nicht tun, wäre sie sehr wahrscheinlich frustriert und unausgefüllt.

Wenn nun jemand kommt, der nur eine vage oder gar keine Vorstellung von dem für ihn geeigneten Beruf hat, wird die Sache etwas langwieriger. Zuerst fragst du die Person am besten, was sie interessiert – oder formuliere es so: »Wenn du morgen früh aufwachen würdest und tun könntest, was du wirklich willst – was würde es sein?«

Pendle diese Antwort zuerst aus. Wenn du eine 9 oder 10 erhältst, hast du deinen Hinweis auf eine mögliche Karriere. Allerdings braucht es natürlich eine Zeitlang, bis der Betreffende in seinem Traumberuf Fuß faßt, wenn er bis dahin nur wenig oder gar keine Energie auf dem Gebiet investiert hat.

Das Pendel kann den Vorgang aber insofern beschleunigen, als man ihm Fragen über die einzelnen Schritte stellen kann, die zum Wunschziel führen. Du fragst zum Beispiel: »Ist es weise für Soundso, sich für den und den Beruf ausbilden zu lassen?« Wenn ja, stellst du fest, welche Ausbildungsstätte die beste für den Betreffenden ist.

Falls eine Schulausbildung nicht der beste Weg zum Wunschziel ist, fragst du, ob eine Lehrlingsausbildung oder Arbeitsausbildung am geeignetsten ist. Und wenn jemand sich bereits in einem bestimmten Beruf ausbilden läßt, kannst du feststellen, welche nebenberuflichen Jobs nicht nur lukrativ sind, sondern noch zusätzliche Arbeitserfahrung vermitteln.

Ein anderer Weg, Klienten bei der Berufswahl zu helfen, besteht darin, eine Liste von Berufen aufzustellen, die man sich mit Hilfe der Lokalzeitung oder der Leihbücherei zusammensucht. Dann geht man die Liste mit dem Pendel durch, was natürlich Zeit kostet, sich aber immer lohnt, wenn ein Mensch dadurch seine wahre Berufung erkennt. Es kommt vor, daß jemand auf diese Weise ein Gebiet entdeckt, an das er noch nie gedacht hat, für das er oder sie aber hervorragend geeignet ist. Je mehr Menschen ihr wahres Lebenswerk vollbringen, desto harmonischer das Zusammenleben am Arbeitsplatz, in der Gesellschaft – auf unserem gesamten Planeten!

Ein Geschäft gründen

Um eine Geschäftsgründung auszupendeln, werden dieselben Schritte wie bei der Berufswahl vollzogen. Bevor ihr aber damit anfangt, muß eine ganz bestimmte Frage gestellt werden, auf die ich gleich zurückkomme.

1980 trat einer meiner Schüler mit einer Berufsfrage an mich heran. Er hatte den Wunschtraum, einen Friseursalon zu eröffnen, und gleichzeitig eine überwältigende Versagensangst. Die Vorstellung, sein eigener Chef zu sein, die Freiheit, das Geld und der damit verbundene Respekt gefielen ihm sehr, aber vor ein paar Jahren war ein Lebensmittelgeschäft, das ihm gehörte, abgebrannt, und das Trauma verfolgte ihn heute noch. Obwohl er unbedingt einen neuen Laden betreiben wollte, konnte er die Idee einer neuerlichen Katastrophe nicht loswerden.

Also stellte ich ihm die folgende Frage – eine Frage, die vor jeder Geschäftsgründung gestellt werden muß: »Ist es weise für Frank, zu diesem Zeitpunkt ein Geschäft zu gründen und ganz speziell ein Friseurgeschäft?« Ich hielt meinen Arm absolut ruhig. Das Pendel begann zu schwingen – ja.

Daraufhin fragte ich: »Wie weise ist es für Frank, auf einer Skala von 0 bis 10, ein Friseurgeschäft zu gründen?« Ich fing bei 5 an und erhielt ein Ja bei 9. Also auf zum Start!

Frank freute sich sehr, spürte aber weiterhin eine gewisse Scheu und Nervosität. Ich riet ihm, sich keine Sorgen zu machen und einfach einen Fuß vor den anderen zu setzen. Ich erklärte ihm, daß er nichts unternehmen solle, bevor es ihm einleuchtete. Er könne sich überlegen, wie groß sein Laden sein sollte, in welcher Gegend er mieten wollte und den Namen des Ladens, die Zahl der Angestellten und die monatlichen Kosten planen. Danach würden wir uns wieder zusammensetzen und seine Entscheidungen mit dem Pendel nachprüfen.

Ein Monat verging. Frank rief mich an, und wir setzten uns zusammen.

Er hatte drei mögliche Gebäude für seinen Laden ausgesucht und gab mir die genauen Adressen. Ich fragte: »Wie weise ist es für Frank, auf einer Skala von 0 bis 10, einen Friseurladen in der Stevens Avenue Nr. 2473 zu eröffnen?« Dieselbe Frage wurde unter Angabe der beiden anderen Adressen wiederholt. Die erste erhielt eine 5, die zweite eine 2 und die dritte eine 8.

Also war der dritte Platz auf der Evans Avenue bei weitem der beste, aber keine 9 oder 10. Frank meinte, daß das Pendel wahrscheinlich mitbekommen hatte, daß es einige Probleme mit dem Mietvertrag gab. Offenbar verlangte der Vermieter eine Dreijahrespacht mit höheren monatlichen Raten als Frank bezahlen wollte. Frank hatte sich eine Fünfjahrespacht mit einer niedrigeren Monatsmiete und einer Option auf weitere fünf Jahre vorgestellt.

Wir gingen zur nächsten Frage über. Frank hatte eine Reihe von möglichen Mitarbeitern aufgestellt, deren Namen ich durchging. »Unter Berücksichtigung aller Faktoren wie Arbeitsqualität, Persönlichkeit, Kompatibilität, Disziplin usw. – wie weise ist es, wenn Frank X, Y, Z usw. einstellt?« Wir erhielten zweimal die 8 und eine 9.

So pendelten wir uns durch eine lange Liste von speziellen Fragen, und das Pendel bestätigte Franks Pläne immer wieder, was ihm Hoffnung und Selbstvertrauen gab.

Heute, mehrere Jahre später, besitzt er ein gutgehendes Geschäft. Er hat endlich die Freiheit, die er braucht, um seinen Hobbies und tieferen Interessen nachzugehen.

Ein guter Pendler kann sich als Geschäftsberater von unschätzbarem Wert erweisen, solange zwei kritische Punkte sorgfältig beachtet werden. Erstens: der Beweggrund des Pendlers und der des Klienten. Und zweitens: die Antworten des Pendels dürfen nicht als endgültig betrachtet werden. Der Pendler muß in jedem Fall darauf bestehen, daß die Geschäftsleute die Antworten des Pendels berücksichtigen, um dann *ihre* endgültige Entscheidung selbst zu treffen.

Das Pendel, selbst in den Händen eines Meisters, antwortet aus einer Vielzahl von Gründen nicht immer korrekt. Vergeßt nicht, daß es nicht allwissend und kein Orakel ist.

Auch müssen die Beweggründe und Absichten berücksichtigt werden. Mit anderen Worten: Wird der Klient ausschließlich von Macht- und Habgier motiviert, oder entspringt sein Erfolgsstreben dem Wunsch, seinen Profit mit den Beteiligten und Freunden zu teilen? Franks Beweggründe waren beispielsweise ehrenwert. Er brauchte das Geld, um Zeit für sein wahres Interessengebiet zu haben und sich als Heilpraktiker ausbilden zu lassen.

Das Pendel hat eine merkwürdige Art, immer wieder falsche Antworten zu geben, wenn aus selbstsüchtigen Motiven heraus gefragt wird. Offenbar ist Selbstsucht eine niedrige Schwingung, die den Empfang von klaren Frequenzen (Antworten) stört oder blockiert.

Wöchentliche Business-Lesungen

Jim, ein Geschäftsinhaber, belegte im Verlauf von drei Jahren Kurse in Selbsthilfe, unter anderem hatte er jede Woche eine Business-Lesung bei mir. Er besaß eine kleine Baufirma in einem dicht besiedelten Gebiet an der Ostküste, und zu Beginn seines wöchentlichen Unterrichts ging das Geschäft sehr langsam.

Es handelte sich um einen Familienbetrieb, den Jims Vater vor fünfundzwanzig Jahren gegründet hatte, der nun aber auf Jim und seinen Bruder übergegangen war. Die Firma erhielt meist nur Aufträge für geringfügige Umbauarbeiten und Installationen oder Reparaturen.

Keiner von uns hatte die Absicht, Jims Geschäft mit Hilfe des Pendels in einen florierenden mittelgroßen Betrieb zu verwandeln. Die Sache war die, daß Jim in erster Linie Selbsthilfe-Unterricht nahm und das Pendel eher so etwas wie ein Nebengedanke war.

Damit bot sich mir eine hervorragende Gelegenheit, unbekannte Regionen des Pendelns zu erforschen. Außerdem konnte man gut mit Jim arbeiten. Er hatte seinen eigenen Kopf. Er berücksichtigte die Antworten des Pendels bei seinen Entscheidungen, verließ sich aber nie ausschließlich darauf.

Seine größte Sorge galt der Beziehung zum Bruder. Die Geschwister vertrugen sich nicht. Also machten wir einen Vereinbarkeitstest, der Jims Erfahrungen in der Beziehung vollauf bestätigte.

Seine Frage war: »Ist es ein weiser Entschluß, wenn ich die meinem Bruder gehörende Hälfte des Geschäfts aufkaufe?« Das Pendel sagte ja. Daraufhin pendelte ich die Frage auf der Skala von 0 bis 10 aus. Wir erhielten eine 9.

Wir fragten weiter: »Für welchen Betrag?« »Wann?« »Wie?« usw.

Wenige Monate später war Jim der alleinige Besitzer der kleinen Firma. Er fühlte sich endlich frei. Die Diktatur seines älteren Bruders lag hinter ihm, und nun konnte er das Geschäft auf vernünftige Weise leiten.

Im Lauf der nächsten drei Jahre pendelten wir die verschiedensten Geschäftsfragen aus, überprüften potentielle Angestellte und Neubewerbungen auf die Qualität ihrer Leistungen und stellten fest, daß das Pendel einen hohen Prozentsatz an richtigen Antworten gab. Ein paarmal stellte Jim Leute ein, die ihm persönlich gefielen, anstatt Arbeiter, von denen er wußte, daß sie den beruflichen Anforderungen gerecht werden konnten. Das ging dann auch fast jedesmal schief.

Wir überprüften die berufliche Effizienz und den Einsatz seiner Mitarbeiter anhand einer Tabelle (siehe Abbildung 7 auf Seite 120). Jede Woche pendelten wir die Effizienz jedes Angestellten aus, was Jim sehr viel weiterhalf. Er nahm genauer wahr, wer seine Arbeit tat und wer nicht. Auch hierbei waren die Antworten des Pendels in hohem Maße akkurat.

Abb. 7 **Berufliche Effizienz-Tabelle**

	10/7	10/14	10/21	10/28	11/4
Bill					
Dan					
Fred					
Mike					
Sam					
Jack					

Die Aufmerksamkeit und bewußte Mühe, die Jim in seine kleine Firma steckte, begann sich auszuzahlen. Er erhielt mehr Aufträge und beschloß schließlich, ein größeres Gebäude zur Unterbringung der Firma zu kaufen.

Wieder wurde das Pendel zu Rate gezogen. Er suchte die gesamte Gegend nach einem Haus ab und jedesmal, wenn er ein geeignetes Gebäude gefunden hatte, pendelte ich die Adresse aus.

Ausnahmslos stellte sich jedes, das eine negative Antwort erhielt, denn auch als entweder zu teuer, zu klein, zu entlegen oder sonstwie mangelhaft heraus.

Am Ende fanden wir aber doch ein Gebäude, bei dem das Pendel bei 9 zu rotieren begann. Der Eigentümer wollte Jim sogar bei der Finanzierung des Kaufs helfen. Jim bezahlte dem Eigentümer eine Monatsrate plus Zinsen und mußte daher keinen Bankkredit aufnehmen.

Das Gebäude befand sich nur einen Straßenzug entfernt vom Standort der alten Firma, so daß die alten Kunden die neue Adresse leicht finden konnten. Ausreichend Büroräume waren vorhanden, auch genügend Ladenfläche und Werkräume. Die Investition und die daraus resultierende Steuervergünstigung gereichte ihm auch nicht gerade zum Schaden.

Dann hatte Jim die Idee, die Vereinbarkeit von Angestellten in verschiedenen Aufgabenbereichen einmal in der Woche zu überprüfen. Die meisten seiner Angestellten arbeiteten mit einem Partner zusammen. Jedes Team bestand aus einem erfahrenen Führer und einem weniger erfahrenen Helfer.

Diese Angestellten-Vereinbarkeitstests waren bemerkenswert. Wir stellten über jedes Team die folgende Frage: »Wie effizient arbeiten, auf einer Skala von 0 bis 10, X (Name) und Y (Name) zusammen?«

Dem Pendel zufolge paßten viele Teams nicht zusammen, aber Jim wollte die Partner nur ungern auswechseln, da sein Geschäft schließlich florierte. Ich schlug ihm vor, einige wenige Teams zunächst untereinander auszuwechseln, nur um die Akkuratheit des Pendels zu testen. Wenn es nicht funktionierte, konnte er die alten Gruppierungen sofort wieder einführen.

Aber nicht nur, daß die Produktivität der Teams zunehmend anstieg, die Angestellten wirkten fröhlicher und arbeitswilliger. Ich brauche wohl kaum zu erwähnen, daß daraufhin alle Teams dem Pendel entsprechend umstrukturiert wurden.

Das Wachstum von Jims Baufirma in diesen drei Jahren ist ein Paradebeispiel für die Wirksamkeit von wöchentlichen Business-Lesungen. Das Pendel spielte eine wesentliche Rolle, ebenso aber Jims Erfahrung und seine Zielstrebigkeit. Auch war die Zeit reif. Es schien, als wollten alle diese Fäden auf einen Punkt kommen. Das einzige, was dieses Business jetzt brauchte, war eine Person, die die einzelnen Fäden verknüpfte.

Ein Börsenspekulant

Nicht alle geschäftlichen und finanziellen Konsultationen verlaufen so erfolgreich, akkurat und allseitig befriedigend. Ein Wall-Street-Börsenmakler hörte von meiner Pendelarbeit und fand meine Telefonnummer irgendwie heraus. Er hatte bereits ein wenig mit dem Pendel gearbeitet und konnte sich den potentiellen Nutzen im Hinblick auf Spekulationen ausrechnen.

Vom ersten Gespräch mit Dick an hatte ich ein ungutes Gefühl über eine derartige Verwendung des Pendels. Erst wußte ich aber nicht, warum. Also stimmte ich zu und unterrichtete ihn im Pendeln.

Ein paar Tage später gab ich ihm die erste Unterweisung. Dick war ein ziemlich energischer Bursche Anfang Fünfzig. Die Vorstellung, einen Haufen Geld auf dem Börsenmarkt verdienen zu können, machte ihn kribbelig. Drei Wochen lang beschäftigten wir uns mit dem Material im vierten Kapitel: ›Die Benutzung des Pendels‹, und währenddessen begann Dick, seine Fragen zu formulieren. In der vierten Woche brach der Damm, und eine Flut von Fragen strömte aus ihm heraus.

Hier sind nur einige Beispiele der Art von Fragen, die er stellte: »Um wie viele Punkte wird die und die Aktie in den nächsten zwei Wochen steigen? Auf welcher Ebene befinden sich die Management-Fähigkeiten von dem und dem Konzern? Wann wird der Dow-Jones-Average in diesem Jahr seinen Höhepunkt erreichen? Ist es weise für Dick, Aktie X aufzukaufen? Wird Gold in diesem Jahr die 1000-Dollar-Grenze übersteigen?«

Jedenfalls bestürmte er das Pendel mit Fragen. Ich hingegen fühlte mich überfordert, und zwar aus zwei Gründen. Erstens war mir die Wall-Street-Sprache und Ausdrucksweise völlig fremd. Zweitens hatte ich das Gefühl, daß Dick es zu eilig hatte, reich zu werden.

Trotzdem fuhr ich in den nächsten Wochen mit dem Unterricht fort und beantwortete Dicks finanzielle Fragen. Nun ja – wir brauchten nur diese paar Wochen, um festzustellen, daß meine Lesungen weniger als 50 Prozent akkurat waren. Dick hätte eine Münze hinwerfen können und hätte richtigere Prognosen erhalten.

Natürlich hörte er daraufhin auf, mich zu konsultieren. Ich war nicht der, für den er mich gehalten hatte – ein Pendelexperte, der auf jede Frage jederzeit die richtige Antwort erhält.

So wurde mir vollends klar, daß dem Pendel bestimmte Grenzen gesetzt sind. Ich verbrachte mehrere Stunden damit, meine Erfahrungen mit Dick und seiner Wall-Street-Welt zu analysieren und zu verdauen.

Mir fielen verschiedene Gründe für die Ungenauigkeiten der Lesungen ein. Ich fühlte mich nicht wohl in der Welt der Börsenspekulationen. Die typische Ausdrucksweise verwirrte mich. Die Zahlen und Daten ergaben keinen Sinn für mich. Ich erkannte, daß Akkuratheit beim Pendeln in hohem Maße davon abhängt, daß der Pendler ein wenigstens rudimentäres Verständnis des fraglichen Gebiets mitbringt. Die Verwirrung und Unbehaglichkeit eines Uneingeweihten sind statische Elektrizität, die den klaren Empfang stört.

Ein weiterer Grund für die niedrige Erfolgsrate waren die Beweggründe des Fragestellers. Soweit ich sehen konnte, bestand Dicks vornehmliches Interesse in der finanziellen Ausbeutung des Pendels. Das Pendel war ein Zauberstab für ihn, den man nur in der Luft schwenkt, und schon ist man reich.

Zum dritten wurden fast nur Zukunftsfragen von ihm gestellt. Die Beantwortung von Zukunftsfragen ist der Versuch, Luft mit den Händen in eine sichtbare Form zu kneten. Die Zukunft ist wie Knetmasse. Was man heute denkt, fühlt und wünscht, wird zu jenen Kräften, die zukünftige Ereignisse herstellen. Wenn man heute ändert, was man denkt, fühlt und wünscht, wird die Zukunft ebenfalls verändert.

Das sind also die Lektionen, die ich durch den Börsenspekulanten gelernt habe. Wenn ich mich heute auf einem Gebiet nicht auskenne, erkläre ich dem Klienten, daß es mir an Verständnis und daher Klarheit fehlt. Oder, wenn mich das Gebiet interessiert, eigne ich mir ein allgemeines Grundwissen in dem Metier an. Wenn ich merke, daß ein Klient von Habgier oder Selbstsucht motiviert wird, versuche ich, das Pendel aus dem Spiel zu lassen. Und wenn jemand eine Zukunftsfrage stellt, erkläre ich ihm, daß die Zukunft Knetmasse ist; sie wird von unseren heutigen Gedanken, Gefühlen und Wünschen geformt.

Verkaufsstrategien

Wer sich seinen Lebensunterhalt als Verkäufer verdient, muß seine Zeit und Energie so nutzbringend wie möglich einteilen. Wenn man allein auf Kommissionsbasis arbeitet, kann verschwendete Zeit und Energie zum Bankrott führen. Mit dem Pendel können Verkaufsverhandlungen effizienter gemacht, aber keine Geschäfte abgeschlossen werden.

Die meisten Wohnungs- und Immobilienmakler leben von Kommissionen. Der Erfolg solcher Leute hängt in hohem Maße von Sachwissen, Kommunikation, Disziplin und einem Gespür für das richtige Timing ab. Eine genaue Wahrnehmung des Energieaustauschs zwischen Makler und potentiellem Käufer ist entscheidend, besonders wenn es sich um den Verkauf eines größeren Objekts handelt.

Ein Eigenheim im heutigen Amerika kostet im Durchschnitt schon mehr als 100 000 Dollar. Der Vermittler muß sich demnach genauestens auf die Wünsche, Ängste, die Überlegungen und Träume des Käufers einstellen können.

Im Verlauf der Verkaufsverhandlungen kann das Pendel als Bewußtseinsstütze eingesetzt werden. Sagen wir einmal, du bist ein Makler und führst einer Reihe von Kunden ein bestimmtes Haus vor. Zwanzig potentielle Käufer finden sich zur verabredeten Zeit ein. Manche stellen dir Fragen, andere ›wollen sich nur mal umsehen‹, und wieder andere tauchen auf und verschwinden kommentarlos.

Du aber stellst einen Mitarbeiter vor die Haustür, der alle Interessenten in Empfang nimmt und willkommen heißt. Er/sie bittet alle, sich in dein Gästebuch einzutragen. Ein Makler, der pendeln kann, ist damit in Besitz einer Namensliste von unschätzbarem Wert.

Nach dem Treffen, solange die Erinnerungen noch frisch sind, schreibst du jeden einzelnen Namen, Adresse und Telefonnummer auf eine Karteikarte. Falls du mit einer Person gesprochen hast, notierst du kurz den Inhalt des Gesprächs und alles, was für den Verkauf von Bedeutung sein könnte. Vergiß nicht, die Karten mit dem jeweiligen Datum zu versehen.

Und jetzt zum Pendeln. Halte das Pendel über jede deiner Karteikarten und frage: »Ist Soundso bereit, zu diesem Zeitpunkt ein Haus (Wohnung) zu kaufen?« Ein Ja des Pendels wird mit der Skala von 0 bis 10 elaboriert. Du notierst die Antwort und versiehst sie mit dem Datum, zum Beispiel Ja – 9, 7. Mai 1985.

Es dürfte nicht lange dauern, bis du weißt, ob deine Antworten korrekt waren. Potentielle Käufer, für die eine 8, 9 oder 10 ausgependelt wurde, sollten angeschrieben oder telefonisch kontaktiert werden. Wenn sie ernsthaft am Kauf interessiert sind, wird dies spätestens nach zwei Gesprächen mit ihnen deutlich.

Schon in diesem Stadium der Verhandlungen muß der geübte Pendler keine Zeit mehr mit ›Quasselstrippen‹ vertun.

Manche Leute reden, als wollten sie ein Geschäft abschließen, sind aber aus irgendeinem Grund noch nicht bereit dazu.

Wenn man weiß, wer bereits, willens und in der Lage ist, das angebotene Objekt zu kaufen, und wer nicht, kann man seine Zeit nutzbringender einteilen. Man verbringt mehr Zeit mit dem eigentlichen Verkauf und weniger mit der Suche und Pflege von möglichen Käufern.

Es gibt eine ganze Reihe von Fragen, die sich im Verlauf der Beziehung zwischen Vermittler und Käufer aufdrängen. Man kann dem Pendel sehr spezifische Fragen über den Höchstpreis, den Stil des bevorzugten Hauses und die Beschaffenheit der gewünschten Umgebung stellen. Um den höchsten Nutzen aus der vorhandenen Zeit zu ziehen, kann man die Liste der Immobilien heruntergehen und folgende Frage stellen: »Wie gut eignet sich das Gebäude in der Waldstraße Nr. 17 für Herrn und Frau Meier auf einer Skala von 0 bis 10?«

Bei Zahlen von 8 bis 10 hat man Häuser, die der Familie Meier zuerst vorgeführt werden sollten. Den Käufern gefällt natürlich, daß ihnen Häuser gezeigt werden, die ihren Vorstellungen entsprechen. Dadurch entsteht größerer Enthusiasmus für den gesamten Verkaufsvorgang.

Natürlich wird nicht jedes Haus verkauft, das einem Kunden gefällt, also muß eine Vielzahl von Faktoren berücksichtigt werden, wie zum Beispiel der Preis, die Lage, Verkehrsverbindungen, die Zahl der Räume usw. Dennoch hat man die Käufer damit bereits in eine positive Richtung gebracht.

Jeder, der zwischen den Zeilen gelesen hat, erkennt das Potential des Pendels auf jedem anderen Gebiet des An- und Verkaufs. Allerdings braucht man Übung. Wer sich allzu stark wünscht, ein Geschäft abzuschließen, beeinflußt die Antworten des Pendels.

Man muß lernen, neutral zu bleiben und wissen, wann man pendeln soll und wann nicht. Wenn dazu die Übung in präziser Fragestellung kommt, hat man ein gutes Stück auf dem Weg zu hochprozentiger Genauigkeit bei Verkaufsfragen zurückgelegt.

Kurz- und langfristige Prioritäten

Wenn es darum geht, sich Prioritäten im Berufsleben zu setzen, läßt sich das Pendel als Tages-, Wochen-, Monats- oder Jahresplaner einsetzen. Morgens, auf dem Weg zur Arbeit, fallen den meisten schon alle möglichen Aufgaben ein, die im Laufe des Tages erledigt werden müssen. Gewöhnlich gibt es ein oder zwei Dinge, denen sofortige Aufmerksamkeit gewidmet werden muß. Trotzdem schadet es nicht, wenn man eine Liste der täglichen Aufgaben notiert.

Nimm dir die Liste deiner Aufgaben vor – falls du dich bereits im Büro befindest, mußt du dir überlegen, welchen Eindruck es auf deine Mitarbeiter macht, wenn du dein Pendel über der Liste baumeln läßt. Sei diskret, wo es sein muß. Es lohnt sich nicht, die Leute nervös zu machen.

Du benutzt die Skala von 0 bis 10 und pendelst die erste Aufgabe auf deiner Tagesliste aus. Angefangen mit 10 fragst du: »Ist das Schreiben eines Briefs an den Vorsitzenden von Schnurri und Co. eine Priorität von 10 Grad am heutigen Tag?« Bei einer Nein-Antwort gehst du die Skala herunter auf 9, 8 – usw.

Sobald du den Grad der Priorität ausgependelt hast, trägst du ihn neben die entsprechende Aufgabe ein. Geh die gesamte Liste auf die eben beschriebene Weise herunter. Wenn die Liste ausgependelt worden ist, stellst du deine letzte Frage: »Habe ich eine wichtige Aufgabe vergessen, die heute behandelt werden müßte?« Wenn ja, mußt du nachdenken, herausfinden, was es ist.

Jetzt wird die tägliche Prioritäten-Liste noch einmal abgeschrieben; die Aufgaben, die eine 10 erhalten haben, kommen an die oberste Stelle. Wenn du willst, kannst du auch unter diesen 10-Grad-Prioritäten noch einmal die wichtigsten auspendeln. Das gleiche mit den 9-, 8- und so weiter Prioritäten.

Aufgaben, die geringe Zahlen erhalten, können für diesen Tag beiseite gelegt werden. Vielleicht ändert sich ihr Prioritätsgrad am folgenden Tag und ihre Erledigung wird dringlicher.

Selbstverständlich ist es ratsam, flexibel zu bleiben und auf plötzliche Veränderungen im Prioritätsgrad zu achten. Ein großer Auftrag, ein unverhoffter Verkauf, das Auftauchen eines bedeutenden Kunden kann alles über den Haufen werfen. Erwarte das Unerwartete und passe dich dementsprechend an.

Derselbe Vorgang wird bei der Wochen-, Monats- und Jahresplanung wiederholt. Wer sich Prioritäten setzt, ohne unflexibel zu werden, erhöht die Wahrscheinlichkeit, daß er erreicht, was er sich vorgenommen hat.

Ein klares Bild oder eine mentale Landkarte des Weges, der zum Ziel führt, wobei die bestimmten Stationen eingehalten werden, sorgen für Klarheit und den zielgerichteten Einsatz der vorhandenen Energien.

Ohne klare mentale Vorstellungen und ein Verständnis der Prioritäten schwirren Wünsche und Ziele wie ungreifbare Rauchwolken durch den Kopf. Damit wird die Phantasie, nicht die Realität zum Verwalter des Potentials gemacht.

Selbst unsere Silvester-Resolutionen können mit dieser Methode ausgependelt und in eine Rangordnung gebracht werden. Den meisten von uns fallen drei oder vier Vorhaben für das neue Jahr während des Anstoßens um Mitternacht ein.

Wenn nur eins davon in die Tat umgesetzt werden soll, muß man sich das beste aussuchen. Man kann das Pendel beispielsweise fragen: »Welches Vorhaben für das neue Jahr ist in Anbetracht meiner Gesamtsituation das weiseste, X? Y? Z?«

Zusammenfassung

1. Nichts ist tragischer als ein Mensch, der sich eine Karriere oder einen Beruf aussucht, für den er nicht geeignet ist. Der resultierende mentale, emotionale und zwischenmenschliche Streß führt zu Problemen.
2. Je mehr Menschen ihr wahres Lebenswerk vollbringen, desto harmonischer das Zusammenleben am Arbeitsplatz und in der Gesellschaft.
3. Ein guter Pendler kann sich als Geschäftsberater von unschätzbarem Wert erweisen, solange zwei Punkte beachtet werden. Erstens: der Beweggrund des Pendlers und der des Klienten. Und zweitens: die Antworten des Pendels dürfen nicht als endgültig betrachtet werden.
4. Wird der Klient ausschließlich von Macht- und Habgier motiviert, oder entspringt sein Erfolgsstreben dem Wunsch, seinen Profit zum Nutzen aller Beteiligten einzusetzen?
5. Das Pendel antwortet aus einer Vielzahl von Gründen nicht immer korrekt. Vergeßt nicht, daß es nicht allwissend und kein Orakel ist.
6. Das Wachstum von Jims Baufirma im Verlauf von drei Jahren ist ein Paradebeispiel für die Wirksamkeit von wöchentlichen Business-Lesungen. Das Pendel spielte eine wesentliche Rolle, ebenso aber Jims Erfahrung und seine Zielstrebigkeit.
7. Dem Pendel sind bestimmte Grenzen gesetzt. Ich verbrachte mehrere Stunden damit, meine Erfahrungen mit Dick und seiner Wall-Street-Welt zu analysieren und zu verdauen.
8. Ich erkannte, daß Akkuratheit beim Pendeln in hohem Maße davon abhängt, daß der Pendler ein wenigstens rudimentäres Verständnis des fraglichen Gebiets mitbringt.
9. Die Beantwortung von Zukunftsfragen ist der Versuch, Luft mit den Händen in eine sichtbare Form zu kneten. Die Zukunft ist Knetmasse. Was man heute denkt, fühlt

und wünscht, wird zu jenen Kräften, die zukünftige Ereignisse herstellen.

10. Mit dem Pendel können Verkaufsverhandlungen effizienter gemacht, aber keine Geschäfte abgeschlossen werden.
11. Im Verlauf von Geschäftsverhandlungen kann das Pendel als Bewußtseinsstütze eingesetzt werden.
12. Man muß lernen, neutral zu bleiben, und wissen, wann man pendeln soll und wann nicht. Wenn dazu die Übung in präziser Fragestellung kommt, hat man ein gutes Stück auf dem Weg zu hochprozentiger Akkuratheit bei Verkaufsfragen zurückgelegt.
13. Wenn Prioritäten im Berufsleben gesetzt werden sollen, läßt sich das Pendel als Tages-, Wochen-, Monats- oder Jahresplaner einsetzen.
14. Selbstverständlich muß man flexibel bleiben und auf plötzliche Veränderungen im Prioritätsgrad achten. Ein großer Auftrag, ein unverhoffter Verkauf, das Auftauchen eines bedeutenden Kunden kann alles ändern. Erwarte das Unerwartete und passe dich dementsprechend an.
15. Ohne klare mentale Vorstellungen und ein Verständnis der Prioritäten schwirren Wünsche und Ziele wie ungreifbare Rauchwolken durch den Kopf. Damit wird die Phantasie, nicht die Realität zum Verwalter des Potentials gemacht.

9

Gesundheits- und Heilpendel

High-Tech-Medizin und was danach kommt

Vor ein paar Wochen fragte eine Mutter einen Pendler: »Ist mein Baby gesund?« Der Mann hatte seit Jahren hin und wieder für die Frau gependelt, und sie fühlte sich mit dem Vorgang vertraut. Auch der Pendler hatte sich immer wohl gefühlt, wenn er ihre Fragen beantwortete. Aber diesmal fiel ihm nicht auf, welche Art von Frage eigentlich gestellt wurde. Er pendelte und erhielt eine 6 auf der Skala von 0 bis 10.

Die Frau war erschrocken und brach fast in Tränen aus. Eine 6 war ein Hinweis für sie, daß mit dem Baby vielleicht nicht alles in Ordnung war.

Nach allem, was ihr mittlerweile gelesen, gelernt und praktiziert habt, müßtet ihr wissen, was der Pendler falsch gemacht hat. Beachtet die Frage: »Ist mein Baby gesund?«

Die Frage ist zu verschwommen und allgemein. Der Pendler spezifizierte nicht, was ›gesund‹ bedeuten sollte. Des weiteren hätte er das Baby beim Namen nennen müssen.

Er hätte die Mutter fragen müssen, woher sie das Gefühl irgendwelcher Beschwerden bei Sarah habe; hatte das Kind beispielsweise Magen-, Lungen oder Darmbeschwerden? Außerdem muß sich das Wort ›Gesundheit‹ nicht automatisch auf die körperlichen Organe oder Gliedmaßen eines Menschen beziehen.

Jedenfalls beruhigte er die aufgeregte Mutter und erklärte ihr, daß eine 6 nichts zu bedeuten habe, da die Frage so gut wie sinnlos gewesen sei.

In dem U. S.-Magazin *Gentleman's Quarterly* erschien ein Artikel mit dem Titel: ›Doktor spielen – Acht Methoden der frühzeitigen Diagnose.‹ Die achte Methode wurde ›Radiesthesia‹ genannt, das französische Wort für die Benutzung des Pendels.

Joseph Polasky, Koautor bei unserem Buch »Die Magie des Pendels«, wurde in dem Artikel folgendermaßen zitiert: »Man kann sich selbst oder einen Freund diagnostizieren, indem man eine Liste der Organe aufstellt und, während man sich auf jeweils ein Organ konzentriert, fragt, ob das Organ gesund ist.«

Doch warnt Polasky auch gleich: »Natürlich kann es bis zu einem Jahr dauern, bis man das Pendeln einigermaßen beherrscht. Man muß der in Frage stehenden Situation absolut neutral und gefühllos gegenüberstehen, sonst wird die Pendelbewegung vom Unterbewußtsein beeinflußt.«

Ein Pendler mit der Frage: »Wie weise ist es für mich, auf einer Skala von 0 bis 10, Onkel Doktor zu spielen?«, wird es sicher nicht sehr klug finden, eine Diagnose ohne eingehende vorherige Prüfung des Falls zu stellen. Traditionelle biochemische und medizinische Diagnosen sollen nicht eliminiert werden. Vorsicht und äußerste Sorgfalt sind geboten. Es ist eine Sache, Gesundheitsfragen über die eigene Person, Familie oder Freunde zu stellen, und eine ganz andere, die Gesundheit eines völlig Fremden auszupendeln.

Ich kenne einen Arzt, der folgendes Vorwort zu seinen noch unveröffentlichten Forschungsergebnissen schrieb:

»Ich behaupte nicht, daß das Pendel Diagnosen oder Behandlungsmethoden im medizinischen Sinne ersetzt, da die Pendelbewegung eine Biofeedback-Reaktion zwischen Praktizierendem und Patient ist. Die Benutzung des Pendels ist eine persönliche Entscheidung des Praktizierenden, entsprechend der Ebene seines eigenen Bewußtseins.«

Es war eine glückliche Fügung, daß mir eine Kopie dieser Ausführung in die Hände fiel, in denen ein Arzt seine lebenslangen Erfahrungen mit dem Pendel bei Diagnosen und therapeutischen Forschungen beschreibt. Jeder seiner Patienten mußte vor der Behandlung ein Einwilligungsformular unterschreiben. Im letzten Absatz des Formulars heißt es: »Ich habe die oben genannten Informationen gelesen, verstanden und als gültig akzeptiert. Dieses Einwilligungsformular wird hiermit zum Bestandteil meiner persönlichen Akte.«

Was will ich damit sagen? Wenn ein erfahrener Arzt und geübter Pendler schon dermaßen vorsichtig ist, müssen Leute wie du und ich extra-extra vorsichtig sein!

Nach dieser Warnung komme ich auf die Überschrift zurück. Was meine ich mit ›High-Tech-Medizin und was danach kommt‹? Die Kosten für ärztliche Behandlungen steigen heutzutage schneller, als irgend jemand von uns das Geld verdienen kann. Einer der Hauptgründe für die astronomischen Summen ist unsere High-Tech-Medizin. Komplizierte Operationen wie Knochenmark- und Herztransplantationen kosten Hunderttausende von Dollars. In hohem Maße technologisierte, teure Untersuchungsgeräte wie die Catscans, eine Art Röntgenmaschine für das Gehirn, erhöhen die Krankenhausrechnungen auf nie gekannte Weise.

In seinem Bestseller »Megatrends« erläutert John Naisbitt den allgemeinen ›High-Tech-versus-High-Touch‹-Trend. Zum Beispiel glaubten Bankiers noch vor kurzem, daß die Einführung von Geldautomaten das Personal reduzieren und die Bankvorgänge erleichtern würde. Aber im Gegenteil, die Kunden bevorzugten den persönlichen Kontakt (High Touch) mit den Angestellten, nicht das ›High-Tech‹-elektronische Gerät.

Das Pendel ist eine Art von New-Age-Hörrohr, ein High-Touch-Gerät in einer High-Tech-Welt. Es ist ein Instrument, das jeder Gesundheitsexperte wohl irgendwann in seiner Tasche tragen wird.

Eine Catscanmaschine kostet mehr als eine Million Dollar – die meisten Pendel weniger als zwanzig Dollar. Das Pendel in der Hand eines Experten kann sich innerhalb von Sekunden auf das Gehirn einstimmen und feststellen, wo sich eine physiologische Störung befindet.

Auf lange Sicht betrachtet ist es natürlich am besten, gar nicht erst krank zu werden. Bevor wir uns nun mit der Uhr der Gesundheitspflege beschäftigen, muß das Wort ›Gesundheit‹ aber näher definiert werden.

Was ist Gesundheit? Es ist ein dynamischer Zustand des körperlichen, emotionalen, mentalen und spirituellen Gleichgewichts, welcher den Zellen, den Instinkten, dem Intellekt und der Intuition regenerative Vitalkraft zuführt.

Uhr der Gesundheitspflege

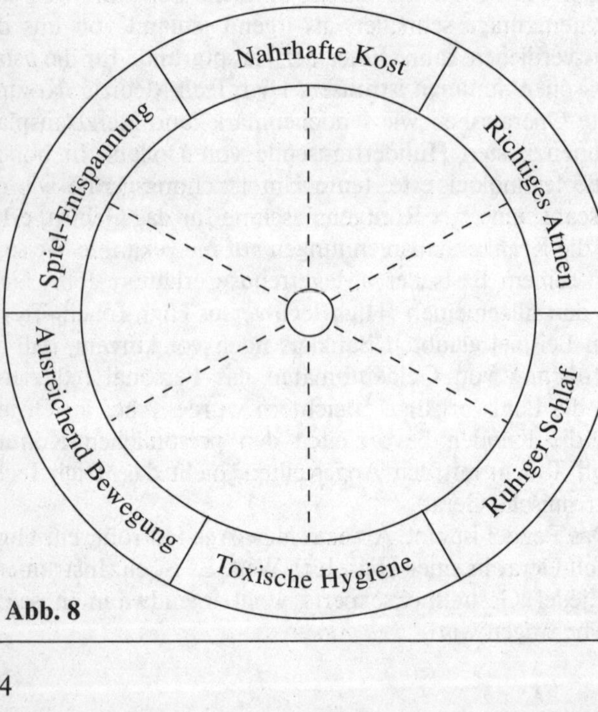

Abb. 8

Schaut euch die Abbildung 8 an.

Die Uhr der Gesundheitspflege beschäftigt sich mit dem lebenden Organismus der physiologischen Gesamtstruktur. Wer seinen Körper vernünftig behandelt, sorgt für emotionale, mentale und spirituelle Ausgewogenheit. Alle diese Ebenen sind schließlich miteinander verbunden.

Nehmt euch die Gesundheitsuhr vor und benutzt den Zeigefinger eurer linken Hand wie einen Uhrzeiger, falls ihr mit der rechten Hand pendelt.

Setzt den Finger auf die Sparte ›Nahrhafte Kost‹ und fragt: »Ist Soundsos Kost derzeit für ihn nahrhaft und ausgewogen?« Egal, ob die Antwort Ja oder Nein ist, wird jetzt die 0-bis-10-Skala ausgependelt. Die Antwort wird dann in die Sparte ›Nahrhafte Kost‹ auf der Uhr der Gesundheitspflege eingetragen. Zum Beispiel: Ja – 8. (Wer nicht in dieses Buch schreiben will, kann eine Kopie der Abbildung machen).

Fahrt im Uhrzeigersinn fort, die Gesundheitsuhr auszupendeln. Deutet mit dem Finger auf ›Richtiges Atmen‹ und fragt: »Atmet Soundso derzeit auf die richtige Weise?« Notiert die endgültige Antwort, beispielsweise: Nein – 4.

Als nächstes wird auf die nachfolgende Sparte gezeigt und gefragt: »Bekommt Soundso derzeit genügend ruhigen Schlaf?« »Praktiziert Soundso derzeit toxische Hygiene (Entgiftung des Körpers)?« »Entspannt sich Soundso derzeit oft genug?«

Am Ende müssen sämtliche Nein-Antworten beachtet werden. Der Anhang dieses Buches auf Seite 235 enthält eine Liste von möglichen Heilmitteln für jedes hier angesprochene Gebiet. Um gesund zu bleiben, muß immer für ein Gleichgewicht und Ausgewogenheit in jeder Sparte gesorgt werden.

Aber zurück zu den Nein-Antworten. ›Richtiges Atmen‹ erhielt eine Nein – 4. Was könnte das Problem sein? Wo die möglichen Lösungen? Hier ist eine Liste eventueller Problembereiche, die ausgependelt werden können:

1. Luftverschmutzung
2. Allergien
3. Rauchen
4. Passives Rauchen
5. Flaches Atmen
6. Rhythmisches Atmen
7. Zu tiefes Atmen
8. Erkältung
9. Lungenkrankheit
10. Mangel an Luftzirkulation
11. Negative Ionisierung der Luft
12. Die Berge
13. Wasserfälle
14. Das Meer
15. Tannenwälder
16. Mangel an Bewegung
17. Sonstiges

Die Rubrik ›Sonstiges‹ am Ende der Liste gilt der Vielzahl von ausgelassenen Möglichkeiten, wie derzeit unbekannte Faktoren usw.

Die Uhr der Gesundheitspflege zeigt uns, auf welchem Gebiet wir uns vernachlässigen, und zeigt uns darüber hinaus zu jedem Zeitpunkt den generellen Gesundheitszustand an.

Hätte unser Herr Soundso in allen sechs Sparten eine 10 ausgependelt, so wäre er mit einer Gesamtsumme von 60 vollkommen gesund.

Sagen wir einmal, Soundsos Gesamtsumme betrug 37. Damit fällt er in die folgende Kategorie:

Gesundheitspegel:

60	=	Perfekt
50–59	=	Ausgezeichnet
35–45	=	Gut
20–34	=	Ungenügend
19–weniger	=	Krankheit, Todkrankheit

Mit einer Gesamtsumme von 37 befindet sich Soundsos Gesundheitspegel also eher am unteren Ende der Klasse ›Gut‹. Damit ist für Herrn Soundso eine bewußte und ausdauernde Disziplin angesagt, wenn er seinen Gesundheitszustand verbessern will.

Der lange Weg, der vor uns liegt

Bevor ich fortfahre, muß ich ›das Kind beim Namen nennen‹. Es ist eine Tatsache, daß die wissenschaftliche Medizin die Benutzung von Pendeln bei Gesundheitsfragen weder empfiehlt, noch versteht oder auch nur für denkbar hält. Sicher gibt es Ärzte im New-Age-Umfeld, die das Pendel erfolgreich in ihre ansonsten traditionelle medizinische Praxis integrieren. Aber solche Fälle sind selten, wenigstens in den Vereinigten Staaten.

Deshalb möchte ich meinen Standpunkt in bezug auf das Pendel im Bereich der Heilpraxis erläutern, ehe ich fortfahre. Basierend auf meinen einigermaßen weitreichenden Erfahrungen mit Freunden und Verwandten sehe ich eine stetige Verbreitung des Pendels bei Gesundheitsfragen. Natürlich wird es noch Jahre dauern, bis das breite Publikum zum Pendel greift, doch sind die Samen gesät worden, und die Ernte wird, wie immer, zur rechten Zeit erfolgen.

Die in diesem Kapitel aufgeführten Methoden sind aber nicht mehr als Hinweise; sie sind mögliche Richtungsweiser für zukünftige Forschungen. Ich weiß, daß wir einen langen Weg vor uns haben. Die Reise fängt mit dem ersten Schritt an, und die Methoden in diesem Kapitel sind nur einige von solchen ersten Schritten.

Sich einzig und allein auf das Pendel bei Gesundheitsfragen zu verlassen, ist wie der Versuch, ein Auto zu steuern und bei jeder Ecke das Pendel zu fragen, ob man links oder rechts abbiegen soll. Das wäre barer Unsinn. Wir müssen den Kopf am rechten Fleck behalten! Das Pendel hat ein noch unerträumtes Potential auf dem Gebiet des Gesundheitswesens, doch wir müssen unbedingt zwischen Traum und Realität unterscheiden.

Träume werden aber nicht selten wahr gemacht. Thomas Edison träumte davon, unsere Welt zu erhellen. Er testete nicht weniger als zehntausend verschiedene Substanzen auf der Suche nach einem Glühfaden, der eine Glühbirne erhellen würde. Erst nach jahrelangem, mühsamen Experimentieren, Forschen und Überprüfen wurde sein Traum zur allgemeinen Wirklichkeit.

Ich habe eine ähnliche Einstellung im Hinblick auf die praktische Anwendung des Pendels im Gesundheitswesen. Viel Mühe, Arbeit und Energie muß in dieses weitverzweigte Gebiet der Pendelverwertung investiert werden, bevor es zum universell anerkannten Werkzeug werden kann.

Die Vorsitzenden der *American Society of Dowsers* haben eine Stellungnahme zu diesem Thema veröffentlicht und die Mitglieder ihrer Gesellschaft über die Notwendigkeit, sich mit den Gesetzen des Landes vertraut zu machen, informiert. Die Rechtsanwälte der Gesellschaft rieten dem Vorstand, strikte Richtlinien festzulegen:

»Mitglieder der American Society of Dowsers, die Diagnosen oder Heilverfahren auspendeln wollen, handeln ausdrücklich nicht als Mitglieder der ASD, sondern auf eigenes, persönliches Risiko; sie unterstehen der Interpretation der jeweiligen Rechtslage in ihrem Staat sowie dem Food, Drug and Cosmetics-Gesetz der U. S. A., demnach es gesetzwidrig ist, eine Diagnose oder Behandlung ohne Lizenz und mit Hilfe eines Instruments oder Werkzeugs zu erstellen.«

»Mitglieder, die über körperliche Diagnosen oder Behandlungsmethoden schreiben oder sprechen wollen, sind im Gegensatz zu oben jedoch dazu befugt, gemäß dem Ersten Zusatzartikel zur U. S.-Verfassung, der freie Rede garantiert. In Anbetracht des Standpunktes der ASD können sie sich jedoch hierbei nicht als Repräsentanten oder in irgendeiner Weise repräsentativ für die ASD bezeichnen, sondern nur als Repräsentanten ihrer persönlichen Position.«

Ich befürworte die vernünftige Einstellung der *American Society of Dowsers,* was Diagnosen und Heilmethoden mit dem Pendel oder einem anderen Energie-Meßgerät betrifft. Pendler in aller Welt sollten ihre Einstellung diesen Richtlinien entsprechend überdenken.

Feststellung der Krankheitsebene

Wenn der Gesundheitspegel einer Person unter 30 Grad sinkt, erhöht sich die Anfälligkeit für Krankheiten dramatisch. Krankheiten oder Unwohlsein können von einer Störung im körperlich-psychologisch-spirituellen Schwingungsfeld des Individuums verursacht werden. Wenn feinere Schwingungen lange und nachhaltig genug gestört bleiben, machen sie sich in Form von physiologischen Problemen bemerkbar.

Die Ursache der Störung liegt also nicht unbedingt im körperlichen, zellularen Bereich. Mit dem Pendel kann man nun die genaue Ebene feststellen, von der eine Krankheit ausgeht.

Die Seinsebene, von der eventuelle Störungen ausgehen, kann man mit einer senkrechten Linie von oben nach unten darstellen. Die passende Therapie, über die ich im nächsten Abschnitt berichte, kann man als eine waagerechte Linie, welche die senkrechte durchkreuzt, darstellen. (Siehe Abbildung 9, unten)

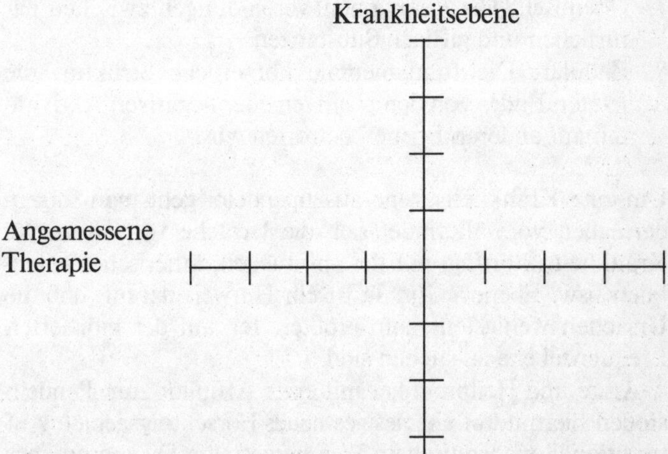

Abb. 9

Um die Sache klar und einfach zu machen, habe ich die Krankheitsebene in 8 Bereiche unterteilt, so daß mit rasiermesserscharfer Präzision ausgependelt werden kann, auf welcher Ebene sich die Störung befindet. Jetzt hängt es nur noch von dem Pendler ab, wie genau er die Antwort wissen will.

Die acht Krankheitsebenen

1. Spirituell: Frequenzen von Licht, Liebe, Weisheit, Verständnis, Stärke usw.
2. Ätherisch: Lebensenergien, die durch die Energiezentren (Chakras) im Feinstoffkörper in diese Dimension treten.
3. Mental: Verbale und bildliche Gedankenaktivitäten.
4. Fühlen: Sensibilität gegenüber innerlichen und äußerlichen Ereignissen.
5. Emotional: Reaktionen wie Zorn, Angst, Besorgtheit, Ungeduld usw.
6. Kolloidal: Die elektrischen Aktivitäten über der Oberfläche von Zellen.
7. Chemisch: Die Reaktionen/Verbindungen zwischen natürlichen und giftigen Substanzen.
8. Zellular: Die fundamentale körperliche Struktur, die letzten Endes von den positiven oder negativen Aktivitäten auf anderen Ebenen betroffen wird.

Um eine Krankheitsebene auszupendeln, geht man folgendermaßen vor: »Befindet sich die Ursache von Herrn Xs Krankheit (Störung) auf der spirituellen, ätherischen, mentalen usw. Ebene?« Ein Ja ist ein Hinweis darauf, daß die Ursachen wenigstens zum größten Teil auf der indizierten Frequenzebene zu suchen sind.

Ärzte und Heilpraktiker mit einer Affinität zum Pendeln stoßen hiermit auf ein riesiges neues Forschungsgebiet. Auf traditionell medizinischem Weg hergestellte Diagnosen können mit dem Pendel überprüft werden. Zu Kontrollzwecken sollten allerdings die Pendel-Lesungen zuerst vorgenommen werden, um diese dann mit den etablierten Diagnosen zu vergleichen.

Die Wahl einer Therapie

Sobald die Krankheitsebene (senkrechte Linie) ausgependelt wurde, läßt man das Pendel über der waagerechten Linie schwingen. Während unseres Übergangs vom Zeitalter der Fische zum Wassermann-Zeitalter kann man Therapie generell in zwei Kategorien einteilen: 1. in medizinische und 2. in ganzheitliche Heilverfahren.

Medizinisch-allopathische Verfahren gehen grundsätzlich davon aus, daß jede Krankheit physische Ursachen hat – was auch immer damit gemeint sein soll. Das ganzheitliche Verfahren betrachtet alle Seinsebenen des Menschen hingegen als miteinander verknüpft und auf die gesamte Person einwirkend.

Ich bin der Ansicht, daß das Schwergewicht im Neuen Zeitalter auf ›*Gesundbleiben*‹ liegen wird und daß praktizierende Heiler sowohl medizinische wie ganzheitliche Therapien irgendwann in eine einzige Wissenschaft der Gesunderhaltung inkorporieren werden.

Momentan blicken die meisten Mediziner noch verächtlich auf die ganzheitliche Annäherungsweise herab, und ganzheitlich Orientierte weisen die herkömmlichen medizinischen Praktiken von sich. Aber jede Behandlungsmethode, jede Therapie, sei sie allopathisch oder ganzheitlich, hat ihr spezielles Anwendungsgebiet.

Ein Bekannter von mir benutzt das Pendel, um Therapien für Freunde und die Familie auszuwählen. Einmal wurde er gebeten, für einen Mann zu pendeln, der neuerdings Schwierigkeiten bei der Urinausscheidung hatte. Selbst ohne Pendel war es kein Kunststück, herauszufinden, daß dieser Mann, der über fünfzig Jahre alt war, an einem Prostataleiden litt.

Mein Bekannter pendelte also eine Liste von möglichen Behandlungsmethoden aus, wobei sich alle im Bereich der ganzheitlichen Medizin befanden (siehe Anhang für die Liste von angemessenen Therapien).

Er erhielt folgende Zahlen:

Akupressur – 8, Chiropraktisches Einrenken – 7, Zellsalz-Therapie – 7... die ganzheitlichen Methoden häuften sich. Aber für keine von ihnen wurde eine 9 oder 10 ausgependelt.

Schließlich verschlimmerte sich der Zustand des Patienten so sehr, daß seine Ehefrau den Pendler bat, eine Konsultation mit einem medizinischen Experten auszupendeln. Sofort begann das Pendel bei 10 im Uhrzeigersinn zu rotieren. Auf der Stelle wurde eine Liste von Ärzten zusammengestellt und ausgependelt. Ein hochqualifizierter Experte wurde konsultiert.

Innerhalb von zwei Wochen war der Mann erfolgreich operiert und sein Prostataleiden behoben worden. Wäre er nicht zu einem medizinischen Experten gegangen, hätte man die Folgen nicht absehen können. Offenbar hatten sich die Toxine bereits in seinem System gestaut, und es bestand die Gefahr, daß er sich langsam zu Tode vergiftete.

Ich kenne eine Reihe von Beispielen, bei denen ein rigides ganzheitliches Vorurteil verhinderte, daß die angemessene medizinische Behandlung vorgenommen wurde, und natürlich könnte ich Bände darüber schreiben, wie medizinisch-allopathische Vorurteile die Alternativen der schonenderen ganzheitlichen Therapien außer acht ließen.

Hier folgt nur eine von derlei Geschichten. Ein Freund von mir litt zwei Monate lang an Energielosigkeit, die sich nach einer Erkältungskrankheit eingestellt hatte. Er konnte sich bestenfalls noch zur Arbeit und wieder nach Hause schleppen, mehr nicht.

Nachdem er sämtliche traditionellen Verfahren ausprobiert und sein Bankkonto geplündert hatte, wandte er sich an einen Doktor der ganzheitlichen orientalischen Medizin.

Eine einzige Konsultation ergab, daß er an einem milden Fall von Gelbsucht litt. Ein homöopathisches Mittel wurde präpariert und ihm verabreicht. Sein normalerweise hoher Energiepegel stellte sich daraufhin nach zwei, drei Tagen wieder ein.

Im Neuen Zeitalter des ›Gesundlebens‹ ist es von höchster Wichtigkeit, die richtige Therapie zu finden. Schmerzen, Leiden und tödliche Krankheiten können verhindert oder wenigstens reduziert werden, wenn man sich gleich zu Beginn einer Störung auf die Ebene besinnt, von der die Störung herrührt, und dann das angemessene Gegenmittel auspendelt.

Zusammenfassung

1. Das Pendel ist bei Gesundheits- und Therapiefragen ein High-Touch-Gerät in einer High-Tech-Welt. Es ist eine Art New-Age-Hörrohr, ein Instrument, das jeder Gesundheitsexperte irgendwann in seiner Tasche tragen wird.
2. Auf lange Sicht betrachtet ist es am besten, die eigene Gesundheit auf dem Höchststand zu halten und gar nicht erst krank zu werden.
3. Gesundheit ist ein dynamischer Zustand des körperlichen, emotionalen, mentalen und spirituellen Gleichgewichts, welcher den Zellen, den Instinkten, dem Intellekt und der Intuition regenerative Vitalkraft zuführt.
4. Die Uhr der Gesundheitspflege beschäftigt sich mit dem lebenden Organismus der physiologischen Gesamtstruktur. Wer seinen Körper vernünftig behandelt, sorgt für emotionale, mentale und spirituelle Ausgewogenheit. Alle diese Ebenen sind nämlich miteinander verbunden.
5. Die in diesem Kapitel aufgeführten Methoden sind nicht mehr als Hinweise; sie sind mögliche Richtungsweiser für zukünftige Forschungen.

6. Sich einzig und allein auf das Pendel bei Gesundheitsfragen zu verlassen, ist wie der Versuch, ein Auto zu steuern und bei jeder Ecke das Pendel zu fragen, ob man links oder rechts abbiegen soll.
7. Die Ursache einer Störung oder Krankheit liegt nicht unbedingt im körperlichen, zellularen Bereich. Mit dem Pendel kann man die genaue Ebene feststellen, von der eine Krankheit ausgeht.
8. Ich bin der Ansicht, daß das Schwergewicht im Neuen Zeitalter auf ›*Gesundbleiben*‹ liegen wird und daß praktizierende Heiler sowohl medizinische wie ganzheitliche Therapien in eine einzige Wissenschaft der Gesunderhaltung inkorporieren werden.
9. Im Neuen Zeitalter des ›Gesundbleibens‹ ist es von höchster Wichtigkeit, die richtige Therapie zu finden. Schmerzen, Leiden und tödliche Krankheiten können verhindert oder wenigstens reduziert werden, wenn man sich gleich zu Beginn einer Störung auf die Ebene besinnt, von der die Störung herrührt, und dann das angemessene Gegenmittel auspendelt.

10

Familien- und Heimangelegenheiten

Die Familie im Neuen Zeitalter

»The times, they are a-changing.« Das New Age, das Neue Zeitalter manifestiert sich vor unseren Augen, und »wer Augen hat der sehe«. Die Familienstruktur, zusammen mit anderen traditionellen Institutionen, durchläuft einen radikalen Umwandlungsprozeß.

Vater, Mutter, Bruder, Schwester – Worte wie diese hatten früher eine relativ feststehende Bedeutung und standen für Rollen mit definitiven Verhaltensweisen. Heute nicht mehr. Jeder einzelne muß seine Rolle innerhalb des sozialen Gefüges anhand von Tatsachen definieren. Mit anderen Worten: ein festgelegtes Rollenspiel funktioniert nicht länger. Jedes Individuum muß erkennen, was wirklich ist, und sich dementsprechend verhalten.

Die Familie des Neuen Zeitalters ist auf dem Weg in die Welt der Energie. Um die verschiedenen Kanäle, Ströme und Tiefengewässer der Energiewelt navigieren zu können, muß man *sehen, was ist* – eine direkte Wahrnehmung der Dinge entwickeln. Man muß die Energiefrequenzen unmittelbar empfangen.

Während des vergangenen Zeitalters war der Vater das Oberhaupt der Familie. Der Sohn war ein ›Statthalter‹. Wie der Vater, so der Sohn. Letzterer war Walter Huber Junior, eine möglichst genaue Kopie des Vaters.

Diese Geisteshaltung verstößt gegen die Gesetze der Energiewelt. Im Neuen Zeitalter sind Familienmitglieder in erster Linie Individuen und erst an zweiter Stelle Familienmitglieder. Ein Individuum nimmt Energie bewußt wahr. Das heißt, jeder einzelne ist sich zumindest bis zu einem gewissen Grad darüber bewußt, welche Art von Energie er ausstrahlt und welche Art von Energie er empfängt.

Folgerichtig nehmen Klassifizierungen wie ›Vater‹ und ›Sohn‹ eine individualisierte, unverwechselbare Bedeutung ein. Mit anderen Worten: Vater 1 ist nicht Vater 2 und auch nicht Vater 3. Sohn 1 ist nicht Sohn 2 und nicht Sohn 3. Die Vater-Sohn Beziehung Nr. 1 ist nicht mit der Vater-Sohn-Beziehung Nr. 2 zu vergleichen, usw.

Beziehungen sind dynamisch, nicht statisch. Familienbeziehungen nach dem Modell des Alten Zeitalters neigen zur Unbeweglichkeit. Familienbeziehungen des Neuen Zeitalters neigen zu dynamischem Wachstum.

Also muß ein New-Age-Vater nicht unbedingt auch der leibliche Vater sein. Durch Adoption, Babys aus der Retorte, künstliche Befruchtung, Gentechnologie, Stiefväter und väterliche Autoritäten als Gruppenleiter haben wir mit jahrhundertealten Tabus gebrochen – ›mein Sohn soll meine Blutlinie fortsetzen‹ usw.

Im Neuen Zeitalter verlieren genetische Abstammung und Blutlinien an Bedeutung und damit die Evolution des Menschen auf horizontaler Ebene. Die *Seins*ebene, die Übertragung der psycho-spirituellen Erbmasse, ist heute wichtiger geworden und damit die senkrechte Evolution.

Letzten Endes führt dieser Trend zur Familiengründung basierend auf Sympathievibrationen. Kleinere Gruppen (eine Form von New-Age-Familie) kommen zusammen, lernen voneinander, tauschen aus und teilen miteinander, und dann, wenn der Zyklus vollendet ist, gehen sie wieder auseinander.

Die Familie des Alten Zeitalters tendierte zur Erstarrung. Die Familie des Neuen Zeitalters tendiert zur Fluidität.

Das Pendel ist ein Werkzeug des Neuen Zeitalters. In der Hand eines bewußten, energieorientierten Pendlers wird das Pendel zum Frequenzmeßgerät. Das Merkmal des Neuen Menschen ist direkte Wahrnehmung, direktes Sehen und direktes Spüren.

Im Familienleben der Neuen Zeit kann das Pendel Eltern und Kindern eine akutere Wahrnehmung ihrer speziellen Bedürfnisse, Wünsche, Eigenheiten und Probleme ermöglichen.

Nahrung

Vom Einkaufen bis zur Zubereitung des Essens kann das Pendel von Nutzen sein, wenn es darum geht, die Qualität und Quantität der Mahlzeiten zu messen. Schon die Einkaufsliste eignet sich zum Auspendeln der Lebensmittel. Die Liste kann auf verschiedene Weise benutzt werden.

EINS Geh die Liste herunter und stelle die Frage: »Welchen Nährwert hat Lebensmittel X auf einer Skala von 0 bis 10 für meine Familie?« Wenn du ein Ja unterhalb von 7 erhältst, mußt du dir überlegen, ob du Lebensmittel X nicht von deiner Liste streichen solltest.

ZWEI Du kannst das Pendel über der gesamten Liste hängen lassen und fragen: »Übersteigt der Preis dieser Lebensmittel mein Essensbudget?« Ein Ja mahnt dich, von vornherein mehr Geld mitzunehmen oder die Liste zu verkürzen.

DREI Die Frage: »Wird meine Familie diese Lebensmittel gern essen?« ist offensichtlich zu allgemein formuliert. Wer die Frage stellen will, sollte sie folgendermaßen formulieren: »Wird Soundso Lebensmittel X gern essen?« Am Anfang mag die Prozedur dadurch zu langwierig erscheinen, aber auf längere Sicht macht man sich mit dem individuellen Geschmack der Familienmitglieder vertraut.

VIER Die Frage gilt wieder dem Essensbudget. »Verkauft der Schmidt-Meier-Laden diese Lebensmittel zum niedrigsten Preis?« Verschiedene Läden müssen ausgependelt werden. Vielleicht entdeckst du damit ein Geschäft, in dem du noch nie eingekauft hast.

Eine Einkaufsliste läßt sich natürlich noch auf andere Fragen hin überprüfen. Es bleibt jedem einzelnen überlassen, sich weitere Wege einfallen zu lassen. Allerdings ist die Liste nicht das Essen. Du bringst dein Pendel auf eigenes Risiko in einen Laden und läßt es über den Auslagen hängen. Ich habe es selbst ein paarmal sehr diskret versucht, aber die Leute starrten mich trotzdem merkwürdig an und die Vibrationen waren auch nicht gerade beruhigend.

Besonders nützlich ist das Pendel in der Obst- und Gemüseabteilung, wo die frischen Produkte ausliegen, aber auch hier ist Pendeln wieder ein riskantes Unterfangen, es sei denn, das Geschäft ist vollkommen leer.

Als Alternative ›vibe‹ ich das Obst und Gemüse mit der Hand aus. Die Frucht wird in die linke Hand genommen, wenn man ein Rechtshänder ist, und die Rechte wird über die Frucht gestülpt, so daß die Fingerspitzen die Energievibrationen aufnehmen und somit die Qualität der Ware spüren können.

Auch ›viben‹ will gelernt sein. Es ist nicht so offensichtlich wie das Pendeln, aber genauso effektiv. Nach einer Weile der Übung spüren die meisten einen unmißverständlichen Energiestrom von dem jeweiligen Produkt ausgehen. Die Energie kann sich ›tief‹ oder ›beruhigend‹ anfühlen – also positiv. Oder sie fühlt sich ›unvital‹ an – negativ. Das muß geübt werden, dann stellt man fest, daß ›vibing‹ eine ausgezeichnete Alternative zum Pendeln, besonders in der Öffentlichkeit, ist.

Das tägliche Menü wird besser und präziser mit dem Pendel geplant. Man macht eine Liste der Dinge, die für das Abendessen vorgesehen sind, meinetwegen Huhn, Brokkoli und Salzkartoffeln. Jetzt fragt man: »Ist diese Kombination von Nahrungsmitteln nahrhaft und wohlschmeckend für meine Familie?«

Wenn die Antwort Nein ist, muß jedes Lebensmittel einzeln ausgependelt werden. Man kann die Lebensmittel sogar aus dem Kühlschrank holen und die Frage stellen, während man einzeln auspendelt.

Am Anfang mag die Prozedur des Einstimmens mit dem Pendel im Zuge der Menüplanung für die Familie mühsam erscheinen, aber auf längere Sicht hilft man sich und den Angehörigen, wenn alle damit gesünder werden.

Auch die beste Art, ein Gericht zuzubereiten, kann ausgependelt werden. Man fragt, ob etwas gebraten, gebacken, gedünstet oder gekocht werden soll. Die Zeit der Zubereitung kann ebenfalls determiniert werden. Wenn Rezepte variiert werden sollen, fragt man beispielsweise: »Wenn ich etwas mehr von dem und dem hinzufüge, wird es meiner Familie gefallen?«

Natürlich ist es ratsam, jeden einzelnen Angehörigen nach seinem Geschmack in bezug auf alle oben genannten Dinge zu fragen oder sogar eine Liste der persönlichen Präferenzen anzulegen. Ohne Zweifel würden die Unterschiede in den Bedürfnissen der einzelnen Angehörigen dabei deutlich zutage treten.

Im Alten Zeitalter entschied die Intuition und das Haushaltsgeld der Mutter über die Nahrungsaufnahme der gesamten Familie. Im Neuen Zeitalter muß der jeweilige Koch die Intuition und das Einstimmungsvermögen aufbringen.

Allzu viele unserer heutigen Nahrungsmittel sind aus Profitgier mit Zusatz- oder Schädlingsbekämpfungsmitteln vergiftet worden. Kaum einer von uns baut sein eigenes Essen an. Wir kaufen es, ohne zu wissen, woher es kommt und was ihm unterwegs hinzugefügt wurde.

Wenn mehr Leute sich auf die Energie ihres Essens und ihrer Getränke (pendelt euer Wasser aus!) einstimmen, erhöht sich die Wachsamkeit der Verbraucher. Man muß die

Warenetiketten gar nicht erst lesen und auch nicht an sie glauben. Jeder kann die Qualität der Lebensmittel, die er kauft, kocht und ißt, direkt erfahren.

Kleidung

Was haltet ihr davon, morgens an den Kleiderschrank zu gehen und den perfekt passenden Anzug oder das richtige Kostüm für den kommenden Tag auszusuchen? Natürlich sollte man auf Business-Treffen oder Verkaufsgespräche mental und emotional vorbereitet sein, aber warum nicht auch mit dem passenden Outfit?

Die meisten von uns stehen vor dem Kleiderschrank, suchen herum und finden etwas, das sie anziehen. Wenn die Intuition gut funktioniert, ist man ein lebendes Pendel, aber die meisten können ihre inneren Sinneswahrnehmungen noch verschärfen. Wer sich das passende Kostüm für die Gelegenheit auspendelt, kann den Verlauf von wichtigen Berufsverhandlungen zu seinen Gunsten beeinflussen.

Und wie macht man das? Ich persönlich suche mir zuerst die passende Farbe aus und dann erst die Kleidungsstücke. Im Lauf der Zeit entwickelt aber jeder sein eigenes Verfahren der Kleiderwahl mit dem Pendel.

Zuerst schreibe ich eine Liste der Farben in meiner Garderobe untereinander auf:

Dunkelblau
Beige
Dunkelbraun
Burgunderrot
Grau
Hellblau
Weiß
Rosa
Gelb
Rot

Jeder muß also die Farben, die sich in seiner Garderobe befinden, aufschreiben. Die oben aufgeführte Liste ist keineswegs vollständig.

Danach geht man die Liste mit der folgenden Frage herunter: »Wie weise ist es für mich, auf einer Skala von 0 bis 10, am heutigen Tag die und die Farbe zu tragen?« Ein Ja in den oberen Zahlenbereichen zeigt die passende Farbe an.

Normalerweise reduziert die Farbwahl die Auswahl der Kleider bereits erheblich. Die nächste Frage ist: »Auf einer Skala von 0 bis 10, ist dieses Kleidungsstück passend für den heutigen Tag?« Sieh dir die Kleider an, empfinde ihre Farben, fühle den Stoff. Das direkte Empfinden ist die präziseste Einstimmung.

Fragen solcher Art können dem Pendel auch über gesellschaftliche Ereignisse, Familientreffen und sportliche Aktivitäten gestellt werden.

Der Einkauf von Kleidern wird von vielen als anstrengend und teuer empfunden. Andere lieben es, von einem Geschäft zum nächsten zu pilgern, um den richtigen Pullover oder das ausgefallene Paar Schuhe zu finden. Wer dazu keine Zeit hat, kann wieder zum Pendel greifen.

Zuerst muß man eine Liste der gesuchten Kleidungsstükke aufschreiben. Zum Beispiel einen Pullover und ein Paar Schuhe. Danach wird eine Liste der in Frage kommenden Geschäfte notiert und gefragt: »Werde ich das gesuchte Stück zu einem für mich erschwinglichen Preis im Laden X, Y oder Z finden?«

Wer noch weniger Zeit vergeuden will, muß noch spezieller fragen. Für ein Paar Schuhe muß eine Liste von Schuhläden aufgestellt werden. Dabei kann man auch das örtliche Branchenbuch zu Hilfe nehmen. Man hält das Pendel über jede Adresse oder Anzeige eines Schuhgeschäfts im Branchenbuch und fragt: »Führt Soundso den für mich passenden Stil und die Größe an Schuhen zu einem für mich erschwinglichen Preis?« Danach geht man hin und findet heraus, wie akkurat das Pendel war.

Wer ein Kleidungsstück ausgesucht hat, möchte sich oft noch einmal vergewissern, ob der Kauf sich lohnt oder es besser ist, das Geld zu sparen. Die meisten Geschäfte haben Umkleidekabinen, in die man sich mit dem Pendel zurückziehen kann. Wer die Weisheit eines Einkaufs bezweifelt, versetzt sich in einen neutralen Zustand und pendelt: »Ist es weise für mich, X zu diesem Zeitpunkt zu kaufen?«

Auf dieselbe Art lassen sich Friseure, Frisuren, Parfums, Kosmetika und Schmuckstücke auspendeln. Sämtliche Bereiche der Mode und Schönheitspflege stehen dem Pendel offen.

Das Heim

Das Mieten einer Wohnung oder der Kauf eines Hauses fällt in die Kategorie der bedeutenden Lebensentscheidungen.

Anfang der siebziger Jahre wohnte ich in Brooklyn Heights am East River, gegenüber von Wall Street.

Ich erhielt einen Telefonanruf von einer Freundin, die ihre Traumwohnung in Brooklyn Heights gerade gefunden und eine Anzahlung darauf gemacht hatte. Das ganze Gebäude war vollständig renoviert worden. Ihr Appartement hatte einen offenen Kamin, ein Oberlicht und einen Blick auf die Freiheitsstatue und den New Yorker Hafen. So gesehen, sah die Wohnung tatsächlich wie die Erfüllung eines Mieter-Traums aus.

Nachdem die Freundin sich eingerichtet und eine Weile dort gelebt hatte, begannen sich die Probleme zu häufen. Äußerlich betrachtet war das Appartement perfekt, aber in Wirklichkeit brachte es viele Unannehmlichkeiten mit sich.

Es fing damit an, daß das Gebäude in der Nähe einer Zubringerstraße für Lastwagen lag; die achtzehnrädrigen Ungetüme brachten das Haus beim Vorbeifahren zum Vibrieren – ein äußerst unangenehmes Gefühl. Im Winter war die Wohnung kalt, weil das Gebäude den eisigen Winden des Hafens ausgeliefert war. Es gab noch eine Reihe von anderen Problemen, aber was meine Freundin schließlich aus dem Appartement trieb, waren die Scharen von Kakerlaken in der Küche. Sie war so angewidert, daß sie auszog, bevor der Pachtvertrag auslief.

Hätte ich das Appartement vorher ausgependelt und seine Vereinbarkeit mit meiner Freundin anhand einer Liste der positiven Aspekte überprüft, wäre ihr viel erspart geblieben, unter anderem Hunderte von Dollars.

Ich habe folgende Frage bei mir und meinen Freunden benutzt: »Unter Berücksichtigung aller Aspekte, wie weise ist es für mich auf einer Skala von 0 bis 10, in dem Haus (die Adresse) zu wohnen?« Die Adresse muß genau sein. Eine 9 oder 10 weisen auf einen positiven Wohnplatz hin.

Auch die Vereinbarkeit auf der Energieebene zwischen dir, deiner Familie und einer Wohnung kann geprüft werden. »Inwieweit ist die Wohnung (genaue Adresse) mit meiner Energie auf einer Skala von 0 bis 10 vereinbar?« Jede Person, die vorhat, in die Wohnung einzuziehen, muß gesondert ausgependelt werden.

Jeder Mensch hat ein eigenes Energiefeld. Jedes Haus und jede Wohnung hat ein Energiefeld, das sich von allen anderen unterscheidet. Manche Energiemuster harmonieren miteinander, andere schaffen Dissonanzen.

Die dritte Art, ein Haus oder eine Wohnung auszupendeln, ist mit Hilfe einer Stichwortliste, deren Kategorien jeweils auf der Skala von 0 bis 10 nachgeprüft werden. Hier folgt eine Liste von Punkten, die noch elaboriert werden müssen, um den Bedürfnissen der einzelnen gerecht zu werden.

Monatsmiete	Hausvermieter	Klimaanlage
Instanderhaltung	Mieterhöhungen	Nachbarn
Lärmpegel	Sonnenlicht	Innenausstattung
Blick	Isolierung	Neubau
Elektrogeräte	Heizung	Schulen
Heißwasser	Einkaufen	Parkplätze

Kinder

Das Pendel kann sich als Gottesgeschenk erweisen, wenn es um die Kinder geht. Manchmal können oder wollen sie sich den Eltern nicht vermitteln, und die Erwachsenen verstehen ihre Gefühle, Gedankengänge und Sorgen nicht.

Wenn man nicht genau weiß, was die Kinder bewegt, und außerstande ist, offen mit ihnen zu reden, mag das Pendel die Antwort liefern. Den Eltern obliegt es, zu wissen, was ihre Kinder durchmachen. Ein oberflächliches ›Hallo‹ und ›Na, wie geht's denn?‹ genügt nicht, um ihnen zu geben, was sie brauchen: liebevolles Verständnis.

Kinder von heute sind im Vergleich zu jenen von vor 15 bis 20 Jahren weitaus mehr Umwelteinflüssen ausgesetzt. Sie sind dem Fernsehen, Videos, Sex, Drogen, Kriminalität, Scheidung usw. ausgeliefert – die Liste läßt sich endlos fortsetzen.

Im Vergleich zu Kindern, die vor hundert Jahren aufwuchsen, haben unsere Kinder zur Zeit ihres dreißigsten Lebensjahrs das Äquivalent von zehn Lebenszeiten durchgemacht. Die Intensität ihrer Erfahrungen im Vergleich zu einem Bauernkind, das um 1880 aufwuchs, ist schier überwältigend. In den achtziger und neunziger Jahren des zwanzigsten Jahrhunderts aufzuwachsen, ist eine Initiation, eine Feuerprobe, ein Kampf um die geistige Gesundheit. Um mit dem Ansturm der Umwelteinflüsse psychologisch fertig zu werden, brauchen unsere Kinder Willenskraft, Stärke und spirituelle Unterstützung.

Wir, die Eltern, sind ihre Führer. Wenn unsere Einsicht versagt, kann das Pendel Einblick in Bereiche jenseits der körperlichen Sinneswahrnehmungen verschaffen. Das Potential des Pendels bei der Kindererziehung ist grenzenlos. Ihr werdet mehr Anwendungsgebiete erkennen, als ich hier je beschreiben kann.

Woher weißt du zum Beispiel, wieviel Zeit dein Sohn oder deine Tochter mit Hausaufgaben verbringen sollte? Zuerst muß der Zeitpunkt für Hausaufgaben für jedes einzelne Kind determiniert werden. Danach wird die Gesamtzeit für sämtliche Aufgaben ausfindig gemacht. Und schließlich wird dann noch die Zeitspanne für jedes einzelne Aufgabengebiet bestimmt.

Die Fragen kann man wie folgt formulieren: »Unter Berücksichtigung sämtlicher Faktoren, ist es für John am besten, wenn er seine Hausaufgaben um 4 Uhr, 4 Uhr 30, 5 Uhr, 5 Uhr 30 usw. macht?« Man pendelt so lange, bis man eine positive Rotation sieht. »Wie lange ist es weise für John, am heutigen Tag an seinen Hausaufgaben zu arbeiten? Eine Stunde, 1½, 2 Stunden usw.?« »Wie lange ist es weise für John, Mathematik, Deutsch, Geschichte usw. zu studieren?« »Eine halbe Stunde? Eine dreiviertel Stunde, eine Stunde?« usw.

Wer einigermaßen akkurat pendeln kann, ist in der Lage, seinen Kindern einen außerordentlich hilfreichen Zeitraum zu setzen, wobei die Wünsche, Antipathien, Bedürfnisse und der Energiehaushalt der Kinder selbstverständlich nicht außer acht gelassen werden dürfen. Das Wort ›weise‹ bezieht sich auf die Gesamtbeziehung des Kindes zu seinen Hausaufgaben.

Das Fernsehen, Video- und Kinofilme sind ein Fragenbereich, der vielen Eltern Kopfzerbrechen macht. Welches Programm ist gut und welches schlecht für ein Kind? Wieviel von was ist richtig oder falsch? Vom Standpunkt der Energiewelt betrachtet, in dem das Universum aus Frequenzen besteht, gibt es kein Schwarz oder Weiß. Wer sich in diesem Dualismus verfängt – was man in der generellen Semantik als die ›Zweiwert-Orientierung‹ bezeichnet – verstrickt sich in Widersprüchen und wird notgedrungen zum Heuchler.

Im Universum der Frequenzen existieren zu jeder Zeit Schwingungen, die bis zu einem bestimmten Grad harmonisch oder disharmonisch für ein Individuum sind. Wenn man das Pendel also fragt: »Ist es weise für John, das Fernsehprogramm X heute abend zu sehen?«, stimmt man sich auf die Ebene der Energie ein.

Mit anderen Worten, was die Umwelt als ›schlecht für Kinder‹ bezeichnet, mag für dein Kind vom Energiestandpunkt betrachtet genau das Richtige sein. Und das Gegenteil ebenso; was jedermann als ›gut für Kinder‹ bezeichnet, mag sich absolut negativ auf deinen Sohn oder deine Tochter auswirken.

Wer seine Kinder mit der zusätzlichen Sinneswahrnehmung, die das Pendel verleiht, großzieht, kann ihnen vielleicht die zusätzlichen Anstöße geben, die sie brauchen, um mit der Flut der heutigen Alltagsprobleme, ohne neurotisch zu werden, umzugehen.

Freizeit

Urlaubs- oder Freizeitgestaltung im Rahmen der Familie kann eine Freude oder eine Qual sein. Das Pendel erleichtert die Planung.

Picknicks, Familientreffen, Ausflüge aufs Land – es gibt einiges, was eine Familie gemeinsam unternehmen kann, und da jeder Angehörige unterschiedliche Vorstellungen von Vergnügen hat, muß man sich etwas einfallen lassen, wenn niemand zu kurz kommen soll.

Sagen wir einmal, die Familie plant ein Picknick für den kommenden Samstag. Wohin soll man fahren? Fertige eine Liste mit den beliebtesten Picknickplätzen an, oder nimm dir eine Landkarte vor.

Die Frage lautet: »Ist X der beste Picknickplatz auf einer Skala von 0 bis 10 für meine Familie am kommenden Samstag?« Euch ist sicher aufgefallen, daß es sich hier um eine Zukunftsfrage handelt. Antworten auf Zukunftsfragen sind trickreich. Daher schlage ich vor, das Pendel am Samstagmorgen noch einmal zu fragen, um festzustellen, welcher Picknickplatz jetzt die höchsten Zahlen erhält. Man kann sogar fragen, wann man am besten ankommt, um das lauschigste Plätzchen zu ergattern.

Buchstäblich jede Familienaktivität eignet sich zum Pendeln. Wer mit der Familie skilaufen will, kann gleich nach dem Aufwachen herausfinden, welche Pisten am heutigen Tag den besten Schnee haben und weniger übervölkert sind. Sammelt Broschüren, fragt die Bekannten, wo sie am liebsten hinfahren, findet die Preise heraus, setzt ein Budget fest und pendelt. Auch hier handelt es sich allerdings um eine Zukunftsfrage. Aus dem Grund sind Erkundigungen besonders wichtig, da die Frage so von vornherein auf mehr Informationen beruht.

Mir ist aufgefallen, daß eine Zukunftsfrage akkurater beantwortet wird, wenn sie wie folgt formuliert wird: »So wie die Dinge momentan liegen, wie hochprozentig ist die Chance, daß der ganzen Familie ein Ausflug nach X gefällt?«

Jetzt wird eine Skala von 1 bis 100 Prozent benutzt. Fangt mit 90 bis 100 an zu pendeln, und geht dann die Skala jeweils 10 Grad herunter, bis ein Ja kommt. Wer es noch genauer wissen will, kann jeden einzelnen Grad der Reihe nach auspendeln, bis das Pendel im Uhrzeigersinn rotiert.

Trotzdem gibt es keine Garantien. Das Leben ist ein dynamischer Prozeß, kein statisches Ding. Die Zukunft ist wie Wasser, noch nicht festgelegt und eingefroren. Dennoch weist eine Lesung von 90 Grad oder mehr auf gute Chancen hin, daß die ganze Familie Spaß an der Sache hat.

Freizeitgestaltung im Familienrahmen eignet sich hervorragend zum Pendeln. Macht euch eine Liste wie zum Beispiel die folgende:

Wandern	Ballspiele
Radfahren	Fußball
Schwimmen	Tischtennis
Eislaufen	Joggen
Skilaufen	Segeln
Tennis	Bergsteigen

Die Suche nach und Teilnahme an Aktivitäten im Rahmen der gesamten Familie verbindet. Gemeinsame Erfahrungen bilden ein Gleichgewicht zu dem Druck, den das tägliche Zusammenleben notgedrungenermaßen auf alle Beteiligten ausübt.

Zusammenfassung

1. Die Familie des Neuen Zeitalters ist auf dem Weg in die Welt der Energie. Um die Kanäle, Ströme und Tiefengewässer der Energiewelt navigieren zu können, muß man *sehen, was ist* – eine direkte Wahrnehmung der Dinge entwickeln. Man muß die Energiefrequenzen unmittelbar empfangen.
2. Im Neuen Zeitalter sind Familienmitglieder in erster Linie Individuen und erst an zweiter Stelle Familienmitglieder. Ein Individuum nimmt Energie bewußt wahr und ist sich bis zu einem gewissen Grad darüber bewußt, welche Art von Energie er oder sie ausstrahlt oder empfängt.
3. Beziehungen sind dynamisch, nicht statisch. Familienbeziehungen nach dem Modell des Alten Zeitalters neigen zur Unbeweglichkeit. Familienbeziehungen des Neuen Zeitalters neigen zu dynamischem Wachstum.
4. Das Pendel ist ein Werkzeug des Neuen Zeitalters. In der Hand eines bewußten, energieorientierten Pendlers wird es zum Frequenzmeßgerät. Das Merkmal des Neuen Menschen ist direkte Wahrnehmung, direktes Sehen und direktes Spüren.
5. Im Familienleben der Neuen Zeit ermöglicht das Pendel Eltern und Kindern eine akkuratere Wahrnehmung ihrer speziellen Bedürfnisse, Wünsche, Eigenheiten und Probleme.
6. Vom Einkaufen bis zur Zubereitung des Essens kann das Pendel von Nutzen sein, wenn die Quantität und Qualität der Lebensmittel gemessen werden soll.

7. Als Alternative zum Pendel können die Früchte und Gemüse im Laden ›gevibt‹ werden. Die rechte Hand wird über eine Frucht gestülpt, so daß die Fingerspitzen die Energievibrationen der Ware spüren können.
8. Mit dem Pendel muß man die Warenetiketten weder lesen noch glauben. Jeder kann die Qualität der Lebensmittel, die er kauft, kocht und ißt, direkt erfahren.
9. Wer sich das passende Kostüm für die Gelegenheit auspendelt, kann den Verlauf von wichtigen Berufsverhandlungen zu seinen Gunsten beeinflussen.
10. Außerdem lassen sich Friseure, Frisuren, Parfums, Kosmetika und Schmuckstücke auspendeln. Sämtliche Bereiche der Mode und Schönheitspflege stehen dem Pendler offen.
11. Hätte ich das Appartement meiner Freundin vorher ausgependelt und seine Vereinbarkeit mit ihr anhand einer Liste der positiven und negativen Aspekte überprüft, wäre ihr viel erspart geblieben, unter anderem Hunderte von Dollars.
12. Jeder Mensch hat ein eigenes Energiefeld. Jedes Haus und jede Wohnung hat ein Energiefeld, das sich von allen anderen unterscheidet. Manche Energiemuster harmonieren miteinander, andere schaffen Dissonanzen.
13. Wenn man nicht genau weiß, was die Kinder bewegt und außerstande ist, offen mit ihnen zu reden, mag das Pendel die Antwort liefern.
14. Wer seine Kinder mit der zusätzlichen Sinneswahrnehmung, die das Pendel verleiht, großzieht, kann ihnen vielleicht zusätzliche Anstöße geben, die ihnen helfen, mit der Flut der heutigen Alltagsprobleme fertig zu werden.
15. Urlaubs- und Freizeitgestaltung im Rahmen der Familie kann eine Freude oder eine Qual sein. Das Pendel erleichtert die Planung.

11

Tips, Anregungen, Wege

Ein Pendel wählen

Es gibt buchstäblich Tausende von verschiedenen Pendelformen. Ein Geschäft in Paris soll allein über tausend Pendel im Schaufenster haben – die Wahl des passenden Pendels kann anstrengend werden.

Zwei Pendelfreunde erzählten mir die Geschichte, wie sie an das für sie geeignete Pendel kamen.

Don benutzte ein Pendel, das aus einem angespitzten Bleistift bestand und von einem Faden hing. Ein horizontal angebrachter Dübel in der Mitte des Bleistifts diente als Griff. Obwohl dieses Gerät funktionierte, beschloß er eines Tages, das Pendel zu finden, das für ihn bestimmt war. Also pendelte er und fragte: »Ist es weise für mich, mein eigenes Pendel zu konstruieren?« Die Antwort war Ja.

Er setzte seine Suche fort: »Ist es weise für mich, ein Pendel aus Holz zu machen?« Antwort: Ja. »Ist es weise für mich, ein Pendel aus Eichenholz zu machen?« Antwort: Nein. »Ist es weise für mich, ein Pendel aus Eschenholz zu machen?« Antwort: Ja.

Dann pendelte er einen Wald in der Umgebung aus, in dem er das beste Eschenholz für sein Pendel finden konnte. Er fuhr dorthin und begann, den Wald abzusuchen.

Bei jeder Esche hielt er an und fragte: »Ist ein Zweig dieses Baumes der beste für mein Pendel?« Irgendwann erhielt er ein Ja zur Antwort. Daraufhin pendelte er aus, welcher Zweig sich für sein Pendel am besten eignete.

Don fuhr mit seinem kostbaren Eschenholzzweig nach Hause, wo er sich hinsetzte und das perfekte Pendel konstruierte. Er beließ die ursprüngliche Baumrinde an einem Großteil seines Werks, und es war ein Prachtstück.

Als ich ihn nach dem Unterschied zwischen seinem Bleistift-Pendel und dem handgeschnitzten Eschenholzpendel fragte, sagte er: »Das ist ein Unterschied wie Tag und Nacht. Mein Eschenpendel reagiert prompt und akkurat.«

Larrys Geschichte verlief so: Er nahm an einem Treffen der ›American Society of Dowsers‹ teil. Zu dem Zeitpunkt war er ein Anfänger und willens, alles mögliche über das Pendel und Wünschelrutengehen zu lernen. Am Ende des Treffens deutete ein Gruppenleiter auf einen Tisch, der mit nahezu einhundert kleinen Kristallen beladen war, und sagte: »Wir haben diese Kristalle ausgependelt und sie als gute Energiemeßgeräte eingestuft. Wer ein Pendel braucht, kann vortreten und sich eines aussuchen.«

Larry zögerte keine Sekunde. Er brauchte ein Pendel. Er ließ seinen Blick über den Tisch schweifen und sondierte die Vielzahl der Formen, Größen, Farben und Strukturen. Wenn ein Kristall ihm gefiel, nahm er ihn in die Hand, um seine Energie zu spüren.

Nachdem er sechs oder sieben Steine getestet hatte, fühlte er sich zu einem kleinen, rosaschimmernden Kristall hingezogen. Er nahm ihn in die Hand, und damit war die Sache beschlossen. Er spürte prickelnde Vibrationen in der Hand und den Fingerspitzen und fand, daß der Kristall sich warm anfühlte. Larry hatte sein Pendel gefunden.

Was will ich damit sagen? Es gibt kein Pendel, das für jeden das richtige ist. Du wirst es merken, wenn ein Pendel auf dich reagiert, und es muß nicht das teuerste oder eindrucksvollste von allen sein. Falls du dich aber zu einem teuren Pendel hingezogen fühlst und es sofort auf dich reagiert und du es dir leisten kannst, solltest du es natürlich kaufen.

Auch kann man sich überlegen, ob man verschiedene Pendel für verschiedene Pendelgebiete benutzen soll. Ein Pendel ist unter Umständen besser zum Aufspüren von Edelmetallen geeignet, ein anderes besser für die Wahrnehmung von psychischen Vibrationen. Dies ist ein vielversprechendes Forschungsgebiet, solange man die Tatsache nicht aus den Augen verliert, daß man selber das Pendel ist. Wir müssen uns davor hüten, das Werkzeug bedeutender zu machen als das Bewußtsein, das dahinter steht.

Pendelpflege

Genauso wie ein Schreiner, Elektriker, Gärtner oder Klempner sein Handwerkszeug pflegt, muß der Pendler sein Pendel in bestem Zustand halten. Das Pendel ist deine intuitive Antenne. Seine Pflege und Instandhaltung ist die Voraussetzung für einen klaren Empfang der Antworten.

Die Vibrationen der eigenen Person bleiben länger auf und im Umfeld des Pendels haften, wenn man es an einem besonderen und sicheren Platz verwahrt. Manche Pendler tragen ihr Stimmgerät nach jeder Lesung an denselben Platz zurück. Andere verwahren ihr Pendel in einer speziellen Hülle, die sie in der Tasche tragen können.

Manche Pendler legen ihr Pendel auch unter eine Pyramide. Eine maßstabgetreu verkleinerte Pyramide, die korrekt in Nord-Süd-Richtung aufgestellt wird, fungiert als Kondensator und Resonator von kosmischen Energien. Das Energiefeld, das dein Pendel umgibt und penetriert, wird dadurch immer neu aufgeladen. Außerdem formieren sich die Moleküle dergestalt, daß dem Pendel eine gewisse Kraftvibration verliehen wird. Man merkt es daran, daß es sich lebendig anfühlt, wenn man es in der Hand hält.

Die meisten Pendler sind eigen, wenn es darum geht, ihr Pendel von einer anderen Person anfassen zu lassen. Ist euch das Verhalten von Musikern beim Anblick einer Person, die ihre Geige oder Trompete in die Hand nahm, schon einmal aufgefallen? Das ist verbotenes Territorium! Und die Pendler haben genau die gleiche Einstellung.

Die Entdeckungen mit der Kirlian-Fotografie liefern eine wenigstens teilweise Erklärung für dieses ›Rühr-es-nicht-an‹-Phänomen. Zu Forschungszwecken wurden Gegenstände mit der Kirlian-Methode fotografiert, bevor und nachdem sie von einer Person berührt worden waren. Der Unterschied ist sichtbar, denn das Objekt strahlt vorher und nachher verschiedene Farben aus.

Vor kurzem hatte ich ein Gespräch mit einem Sicherheitsberater der Firma Westinghouse, der sagte, daß es Infrarotgeräte gibt, die das Vorhandensein von verschiedenen Wärmequellen im Raum signalisieren. Offenbar strahlt jeder lebende Mensch, jeder Ort und jeder Gegenstand eine eigene, unverwechselbare Wärmequalität aus. Deine Wärmeausstrahlung ist so einzigartig und einmalig wie dein Fingerabdruck.

Er berichtete von den neuesten Warnanlagen, deren Systeme mit Infrarotsuchern ausgestattet und an einen Computer angeschlossen sind. Wenn die Wärmestrahlung einer im Raum auftauchenden Person nicht im Computer gespeichert ist, wird automatisch ein Sicherheitsbeamter alarmiert. Der Mann meinte, daß selbst die Veränderung einer Person durch plastische Chirurgie nicht imstande ist, solche Infrarotdetektoren zu täuschen.

Also verändert sich die Vibration deines Pendels, sobald es von einem anderen Menschen berührt wird. Je nachdem, ob die Person negative oder positive Vibrationen ausstrahlt, werden die Pendel-Lesungen beeinflußt.

Das ungenaue Pendel: Warum?

Der häufigste Grund für ungenaue Lesungen ist nach meiner Erfahrung die vage oder falsche Formulierung der

Frage. Lest Kapitel vier und fünf noch einmal, um zu sehen, ob ihr eure Fragen spezifisch und präzise genug formuliert.

»Ist John ein guter Junge?« ist eine verschwommene und falsch gestellte Frage. Eure Genauigkeit mit dem Pendel wird äußerst ungenügend sein, wenn ihr euch angewöhnt, derartige Fragen zu stellen. Ein Beispiel für präzisere Fragestellung wäre in diesem Fall: »Hat John heute eine Eins im Aufsatzschreiben erhalten?« Seht ihr den Unterschied?

Der zweithäufigste Grund für ungenaue Lesungen ist die psychologische Verfassung des Pendlers. Ich sollte hinzufügen, daß diese Ursache fast genauso oft zu Störungen im Empfang führt. In der Tat drücke ich mich wohl am genauesten aus, wenn ich sage, daß ›die Formulierung der Frage‹ und ›die psychologische Verfassung des Pendlers‹ zwei Seiten der Ursache Nummer eins für inakkurate Lesungen sind.

Was meine ich mit ›psychologischer Verfassung‹? Während ihr die Fragen stellt und euer Pendel haltet, befindet ihr euch in einem ganz bestimmten mental-emotional-körperlichen Zustand. Seid ihr euch eurer Gedanken, Gefühle und körperlichen Spannungen bewußt? Aus ihnen besteht eure psychologische Verfassung.

Die Vibrationen dieser psychologischen Verfassung können die Rotation des Pendels stark beeinflussen. Hier ein dramatisches Beispiel dafür.

Ein begabter Pendler beeindruckt seine Klienten mit einer Akkuratheit von 75 bis 85 Prozent. Nur auf einem Gebiet ist seine Trefferquote jedesmal gleich Null. Wenn er das Geschlecht eines ungeborenen Kindes auspendeln soll, ist die Antwort unweigerlich falsch. Irgendwann fand er auch heraus, warum: Er hatte sich sein Leben lang dagegen gewehrt, Kinder in die Welt zu setzen. Er wird nervös bei dem Gedanken, ein Vater zu werden.

Die psychologische Verfassung dieses Pendlers verzerrt den klaren Empfang der Antwortvibrationen, wie ihr seht. Falls die ausgependelten Fragen präzise formuliert wurden, ist ein hoher Prozentsatz an inakkuraten Antworten darauf zurückzuführen, daß unterbewußte Verdrängungen, Einstellungen und der Wunsch, die Antwort zu beeinflussen, vorliegen.

Ein weiterer Grund für unpräzise Lesungen ist Ungeduld. Ich habe einen Bekannten, dem mein langjähriges Pendelstudium schier unglaublich vorkommt. Ich behaupte immer: »Übung macht den Meister«, und er reagiert, indem er zwei- oder dreimal zu pendeln versucht und es dann aufgibt. Ihm fehlt die nötige Geduld.

Zum Pendeln gehört eine unidentifizierte, geduldige Vorgehensweise. Wer bemüht ist, alles richtig und nichts falsch zu machen – was immer er darunter versteht – verhindert den klaren Empfang der Antwort schon beim Stellen der Frage.

Der Wunsch, schon zu Anfang wie ein Experte zu pendeln, ist der Grund für die Ungeduld. Die Ungeduld ihrerseits führt zu Fehlerhaftigkeit und zur Entmutigung – also gibt man auf.

Besser ist es, das Pendel jeden Tag neu in Angriff zu nehmen, zu warten... und es noch einmal zu versuchen. Allmählich baut sich das Selbstvertrauen auf. Die Fragen werden präziser, die psychologische Verfassung wird bewußter wahrgenommen und schneller adjustiert.

Wenn dir auffällt, daß du während der Frage und des Wartens auf die Antwort in Gedanken abwanderst, fehlt es dir an Konzentration. Was ist Konzentration? Das Wort besteht aus zwei Teilen, ›kon‹ steht für mit und ›zentration‹ für Zentrum. Sich zu konzentrieren bedeutet, ›mit Zentrum‹ zu sein.

Aufmerksam da zu sein, hier und jetzt zu existieren, ist der Zustand des In-sich-zentriert-Seins, des Zentrierens in Konzentration.

Das Wandern der Gedanken erzeugt Interferenzen im Aurafeld, die die Rotation des Pendels störend beeinflussen. Und wie entwickelt man die notwendige Konzentrationsfähigkeit? Suche dir fünf oder sechs Gegenstände in deiner Nähe aus, lege sie auf einen Tisch und beginne, sie zu beobachten. Beobachte, ohne zu assoziieren, ohne zu denken, ohne das Gedächtnis miteinzubringen. Praktiziere das Betrachten der Form, Farbe und Verarbeitung. Berühre und fühle die Form.

Die Übung muß täglich wiederholt werden. Dadurch wird der Konzentrationsmuskel ausgebildet. Irgendwann wird es dir gelingen, deinen Verstand zur Ruhe zu bringen. Du mußt schließlich in der Lage sein, während der gesamten Lesung ruhig und wach zu bleiben. Durch Konzentration wird die Genauigkeit zunehmend größer.

Der Mißbrauch des Pendels

Die Versuchung besteht, das Pendel bei jeder Lappalie zu konsultieren. Damit ist das Pendel nicht länger ein Werkzeug, mit dessen Hilfe die intuitive Wahrnehmung geschärft wird, sondern eine mental-emotional-spirituelle Krücke.

Wer das Pendel zum Orakel macht, gibt ein Stück von sich selbst, einen Teil seines eigenen Wesenskerns, auf und bestimmt einen äußeren Gegenstand oder Vorgang zum Machthaber.

Wenn du bei jeder Frage, die dir in den Sinn kommt, das Pendel aus der Tasche ziehst, machst du dich nicht nur lächerlich, sondern stellst dir auch ein Armutszeugnis aus. Wenn du wissen willst, wie du am besten zum Haus eines Freundes gelangst, fängst du nicht an zu pendeln, sondern du rufst deinen Freund an und fragst nach dem Weg.

Willst du wissen, wie spät es ist? Frage dein Pendel, es ist möglich, die Uhrzeit auszupendeln, aber weitaus einfacher, auf die Uhr zu schauen.

Vergiß nicht, daß du selbst das Pendel bist. Alles, was du mit dem Pendel herausfindest, kannst du auch selbst feststellen. Mit anderen Worten, du kannst die Antwort auch ohne dein Pendel empfangen. Fragt, und euch wird Antwort gegeben.

Nun gibt es Situationen, in denen die Antwort schnell und präzise empfangen werden muß – lebenswichtige Situationen. Da ich in New York lebe, mußte ich schon ein paarmal nachts allein durch dunkle Straßen gehen oder an einer menschenleeren U-Bahn-Plattform auf den nächsten Zug warten. Dabei zog sich mein Solar plexus ein paarmal mit einem angstvollen Vorgefühl zusammen. Um dem entgegenzuwirken, stimmte ich mich auf die Umgebung ein, um herauszufinden, wo ich entlanggehen oder wo ich mich hinstellen sollte. Im Geiste stellte ich die folgende Frage: »Ist es weise für mich, auf dieser Straßenseite zu gehen?« Wenn ein ›Nein‹ in meinen Kopf kam, wechselte ich die Straßenseite.

Wer eine klare Intuition entwickelt hat, mag selbst das Fragen im Geiste zu langatmig finden, besonders wenn es sich um Leben oder Tod handelt. Eine klare Wahrnehmung weiß im voraus, was zu tun und was zu lassen ist.

Das Pendel als Orakel zu benutzen, ist Mißbrauch. Das Instrument ist dazu da, die eigene innere Wahrnehmung und Intuition zur Entfaltung zu bringen. Diese Fähigkeiten schlummern in jedem Bewußtsein; sie müssen nur durch wiederholten Gebrauch zutage gefördert werden. Das Pendeln ist nur eine Methode, sie an die Oberfläche zu bringen.

Eine andere Art des Mißbrauchs ist das sogenannte ›psychische Spionieren‹, wie ich es nenne. Geübte Pendler entdecken sehr bald, daß sie sich auf sämtliche Vibrationen der Umwelt einstimmen können. Dadurch bekommen sie das Gefühl, die Antwort auf sämtliche Fragen auch wissen zu dürfen.

Alles, was ihre Neugier erregt, wird zur Versuchung. Ich meine aber, daß ein Pendler sehr genau wissen muß, wann er das Pendel benutzen kann und wann nicht. Das Vorhandensein von rein persönlicher Neugier ist ein Hinweis, daß man sich in die Gefilde der ›psychischen Spionage‹ begibt.

Um noch deutlicher zu werden, nehmen wir einmal an, du bist am Liebesleben eines Freundes interessiert. Du fühlst dich zu seiner Freundin hingezogen und willst wissen, ob die beiden sich gut vertragen. Merkst du, daß die Sache hier allzu persönlich wird?

Wenn dein Freund dich hingegen bittet, seine Beziehung auszupendeln, um sie besser handhaben oder verstehen zu können, ist die Sachlage eine andere. Dann sind deine persönlichen Interessen nicht ausschlaggebend.

Als ich noch in Reno, Nevada, lebte, wurde ich andauernd gefragt, ob ich die Zahlen oder Ergebnisse an den Spieltischen im Kasino auspendeln könne. Nach allem, was ich bis heute gesehen und erfahren habe, ist das Pendel nicht mit Glücksspielen vereinbar, und zwar aus vielen unterschiedlichen Gründen.

Erstens werden die Vibrationen in einem Kasino von Gier, Verzweiflung und allgemeiner Unausgewogenheit beherrscht. Dieser Faktor ist allein schon eine Garantie für falsche Messungen.

Zweitens betrachtet das Kasino-Management niemanden mit Wohlgefallen, der vor jedem Einsatz ein Pendel schwingen läßt.

Drittens gehst du sehr wahrscheinlich aus Beweggründen in ein Kasino, die mehr mit selbstsüchtiger Habgier als allem anderen zu tun haben – also mit einer Frequenz, die den klaren Empfang stört.

Viertens handelt es sich bei den meisten Fragen um Zukunftsfragen – also um ein Pferd, das noch nicht zum Rennen angetreten ist, oder um einen Münzautomaten, der seinen Geldsegen noch nicht ausgespuckt hat. Die Zukunft ist, wie gesagt, Knetmasse. Ein minimales Detail kann das spätere Ereignis völlig verändern.

Allein die Tatsache, daß du eine Frage über die Zukunft stellst, verändert das Ergebnis der Situation, nach der du fragst.

Okkulte Assoziationen

Im Lauf der Jahre bin ich immer wieder auf Leute gestoßen, die bei der Erwähnung des Pendels sogleich an okkulte Phänomene denken und damit negative Assoziationen verbinden. Gewöhnlich wird das Ouija-Brett mit dem Pendel assoziiert. Warum? Warum gleich an Geisterbeschwörung, Seancen mit Tischrücken und Schwarze Magie denken?

Neulich hielt ich einen Vortrag in einem New-Age-Buchladen mit dem Titel: ›Du bist das Pendel‹, worin ich viele in diesem Buch dargestellten Punkte erläuterte. Ich machte deutlich, daß das Pendel nur ein Instrument unter vielen ist, das von *manchen* Menschen zur Weiterentwicklung ihrer intuitiven Wahrnehmung benutzt werden kann. Ich erwähnte keine ›okkulten‹ Divinationsmethoden wie das Tarot, Astrologie, außersinnliche Wahrnehmungen usw. Soweit wie möglich bediente ich mich der wissenschaftlichen Terminologie, um die Arbeitsweise des Pendels zu erklären.

Dennoch kam eine Frau nach dem Vortrag zu mir und sagte: »Der Vortrag hat mir gefallen, aber das Pendel ist mir zu okkult und zu sehr mit dem Ouija-Brett verwandt.«

Ich antwortete: »Wie ich es verstehe, bestimmt die Seinsebene eines Menschen die Ebene, auf der das Pendel benutzt wird. Selbst die spirituellste Philosophie der Welt kann von einem Individuum zu selbstsüchtigen Zwecken mißbraucht werden.«

Es ist traurig, aber wahr, daß der Mißbrauch der sogenannten okkulten Disziplinen in zahllosen Zeitungsberichten und in Filmen breitgetrampelt wird. Die Scharlatane der Esoterik haben das Ansehen der ehrenhaft Ausübenden beschmutzt, die ihre Kunst weise und zum Wohle aller einsetzen.

Die Assoziationen, die der Klang des Wortes ›okkult‹ auslöst, verändern sich aber allmählich mit der Veränderung des Bewußtseins unserer Gesellschaft. Mein Wörterbuch definiert okkult wie folgt: auf übernatürliche Kräfte, Einflüsse oder Phänomene bezogen; jenseits des menschlichen Begriffsvermögens; verständlich nur den Eingeweihten; geheim, verborgen.

Wenn man das Wort zerlegt, hat man zunächst das ›ok‹, was acht bedeutet, wie in Oktave, und dann ›kult‹, die Wurzel des Wortes Kultur. So bedeutet das Wort in seinem Stamm ›das achtfältige Kultivieren‹. Es impliziert eine ausgewogene Entwicklung der Gesamtheit einer Person. Es deutet auf ein Gleichgewicht in der Entfaltung hin, nicht auf negatives Abgleiten in Phantastereien.

Jedenfalls muß sich ein Pendler über die negative Reaktion mancher Menschen auf seine ›okkulte‹ Tätigkeit im klaren sein. Wer sich persönlich davon angegriffen fühlt, kommt nicht weit. Nur durch Verständnis kann man die Kommunikationsdrähte offenhalten.

Fortgeschrittene Lesungen

Bis jetzt bin ich mehr oder minder bei der Ja/Nein-Lesung und der Skala von 0 bis 10 geblieben. Aber es gibt noch andere Arten von Lesungen.

Eine Frage nur ein einziges Mal zu stellen, ist der Akkuratheit abträglich. Bei einer schwierigen Frage im Bereich der Gesundheit, des Berufs oder bei Beziehungen liefert eine ›Weitwinkel-Lesung‹ oder eine ›Synthese-Session‹ mehr und klarere Informationen.

Ich definiere eine Weitwinkel-Lesung als die Wiederholung einer Frage zu verschiedenen Zeitpunkten. Daraufhin werden alle Lesungen auf die am häufigsten vorkommenden Zahlen auf der Skala von 0 bis 10 untersucht.

Nehmen wir einmal an, dir wird ein neuer Job mit weitaus besserer Bezahlung angeboten, du mußt dafür aber in eine andere Stadt ziehen. Natürlich sammelst du zunächst die entsprechenden Informationen und findest Einzelheiten über den möglichen Berufswechsel heraus.

Danach konsultierst du das Pendel. Du formulierst deine Frage – beispielsweise: »Wie weise ist es auf einer Skala von 0 bis 10 und in Anbetracht meiner Gesamtsituation, den Job als X bei der Firma Y in New York anzunehmen?« Vergiß nicht, die Antwort zu datieren; notiere darüber hinaus den Zeitpunkt, wenn du die Frage mehrmals am Tag auspendelst.

Im Lauf von zwei, drei Tagen hast du – sagen wir einmal – sieben oder acht Lesungen gemacht und meistens eine 8 oder 9 ausgependelt. Damit würde ich den Jobwechsel als ausgezeichnete Gelegenheit bezeichnen, ihn jedoch keineswegs als perfekt einstufen.

Ich kenne einen Pendler, dem eine Nebenbeschäftigung als Disc-Jockey bei einem Radiosender angeboten wurde. Seine erste emotionale Reaktion war, das Angebot abzuschlagen. Er fühlte sich in seinem Hauptberuf bereits überlastet. Trotzdem pendelte er die Frage aus. Er erhielt eine 9.

Im Lauf der nächsten Woche machte er Weitwinkel-Lesungen und stellte dieselbe Frage fünfzehn oder zwanzig Mal. Er erhielt durchweg Neunen und sah ein, daß er die Gelegenheit trotz seines Desinteresses ergreifen mußte, wenn er den Antworten des Pendels auch nur den geringsten Wert beimaß.

Während der nächsten zwölf Monate wurden ihm die vielen positiven Aspekte der Nebenbeschäftigung als Radiosprecher erst klar. Er überwand seine Angst, in der Öffentlichkeit zu sprechen. Er verdiente beträchtliche Summen als Werbetexter für Radiowerbung. Er stellte gute Kontakte mit Führungskräften der Industrie her und traf seinen zukünftigen Geschäftspartner. Die Liste der positiven Veränderungen in seinem Leben läßt sich fortsetzen.

Wenn ich an diesen Fall denke, wird mir fast schwindlig. Ich frage mich, wie oft wir, aus einem automatischen Widerstand heraus, genau das Ereignis, die Person oder die Sache von uns weisen, die unser Leben in dramatischer Weise zum Besseren wandeln könnte.

Eine Synthese-Session entsteht, wenn ich verschiedene Fragen über einen Menschen, eine Situation, einen Ort oder eine Sache (usw.) stelle. Ein Beispiel für eine Synthese-Session über eine Person ist das ›Rad des ganzheitlichen Lebens‹ im sechsten Kapitel.

Zum Beispiel: Du kannst dich nicht entscheiden, in welchen Bereichen du geschäftlich expandieren sollst. Immer wenn du an die Möglichkeiten denkst, fallen dir fünf oder sechs verschiedene ein. Was tust du? Du machst eine Synthese-Session.

Wenn du dich im Restaurantbusiness befindest, kannst du folgende Fragen aufschreiben. Auf einer Skala von 0 bis 10:

1. Ist es weise, ein zweites Restaurant zu eröffnen?
2. Wie weise ist es für mich, das existierende Restaurant durch Anbau zu vergrößern?
3. Ist es weise, das vorhandene Restaurant umzudekorieren?
4. Ist es weise, dem Restaurant eine Bar hinzuzufügen?
5. Wie weise ist es, neue Speisen zum Menü hinzuzufügen?
6. Um welche Uhrzeit ist es weise, das Geschäft zu öffnen?

Wie man sieht, können dem noch zahllose Fragen beigefügt werden. Allmählich wird durch Pendeln aber deutlich, in welche Richtung man expandieren soll. Es ist in mancher Hinsicht wie ein Puzzle-Spiel. Zuerst hat man keine Vorstellung von dem endgültigen Bild, aber bald, wenn immer mehr Puzzle-Stücke hinzukommen, wird das Bild klarer.

Zusammenfassung

1. Es gibt kein Pendel, das für jeden das richtige ist. Du merkst, wenn ein Pendel speziell auf dich reagiert.
2. Solange man die Tatsache nicht vergißt, daß man selber das Pendel ist, wird das Werkzeug nicht bedeutender gemacht als das Bewußtsein, das dahintersteht.

3. Genauso wie ein Schreiner, Elektriker, Gärtner oder Klempner sein Handwerkszeug pflegt, muß der Pendler sein Pendel in bestem Zustand halten. Das Pendel ist deine intuitive Antenne. Seine Pflege und Instandhaltung ist die Voraussetzung für einen klaren Empfang der Antworten.
4. Die Vibrationen der eigenen Person bleiben länger auf und im Umfeld des Pendels haften, wenn man es an einem besonderen und sicheren Platz verwahrt.
5. Die meisten Pendler sind eigen, wenn es darum geht, ihr Pendel von einer anderen Person anfassen zu lassen. Die Vibration des Pendels verändert sich, wenn es von einem anderen Menschen berührt wird. Je nachdem, ob die Person negative oder positive Vibrationen ausstrahlt, werden die Pendel-Lesungen beeinflußt.
6. Der häufigste Grund für inakkurate Lesungen ist die vage oder falsche Formulierung der Frage.
7. Der zweithäufigste Grund für ungenaue Lesungen ist die psychologische Verfassung des Pendlers; die Gedanken, Gefühle, Vorstellungen, Hoffnungen und Wünsche, die seine Psyche zum Vibrieren bringen.
8. Ein dritter Grund für inakkurate Lesungen ist Ungeduld. Nimm das Pendel jeden Tag neu in Angriff. Warte… und versuche es noch einmal.
9. Das Pendel wird ungenau, wenn es dem Pendler an Konzentration fehlt. Konzentration muß geübt werden, bis man seinen Verstand zur Ruhe bringen und während der gesamten Lesung aufmerksam und wach bleiben kann.
10. Die Versuchung besteht, das Pendel bei jeder Lappalie zu konsultieren. Damit ist das Pendel nicht länger ein Werkzeug, mit dessen Hilfe die intuitive Wahrnehmung geschärft wird, sondern eine mental-emotional-spirituelle Krücke.
11. Das Pendel als Orakel zu benutzen, ist Mißbrauch. Das Instrument ist dazu da, die eigene innere Wahrnehmung und Intuition zur Entfaltung zu bringen. Diese Fähigkei-

ten schlummern in jedem Bewußtsein; sie müssen nur durch wiederholten Gebrauch zutage gefördert werden. Das Pendeln ist nur eine Methode, sie an die Oberfläche zu bringen.

12. Ich meine, daß ein Pendler sehr genau wissen muß, wann er das Pendel benutzen kann und wann nicht. Das Vorhandensein von rein persönlicher Neugier ist ein Hinweis, daß man sich in die Gefilde der ›psychischen Spionage‹ begibt.
13. Man muß sich über die negative Reaktion mancher Menschen auf die ›okkulte‹ Tätigkeit des Pendlers im klaren sein. Wer sich persönlich davon angegriffen fühlt, kommt nicht weit. Nur Verständnis hält die Kommunikationsdrähte offen.
14. Eine Weitwinkel-Lesung ist die Wiederholung einer Frage zu verschiedenen Zeitpunkten. Daraufhin werden alle Lesungen auf die am häufigsten vorkommenden Zahlen auf der Skala von 0 bis 10 untersucht.
15. Eine Synthese-Session entsteht, wenn ich verschiedene Fragen über einen Menschen, eine Situation, einen Ort oder eine Sache (usw.) stelle.

12

Psychologisches Pendel

Charakteranalyse

Habt ihr jemals an einem Test teilgenommen, bei dem eure Talente, Stärken und – ja, auch die Schwächen geprüft wurden? Die meisten von uns werden irgendwann im Leben einem jener sogenannten Eignungstests ausgesetzt. In Psychologenkreisen herrscht allgemeine Übereinstimmung, daß es besser ist, zu wissen, wo man steht, als im dunkeln zu tappen.

Das Pendel erspart einem die Teilnahme an solchen teuren, zeitraubenden und unangenehmen Testverfahren. Energie ist etwas Wirkliches; sie kann registriert und gefühlt werden. Jede Charaktereigenschaft hat eine tatsächliche oder potentiell vorhandene Vibration.

Das Pendel erspart uns Wochen, Monate und sogar Jahre der Psychotherapie, wenn man einfach ein paar Fragen auspendelt. Unsere psychologischen Kapazitäten klammern sich nicht selten an intellektuelle Theorien, die im Endeffekt nur noch mehr Verwirrung stiften.

Das Einstimmen auf eine bestimmte Energie ist eine klare und einfache Sache: du registrierst, fühlst und erfährst, was ist. Du lernst die Talente und Schwächen deines Charakters direkt kennen. Die Charakteranalyse mit dem Pendel ist ein schnelles, akkurates, geldsparendes Verfahren.

Seht euch die Abbildung 10 an.

Tabelle der Charakteranalyse

Geduld	
Verständnis	
Weisheit	
Wissen	
Liebe	
Bewußtsein	
Konzentration	
Humor	
Kunstsinn	
Musikalität	
Schreibtalent	
Geschäftssinn	
körperliche Fitness	
Führungsqualitäten	
Kontaktfreudigkeit	
Kooperationstalent	
Integrität	
Selbstvertrauen	
Flexibilität	
Ausdauer	
Intuition	
Imagination	
Sensibilität	
Angst	
Entscheidungsvermögen	

Abb. 10

Man hält das Pendel über jede Eigenschaft auf der Tabelle und fragt: »Wie ausgewogen ist Johnnys (Eigenschaft einsetzen) auf einer Skala von 0 bis 10?« Bei 10 fängt man zu pendeln an und fragt: »Ist Johnnys (Eigenschaft einsetzen) eine 10?« Man geht die Zahlen bis 0 herunter, bis man ein Ja in jeder Sparte erhalten hat.

Bei solchen Charakteranalysen kommen häufig völlig neue und überraschende Fähigkeiten ans Licht. Es erstaunt mich immer wieder, wie wenig wir tatsächlich über uns selbst wissen.

Ich habe Achten, Neunen und Zehnen für Musikalität bei Menschen ausgependelt, die weder singen, noch ein Instrument spielen, noch Musik hören. Mir fällt dazu eine Frau ein, die eine 10 für ihr Gesangstalent erhielt, und dabei hatte sie sich seit 25 Jahren nicht mehr mit ihrer Stimme beschäftigt! Sie hatte regelmäßig Halsschmerzen, Depressionen und andere emotionale Probleme. Nach ihrer Lesung bei mir entschloß sie sich aber, einem Chor beizutreten. Die positive Veränderung in ihrer Gesamteinstellung nach der Wiederentdeckung ihrer Liebe zum Gesang war äußerst eindrucksvoll.

Wer die Eigenschaften auf der obigen Tabelle auspendelt, schreibt die erhaltenen Zahlen und das Datum der Lesung in das Kästchen neben der Eigenschaft. Es lohnt sich, die ganze Tabelle zu einem späteren Zeitpunkt noch einmal auszupendeln, besonders wenn man inzwischen an den Schwachstellen seines Charakters gearbeitet hat und feststellen will, ob Fortschritte gemacht worden sind.

Wer sich noch an das 5. Kapitel: ›Wortbedeutungs-Pendel‹ erinnert, muß zunächst jedoch sicherstellen, daß er oder sie auch genau weiß, was er/sie unter den aufgeführten Eigenschaften versteht.

Liebe, Verständnis und Weisheit sind Abstraktionen hohen Ranges. Um präzise zu sein: das ist ein gehöriger Mundvoll! Wir wissen häufig nicht, was wir wirklich meinen, wenn wir diese Worte in den Mund nehmen.

Liebe zum Beispiel existiert auf vielen Ebenen. Was meinst du damit, wenn du auf der Skala von 0 bis 10 fragst, wieviel Liebe Soundso ausstrahlt? Wenn ich die Frage stelle, meine ich so etwas wie: die unpersönliche Energie des Von-sich-Gebens, das nichts zurückverlangt und nur aus Freude am Geben von sich gibt. Basierend auf deinem täglichen Verhalten, worauf bezieht sich das Wort ›Liebe‹ in deinem Fall?

Charakteranalysen mit dem Pendel führen zu neuen Einsichten in den eigenen Charakter und den von anderen Menschen.

Psychologen und Psychotherapeuten dürften das Pendel als außerordentlich produktive und wirksame Bereicherung ihrer Praxis betrachten. Ein Seelenarzt mit Pendelfähigkeiten kann vieles über seine Patienten wissen, noch bevor er ihnen zum erstenmal begegnet.

Direkte Wahrnehmungen und Erfahrungen sind nun einmal effektvoller und akkurater als intellektuelle Analyscn von sogenannten Komplexen.

Unterbewußte Blockierungen

Die unterbewußte Schicht dcs Bewußtseins ist nicht untergeordnet im hierarchische Sinne, also nicht niedriger oder geringer als die übrigen Schichten. Es handelt sich dabei um eine anders strukturierte Bewußtseinsschicht, das ist alles. Dies klargestellt, kann ich fortfahren, das Wort Unterbewußtsein zu benutzen.

Das Wesen des Unterbewußtseins besteht darin, Informationen zu speichern und zu reflektieren. Alles, was man erlebt, wird im Unterbewußtsein gespeichert und von ihm in ähnlichen Situationen reflektiert. Wenn man etwas Schönes erlebt, reagiert das Unterbewußtsein mit einer Flut von positiven Rückspiegelungen, die ein konstruktives Gefühl vermitteln.

Leider erleben wir aber nicht nur Schönes. Um das Leben interessant zu machen, speichert das Unterbewußtsein auch alle negativen Erfahrungen und reflektiert diese im gegebenen Moment. Im Fall, daß eine negative Erfahrung sich mehrfach wiederholt oder einen ausgenommen starken Eindruck in der Psyche hinterläßt, wird eine unterbewußte Blockierung dagegen geschaffen.

Eine unterbewußte Blockierung ist eine Kristallisation von Lebensenergien, die den natürlichen Fluß der Energie im entsprechenden Lebensbereich verhindert. Seht euch den *Kreis der unterbewußten Blockierungen*, Abbildung 11, unten, an.

Kreis der unterbewußten Blockierungen

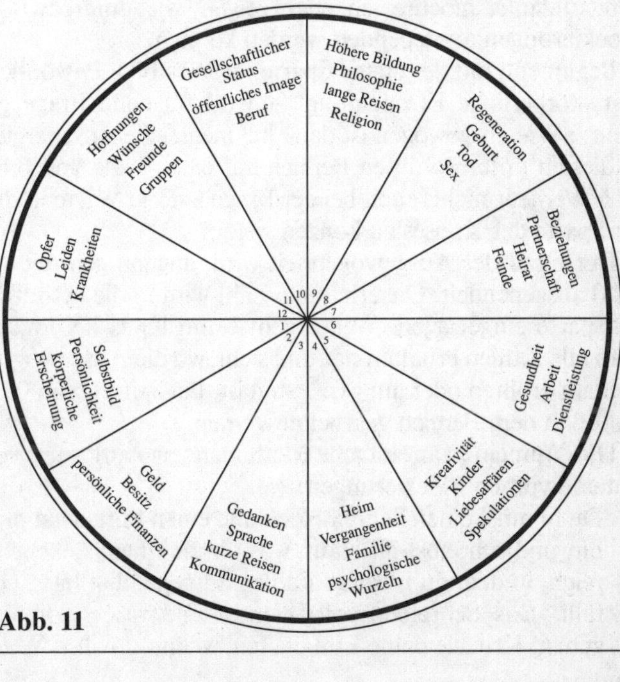

Abb. 11

Nehmen wir die erste Sparte im Kreis als Beispiel: Das Selbstbild. Kennt ihr jemanden mit einem negativen Selbstbild? Es äußert sich normalerweise darin, daß ein Mensch sich unfähig fühlt, bestimmte Aufgaben zu bewältigen. Gewöhnlich spricht er auch auf negative Weise von sich selbst: »Ich bin nicht gut genug. Ich kann das nicht«, usw.

Wenn das Unterbewußtsein ein negatives Selbstbild speichert und reflektiert, sieht der Mensch sich außerstande, auch die einfachsten Dinge zu seiner Zufriedenheit zu erledigen. Die im Unterbewußtsein gefangene, verhärtete Lebensenergie muß also irgendwie befreit und wieder zum Fließen gebracht werden.

Es gibt zahlreiche Methoden, blockierte Energie freizusetzen, alle mehr oder minder wirkungsvoll, es hängt von der einzelnen Person ab. Doch bevor ich ein paar dieser Methoden aufzähle, möchte ich euch zeigen, wie unterbewußte Blockierungen ausgependelt werden können.

Beginnend mit der ersten Sparte – Selbstbild, Persönlichkeit, körperliche Erscheinung – wird folgende Frage gestellt: »Wie ausgewogen ist der Fluß meiner Lebensenergien in diesem unterbewußten Bereich auf einer Skala von 0 bis 10?« Vergeßt nicht, euch bei der Frage auf die Worte in dieser Sparte des Kreises zu konzentrieren.

Der Grad der Ausgewogenheit wird, angefangen mit 10, bis 0 ausgependelt. Die erhaltene Zahl wird in die betreffende Sparte eingetragen. Weiter geht es im Kreis herum, bis man alle Zahlen erhalten hat und sieht, wo die Ausgewogenheit am größten oder am geringsten ist. Bei Ziffern von 0 bis 6 muß in dem Bereich gearbeitet werden.

Hier nun ein paar einfache Methoden zur Auflösung von unterbewußten Blockierungen:

1. Du nimmst einen Schreibblock und einen Stift, setzt dich hin und schreibst alles auf, was dir zu einem Lebensbereich, in dem du niedrige Zahlen ausgependelt hast, einfällt. Das Schreiben soll intensiv und rasch vor sich gehen. Kritzele deine Einfälle hin, wenn du willst. Wenn

du fertig bist, liest du das Geschriebene *nicht*. Du zerreißt das Stück Papier und wirfst es in den Mülleimer.

2. Zieh dich an einen stillen Platz zurück. Setze dich hin und laß deine persönliche Geschichte in dem fraglichen Bereich ohne Anteilnahme vor deinen geistigen Augen vorüberziehen. Betrachte die Bilder kühl und ohne zu reagieren.
3. Werde dir akut darüber bewußt, was du in einem unausgewogenen Bereich denkst, fühlst und welche Einstellungen in dir hochkommen. Nimm einfach nur bewußt wahr. Analyse und ausgiebiges Nachdenken sind tabu. Sei nur bewußt und registriere, ohne zu reagieren.

Das Kraftfeld der Familie

Neulich habe ich einen Dokumentarfilm über eine venezuelanische Familie im Fernsehen gesehen. Die ganze, etwa dreitausend Köpfe zählende Familie, hatte die genetische Veranlagung zur Huntingtonschen Krankheit, eine Gehirnkrankheit, bei der man die Kontrolle über die Muskelfunktionen verliert. Jedes Mitglied der Familie war Träger eines genetischen Musters, das bei Aktivierung die Huntingtonsche Krankheit auslöste.

Aber es gibt nicht nur genetische Familienmuster, sondern auch psychologische, und, genauso, wie jene Familie in Venezuela, die die Huntingtonsche Krankheit auf alle nachfolgenden Generationen übertrug, werden psychologische Familienmuster von einer Generation auf die andere übertragen. Solche psychologischen Energiemuster bezeichne ich als ›das Kraftfeld der Familie‹.

Einer meiner High-School-Freunde, den ich Sam nennen werde, war sehr stark an das Kraftfeld seiner Familie gebunden. Der übermächtige Einfluß dieses Kraftfeldes hinderte ihn jahrelang daran, seine individuellen Ziele, Wünsche und Eingebungen zu verwirklichen.

Mit 21 war er verliebt, wollte aber noch nicht heiraten. Seine Familie mischte sich ein und verbot ihm, mit dem Mädchen zusammenzuleben. Er mußte sie heiraten.

Gegen seinen Willen verdingte Sam sich dann im Familienbetrieb und arbeitete nach herkömmlichem Familienmuster als Installateur, anstatt eigenen Interessen im Bereich der Elektronik nachzugehen.

Ich könnte zahllose Beispiele anführen, in denen die Verhaltensmuster der Familie Sams individuelle Wünsche untergruben. Worum es mir geht, ist die Tatsache, daß das Pendel solche Familienmuster aufdecken kann. Die Bewußtmachung dieser Muster ist der erste Schritt zu ihrer Überwindung.

Stellt die folgende Frage: »Wieviel Prozent von Xs (Name) psychologischen Energien sind mit Familienmustern identifiziert? 90 bis 100 Prozent? 80 bis 90 Prozent? 70 bis 80 Prozent?« usw., bis das Pendel mit Ja rotiert.

Nachdem der Grad der Identifikation festgestellt wurde, wird gefragt, welcher Elternteil den stärksten Einfluß ausübt. Das ist eine einfache Ja- oder Nein-Frage. »Übt die Mutter den größeren Einfluß auf Soundso aus?« Wenn nicht, dann ist es der Vater.

Wenn jemand wirklich bereit ist, sein eigenes Zentrum zu finden, sein eigenes, individuelles Schicksal zu bestimmen, muß er den einflußstärkeren Elternteil beobachten und sowohl die positiven wie die negativen Charakterzüge oder Verhaltensweisen wahrnehmen, mit denen er sich identifiziert hat.

Als nächstes muß entschieden werden, welche Eigenheiten die individuelle Entfaltung fördern und welche ihr hinderlich sind. Die schädlichen Eigenheiten muß man fallenlassen. Dies geschieht durch das Fallenlassen der Identifikation mit ihnen.

Der kritische Moment der Identifikation muß wahrgenommen und noch in dem Augenblick ein innerer Abstand hergestellt werden.

Der bewußte Akt des Abstandnehmens verhindert, daß vitale Lebensenergie in das unerwünschte Familienmuster fließt. Ohne Energiezufuhr kann das Muster nicht aufrechterhalten werden. Es ist nicht länger imstande, das Kraftfeld des Individuums zu beeinflussen.

Frequenzen der Rassenpsyche

In manchen Fällen ist ein Familienmuster zugleich auch ein rassenpsychisches Muster. Oder ein Persönlichkeitsmuster wird unmittelbar von den *F*requenzen *D*er *R*assen*P*syche (F.D.R.P.) verursacht.

Die Kulturen und Nationalitäten unterscheiden sich durch psychologische Merkmale. Als ich vor einigen Jahren eine Reise durch Europa machte, hielt kein Mensch mich für einen Engländer. Die meisten erkannten mich sofort als Amerikaner. Selten, wenn überhaupt, verwechselte ich einen Engländer mit einem Amerikaner.

Die einzelnen Kulturen und Nationalitäten haben F.D.R.P.s aufgebaut, die von den meisten der zu einer Rasse gehörenden Menschen bis zu einem gewissen Grade in die Persönlichkeit integriert werden. Aber was geschieht, wenn die psychologische Natur eines Menschen nicht mit seiner Rassenpsyche übereinstimmt? Es führt zu den gleichen Konflikten und Frustrationen, wie sie auch zwischen dem Individuum und dem Kraftfeld seiner Familie entstehen.

1980 bat ein hochgestellter sowjetischer Regierungsbeamter in den U.S.A. um politisches Asyl. Er wurde nach seinen Motiven gefragt und antwortete: »In der Sowjetunion kann man nicht offen sagen, was man denkt, auch der eigenen Familie nicht. Das ganze Leben ist eine Lüge, und du mußt ständig aufpassen, daß du sagst, was die Obrigkeit hören will. In Amerika kannst du deinen Freunden, der Familie und wildfremden Leuten – selbst der Presse – sagen, was du denkst. Ich konnte die Unterdrückung nicht länger ertragen.«

Der Regierungsbeamte verließ seine Frau, seine Kinder und seine Freunde und ließ sich vom CIA als Spion benutzen, um seine Loyalität zu beweisen. Er gab alles auf, um sich dem destruktiven Zugriff einer Rassenpsyche zu entziehen und seinen individuellen Überzeugungen folgen zu können.

Mit dem Pendel läßt sich die Intensität der Identifikation eines Menschen mit irgendeiner Rassenpsyche leicht feststellen. Die Frage lautet: »Wie stark ist Soundso auf einer Skala von 0 bis 10 mit der Xschen Rassenpsyche identifiziert?« Bei 90 bis 100 Prozent fängt man an und geht weiter von 80 bis 90 Prozent usw. Sobald man ein Ja erhalten hat, kann man den exakten Einzelgrad auspendeln.

Natürlich wird sich kein Mensch, der mit seiner gegenwärtigen Lebenslage einigermaßen zufrieden ist, um die Entdeckung der Ursachen von Schmerzen, Konflikten und Enttäuschungen bemühen. Aber wenn das Leben von ständigen Konflikten unerträglich gemacht wird, ist es Zeit, die Ursachen der Schwierigkeiten kennenzulernen.

Ein im Pendeln geübter Psychologe umgeht den verbalen, theoretischen und intellektuellen Bereich und stimmt sich unmittelbar auf die Frequenzen, Energien und Kräfte ein, die das natürliche Wachstum eines Individuums verhindern.

Trainiert euch in der Wahrnehmung von Frequenzen der Rassenpsyche. Fallen euch die offensichtlichen F.D.R.P.s in der amerikanischen, deutschen usw. Psyche auf? Worauf konzentriert die Masse der Amerikaner, Deutschen, ihr Augenmerk am meisten? Auf welche Bereiche konzentrieren sich andere Völker und Kulturen? Der Gegenstand des größten Interesses einer Rassenpsyche wird zum Muster für das Gruppenverhalten.

Wenn bestimmte rassenpsychische Verhaltensmuster dem Wesen eines Menschen zu sehr zuwiderlaufen, wie bei dem sowjetischen Regierungsbeamten, muß der Mensch entweder leiden oder sich von den destruktiven F.D.R.P.s befreien.

Rapports mit anderen Menschen

Im Herbst 1977 lief ich mit einer Bekannten von mir in der Gegend von Wall Street die Straße entlang. Sie war auf dem Weg zur Arbeit in einer der großen Anwaltskanzleien in der Nähe. Ich wollte sie dorthin begleiten und danach bei einem New-Age-Buchladen in Manhatten vorbeischauen.

Aber dann klagte sie plötzlich über stechende Schmerzen in der Brust, und da wir die Straße entlanggingen, konnte ich die Ursache nicht sofort auspendeln. Also stimmte ich mich ohne Pendel auf sie ein, in dem Wissen, daß ich selbst ein lebendes Pendel bin.

Sogleich sah ich die Mutter meiner Bekannten im Geiste vor mir. Die Schmerzen kamen und gingen in Wellen, und meine Freundin meinte, daß die Attacken physische Ursachen haben müßten. Ich kannte sie erst seit ein paar Monaten, deshalb zögerte ich, ihr zu sagen, daß sie sich im Zustand eines Rapports – in diesem Fall eine negative Sympathievibration – mit ihrer Mutter befand.

Während wir uns ihrem Arbeitsplatz näherten, fing sie an, in Panik zu geraten, also mußte ich etwas sagen. »Du empfängst die Vibrationen deiner Mutter und schwingst im sympathischen Rapport mit ihr«, sagte ich entschieden.

Sie sah mich an, als sei ich verrückt geworden. »Du meinst, diese Schmerzen gehen von meiner Mutter aus? Jetzt schlägt's dreizehn!«

»Du mußt mir nicht glauben«, sagte ich. »Ruf sie an und frage sie, wie es ihr geht.«

»Das ist doch lächerlich«, war ihre Antwort.

Sie versprach mir aber, ihre Mutter anzurufen, sobald sie sich an ihren Schreibtisch gesetzt hatte.

Am späten Nachmittag holte ich sie wieder von der Arbeit ab. Sie hatte einen tief betroffenen Ausdruck im Gesicht. »Weißt du was, ich habe meine Mutter angerufen, und sie war furchtbar aufgeregt und wütend über eine Angelegenheit. Nachdem ich den Hörer aufgelegt hatte, ließen die Schmerzen nach und verschwanden dann ganz.«

Ein pendelnder Psychologe kann einen Rapport sehr rasch zum Ursprung zurückverfolgen. Die Bewußtmachung des Ursprungs bewirkt gewöhnlich, daß die Verbindung zwischen Sender und Empfänger gekappt wird.

Die Symptome eines typisch negativen Rapports äußern sich folgendermaßen: leichte stechende Schmerzen in der Brust, plötzliche Kopfschmerzen, Hitzeaufwallungen im Nacken, Energieverlust usw.

Bewußtmachung ist der Schlüssel im Umgang mit Rapports. Im Augenblick, da man eine dieser negativen Vibrationen aufnimmt, kann man sofort folgendes tun:

1. Registrieren, nicht reagieren.
2. Neutralität bewahren.
3. Aufhören, sich zu identifizieren.
4. Langsam und rhythmisch durch die Nase atmen.
5. Die Aufmerksamkeit auf etwas anderes richten.

Es geht darum, den Fluß der negativen Energie zu durchbrechen, bevor der Stromkreislauf sich geschlossen hat und die Verbindung zu stark geworden ist.

Testet selbst, was ich über Rapports gesagt habe. Pendelt den Ursprung einer Rapport-Connection aus. Wer einige Monate mit diesem Prozeß gearbeitet hat, kann einen Rapport in Sekundenschnelle spüren und wissen, woher er kommt.

Bewußtseinsgrad in Prozenten

Bevor ich den Prozentsatz des Bewußtseinsgrads bei einem Menschen messe, muß ich Bewußtsein definieren. Was meine ich mit Bewußtsein? Zunächst werde ich erklären, was ich nicht darunter verstehe.

Mit Bewußtsein meine ich nicht das alltägliche Wachbewußtsein, das Menschen, Dinge und Plätze wahrnimmt. Mit Bewußtsein meine ich aber auch nichts Mystisches, Metaphysisches oder Übersinnliches.

Unter Bewußtsein verstehe ich einen akut wachen Zustand der Aufmerksamkeit, in dem auch sehr subtile Energieschwankungen, Gedanken, Gefühle usw. registriert werden. Der Bewußtseinsgrad eines Menschen steht in direkter Beziehung zu der Seinsebene, auf der er existiert. Je niedriger der Bewußtseinsgrad, desto niedriger der Entwicklungsgrad des Seins. Je höher die Bewußtseinsebene, desto höher die Entwicklungsstufe.

Bewußtseinsgrade mit dem Pendel zu messen, kann anfänglich mit Überraschungen verbunden sein. Wenigstens war es bei mir so, denn ich stellte sehr schnell fest, daß die meisten Menschen nicht bewußt sind. Daraufhin maß ich gezwungenermaßen nicht nur den Grad der Bewußtheit, sondern auch den Grad der Unbewußtheit von Leuten.

Die Unterschiede zwischen bewußten und unbewußten Menschen traten deutlich zutage. Bewußte Menschen leben mehr in der Gegenwart; sie sehen, was geschieht, gehen kompetent mit Schwierigkeiten um und haben positive Persönlichkeiten. Unbewußte Menschen leben mehr in der Vergangenheit, sehen nicht, was geschieht, haben Schwierigkeiten bei der Problemlösung und negative Persönlichkeiten.

Skala des Bewußtseins

+100%	Ein lebender Meister, ein kooperativer spiritueller Lichtarbeiter.
+ 75%	Ein Eingeweihter, der die kosmischen Gesetze studiert/praktiziert.
+ 50%	Wissen/Sehen, aber noch in der Persönlichkeit verstrickt.
+ 25%	Das erwachende Bewußtsein – Licht, Schönheit, Freude, usw.

Skala der Unbewußtheit

0%	Anstrengung/Konflikt/Leiden
– 25%	Die Zweifler, die Skeptiker, die Ungläubigen
– 50%	Die unbewußte Masse, die den Traditionen, Glaubenssystemen und Dogmen der Vergangenheit ohne eigenes Denken folgt.
– 75%	Die Handlanger und Machtanbeter, die jeden Befehl der Obrigkeit ausführen.
– 100%	Fanatische Blinde, die andere Blinde führen.

Seht euch die Skala der Bewußtheit/Unbewußtheit oben an. Damit habt ihr eine Art Landkarte, mit der ihr arbeiten könnt.

Mit dem 0-%-Punkt auf der Skala wird angefangen. Fragt: »Ist Soundso bewußt?« Wenn die Antwort Ja ist, geht man jeweils zehn Grad weiter nach oben, bis der prozentuale Bewußtseinsgrad erreicht wurde. An diesem Punkt wird jedes Prozent einzeln ausgependelt, um den exakten Prozentsatz der Bewußtheit zu ermitteln.

Dieses Wissen um den Prozentsatz an Bewußtheit oder Unbewußtheit bei einer Person erleichtert den Umgang mit ihr im täglichen Leben. Eins ist mir im Laufe der Jahre ganz klar geworden: Bewußtheit und Unbewußtheit gesellt sich gar nicht gern. Das ist wie Öl und Wasser. Bewußte Menschen fühlen sich in der Nähe Unbewußter sehr leicht ausgelaugt. Es ist, als wollte ein Vogel unter Wasser fliegen: es funktioniert einfach nicht.

Zusammenfassung

1. Das Pendel erspart die Teilnahme an teuren, zeitraubenden und unangenehmen Testverfahren. Jede Charaktereigenschaft hat eine tatsächliche oder potentiell vorhandene Vibration, die ausgependelt werden kann.

2. Das Pendel erspart uns Wochen, Monate und sogar Jahre der Psychotherapie, wenn man einfach ein paar Fragen auspendelt.
3. Charakteranalysen mit dem Pendel führen zu neuen Einsichten in den eigenen Charakter und den von anderen Menschen.
4. Das Wesen des Unterbewußtseins besteht darin, Informationen zu speichern und zu reflektieren.
5. Wenn eine negative Erfahrung sich mehrfach wiederholt oder einen ausgenommen starken Eindruck in der Psyche hinterläßt, wird eine unterbewußte Blockierung dagegen geschaffen.
6. Eine unterbewußte Blockierung ist eine Kristallisation von Lebensenergien, die den natürlichen Fluß der Energie im entsprechenden Lebensbereich verhindert.
7. Wendet die einfachen Methoden zur Auflösung von unterbewußten Blockierungen an.
8. Psychologische Familienmuster bestehen aus vielen verschiedenen Energiemustern, die zusammen das Kraftfeld der Familie bilden.
9. Das Pendel kann benutzt werden, um Familienmuster aufzudecken. Die Bewußtmachung dieser Muster ist der erste Schritt zu ihrer Überwindung.
10. Der bewußte Akt des Abstandnehmens verhindert, daß vitale Lebensenergie in das unerwünschte Familienmuster fließt. Ohne Energiezufuhr kann das Muster nicht aufrechterhalten werden. Es ist nicht länger imstande, das Kraftfeld des Individuums zu beeinflussen.
11. Die einzelnen Kulturen und Nationalitäten haben Frequenzen der Rassenpsyche aufgebaut, die von den meisten der zu einer Rasse gehörenden Menschen bis zu einem gewissen Grad in die Persönlichkeit integriert werden.
12. Wenn die psychologische Natur eines Menschen nicht mit seiner Rassenpsyche übereinstimmt, führt diese Unverträglichkeit zu Konflikten und Frustrationen.

13. Mit dem Pendel läßt sich die Intensität der Identifikation eines Menschen mit irgendeiner Rassenpsyche leicht feststellen.
14. Ein Rapport ist eine negative Sympathievibration.
15. Ein pendelnder Psychologe kann einen Rapport sehr rasch zum Ursprung zurückverfolgen. Die Bewußtmachung des Ursprungs bewirkt gewöhnlich, daß die Verbindung zwischen Sender und Empfänger gekappt wird.
16. Der Fluß der negativen Energie muß durchbrochen werden, bevor der Stromkreislauf sich geschlossen hat und die Verbindung zu stark geworden ist.
17. Unter Bewußtsein verstehe ich einen akut wachen Zustand der Aufmerksamkeit, in dem auch sehr subtile Energieschwankungen, Gedanken und Gefühle registriert werden.
18. Bewußte Menschen leben mehr in der Gegenwart; sie sehen, was geschieht, gehen kompetent mit Schwierigkeiten um und haben positive Persönlichkeiten.
19. Unbewußte Menschen leben mehr in der Vergangenheit, sehen nicht, was geschieht, haben Schwierigkeiten bei der Problemlösung und negative Persönlichkeiten.
20. Das Wissen um den Prozentsatz an Bewußtheit oder Unbewußtheit bei einer Person erleichtert den Umgang mit ihr im täglichen Leben.

13

Lehrendes Pendel

Der Lernprozeß

Sowohl Lehrer als auch Schüler sollten wissen, was der Lernprozeß im einzelnen ist. Die mechanische Gedächtnisspeicherung von Fakten und Daten hat herzlich wenig damit zu tun. Lernen ist vielmehr eine natürliche Entfaltung, ein Aufblühen der Zuneigung und des Interesses, welches zu Gedanken, Handlungen und schließlich zur vollendeten Leistung führt.

Das letzte Stadium eines Lernprozesses ist Ausführung, Vollendung, und das Gefühl des Vollbringens entpuppt sich wiederum als Keim eines neuen Lernprozesses.

Ein Lehrer, der sich auf die Schulter klopft, wenn seine Schüler sinnlose Fakten akkurat herunterspulen können, hat sich um die Freude, die Großartigkeit des wahren Lehrvorgangs betrogen. Wahres Lehren ist eine Art magisches Ballett, dessen Schritte noch nie zuvor gemacht worden sind. Wahres Lehren findet im Reich des Unvorhersagbaren, der Welt der spontanen Einfühlung statt und reagiert immer unmittelbar auf die hier und jetzt vorhandene Gedanken- und Gefühlswelt der Schüler mit all ihren Stimmungsschwankungen.

Wahres Lehren und Lernen macht Spaß, es ist anregend, begeisternd und energiegeladen. Und in dieser Atmosphäre fallen harte Arbeit, Disziplin und Konzentration leicht.

Warum finden die meisten Lehr- und Lernprozesse in einer langweiligen, beklemmenden Atmosphäre der Verdummung statt? Der Hauptgrund dafür ist: *Die meisten Lehrer sind nicht auf die Vibrationen des wahren Lernprozesses eingestimmt.*

Der Lernprozeß findet für immer und ewig auf der nonverbalen Energieebene statt. Er geschieht hier und jetzt, nicht vor tausend Jahren und nicht tausend Jahre in der Zukunft.

Wer mit der intellektuellen Gehirnhälfte lehrt, ist wie ein Roboter, welcher weiterhin auf die Befehle der eigenen früheren Programmierer reagiert. Alles Gelehrte klingt durchaus korrekt, vielleicht sogar brillant, aber wo ist die Gefühlsenergie in diesem Moment? Nur in der Atmosphäre hellwacher Sensibilität werden Fakten und Daten lebendig.

Als ich die höhere Schule besuchte, hatte ich zwei Mathematiklehrer, welche diese beiden Lehrmethoden beispielhaft veranschaulichten: 1. Der intellektuelle Roboter und 2. Der wache, sensible Mensch.

Der erste lehrte anhand von Beispielen, Aufgaben und Prüfungen. Es war schwer, die langweiligen Gleichungen in dieser Atmosphäre niedriger Präzision zu begreifen. Es gelang dem Lehrer nicht, sie anschaulich und interessant zu machen.

Der zweite Mathematiklehrer brachte eine vitale Schwungkraft in seinen Unterricht. Man hatte das Gefühl, daß gleich etwas Vergnügliches passieren würde, und tatsächlich brachte er uns oft zum Lachen. Wir *wollten* bei ihm lernen, weil er die Mathematik nicht so bitterernst nahm.

Der Lernprozeß kann in vier Stadien unterteilt werden, die alle miteinander verbunden sind und auseinander hervorgehen.

1. Interesse
2. Denken
3. Handeln
4. Vollenden

Nehmen wir das Erlernen der Kochkunst als Beispiel: zuerst muß ein echtes, von Herzen gefühltes Interesse an der Kochkunst vorhanden sein. Wenn dies nicht der Fall ist, tritt der alte Spruch in Kraft, der besagt, daß man einen Ochsen wohl zum Brunnen führen kann, aber trinken muß er selbst.

Wenn du den Leuten das Kochen – oder irgend etwas anderes – beibringen willst, darfst du keinen Druck ausüben. Wenn zur Zeit kein Interesse vorhanden ist, laß es sein, vergiß es. Es ist durchaus möglich, daß der momentan Lernunwillige zu einem späteren Zeitpunkt vor Wißbegier platzt. Wer nötigt, wo kein Interesse vorhanden ist, tötet unter Umständen auch die Keime zukünftigen Interesses.

Falls aber Interesse da ist, muß das Denken angeregt werden. Jetzt braucht der Interessierte verbale Instruktionen und Lehrbücher. So bekommt das Gehirn seine Vorlagen für mögliche Handlungsweisen.

Danach muß der Novize der Kochkunst selbst aktiv werden. Er oder sie muß Gedanken in Handlungen umwandeln. Tätigkeit ist mit nonverbalem Erspüren, Muskelbewegungen, Nervenreizungen, mental-emotionalen Energieströmen usw. verbunden.

Und dann, wenn der Kuchen aus dem Ofen geholt, gekostet und für gut befunden wird, kommt die Vollendung. Das Gefühl, etwas erreicht und vollendet zu haben, stimuliert weiteres Interesse, ein noch vielseitigerer Koch usw. zu werden.

Vereinbarkeit von Lehrern und Schülern

Habt ihr als Eltern euch je gefragt, inwieweit eure Kinder mit ihren Schullehrern vereinbar sind? Natürlich sagen die Kinder, ob sie einen Lehrer mögen oder nicht, aber das ist kein akkurates Maß für ihre Vereinbarkeit.

Erinnert ihr euch an das 7. Kapitel mit meiner Methode, die Vereinbarkeit bei Partnerschaftsbeziehungen zu messen?

(Siehe Seite 99, Abbildung 6) Dieselbe Technik wird benutzt, um festzustellen, wie gut ein Schüler zu einem Lehrer paßt.

Wieder wird auf der Skala von 0 bis 10 gefragt: »Wie gut passen (Name des Lehrers) und (Name des Schülers) auf der physischen Ebene zusammen, auf der emotionalen Ebene?«, usw. Nachdem man die Vereinbarkeit auf allen Ebenen ausgependelt hat, werden die Zahlen addiert und mit 2 multipliziert. Damit hat man den Prozentsatz der Vereinbarkeit zum jeweiligen Zeitpunkt ermittelt.

Hier noch einmal die Klassifizierungen, die im 7. Kapitel für Beziehungen verwendet wurden:

Überragend:	= 90 – 100%
Exzellent:	= 75 – 89%
Gut:	= 50 – 74%
Schlecht:	= Unter 50%

Wenn eines deiner Kinder eine schlechte Beziehung zu einem Lehrer hat, mußt du feststellen, was du ändern kannst. Wenn es sich um einen Klassenlehrer handelt oder um Lehrkräfte, die das Kind über Jahre hinweg behält, kann sich eine ungenügende Vereinbarkeit katastrophal auswirken.

Hierzu muß aber gesagt werden, daß eine ›schlechte‹ Vereinbarkeit zwischen Lehrer und Schüler nicht unbedingt auf einen schlechten Lehrer hinweist. Der Lehrer mag hervorragend sein, aber eine Energie haben, die einem bestimmten Kind das Lernen erschwert.

Universitätsstudenten und Erwachsene in Fortbildungskursen profitieren am meisten vom Vereinbarkeitstest mit dem Pendel, da sie gewöhnlich eine größere Entscheidungsfreiheit haben.

Was geschieht auf der Energieebene, wenn Lehrer und Schüler zusammenkommen? Der Lehrer hat ein aurisches Energiefeld, das Energie auf verschiedenen Ebenen ausstrahlt. Der Schüler hat eine Aura, die Energie auf verschiedenen Ebenen ausstrahlt. Wenn die beiden aurischen Felder wiederholt über längere Zeit zusammenkommen, wird eine Beziehungsaura geformt.

Dieses dritte Kraftfeld wird zum Energiefeld des Lernprozesses. Je bewußter der Lehrende und der Lernende diese Austausch-Energie wahrnehmen, desto müheloser und direkter wird Wissen vermittelt. Erleuchtete Lehrer, Meister und Gurus gehen meisterhaft mit der Lehrenergie um.

Haridas Chaushin, Gründer und Präsident des ›California Institute of Asian Studies‹ in San Francisco sprach in einem Interview über das Thema:

»... Während dieser Zeit fand eine eigentümliche Art der Übermittlung von Energien statt. Ein spirituell erleuchteter Mensch hat spirituelle Kraft und Energie in sich gesammelt, und so strahlt er etwas aus und überträgt diese Energie auf jemanden, der ihm in empfänglichem Zustand entgegentritt. Es ist eine Kraft, eine Energie, die dich inspiriert und dir etwas eingibt. In der indischen Tradition ist derjenige ein Guru, der seine Energie auf diese Weise übertragen kann und überträgt.«

Die Struktur des Schülers

Was meine ich mit der Struktur des Schülers? Im jetzigen Zusammenhang spreche ich von der psychologischen Struktur einer Person. Mit anderen Worten, die Art und Weise, wie eine Person mit anderen Menschen, Orten und Dingen umgeht, kommuniziert.

Es gibt viele verschiedene Wege, die Struktur einer Person kennenzulernen. Hier ist eine Methode, bei der die Astrologie zu Hilfe genommen wird:

Astrologische Elemente:

Feuer
Luft
Wasser
Erde

Die vier primären Elemente der antiken Religionen und Philosophien wie Astrologie und Alchemie liefern ein System, in das sich die verschiedenen psychologischen Typen eingliedern lassen. Wer die Eigenschaften der einzelnen Elemente beobachtet, gewinnt Einsicht in das Wesen des dem Element entsprechenden Persönlichkeitstypus.

Feuriger Typus Diese Menschen verschlingen normalerweise, was auch immer es sein mag, was sie engagiert und interessiert. Sie können warm, sonnig und strahlend sein. Oder sie sind jähzornig und heißblütige Kämpfer. Der feurige Typus braucht die Freiheit, sich immer neu entzünden und entflammen zu lassen. Versuche, ihn einzuschränken, stoßen meistens auf Rebellion. Wer ihn bei Feuer und Flamme hält (fasziniert), hält ihn bei guter Laune.

Luftiger Typus Die Luftmenschen hauchen den zwischenmenschlichen Beziehungen Leben ein. Sie schaffen eine Atmosphäre der Kommunikationsfreude. Sie sorgen für Leichtigkeit, wenn die Dinge zu ›heavy‹ werden. Manchmal machen sie sich unsichtbar, aber den Einfluß ihrer Wellenbewegungen kann man immer fühlen. Luft kann nicht eingesperrt werden – dabei erstickt dieser Typus und gibt seinen Geist auf. Luft braucht ständig neue, frische Luft, um Intellekt und Imagination zu stimulieren und ihren Wissensdurst über psychologische Zusammenhänge zu befriedigen.

Wäßriger Typus Wasser fließt immer bergab, und genauso neigt der wäßrige Menschentyp dazu, im Ozean der Gefühle, im Tal der Depressionen, im Sumpf der Verzweiflung zu versinken. Wasser verdunstet, wenn die Sonne scheint. Also müssen die Wassermenschen sich mit positiven Mitmenschen, Projekten und Ideen umgeben, um die sumpfige Stimmung in Wasserdampf zu verwandeln, welcher zum Himmel aufsteigt. Sie kennen kein Mittelmaß; entweder es geht psychologisch bergab, oder sie lösen sich in Luft auf.

Erdiger Typus Diese Menschen sind ›das Salz der Erde‹, der Fels, auf dem ›eine Stadt gebaut wird‹. Sie bringen Träume auf die Ebene der Manifestation. Sie setzen Ideen, Pläne, Gefühle und Eingebungen in die Tat um. Auf der negativen Seite neigen Erdmenschen dazu, auf einem bestimmten Gleis, in einer Routine, steckenzubleiben. Sie sperren sich manchmal selbst in enge Lebensgefängnisse ein. Erdige Typen können aber jederzeit motiviert werden, etwas zu schaffen, zu formen und das Unsichtbare sichtbar zu machen.

Mit dem Pendel läßt sich der prozentuale Anteil jedes Elements bei einer Person feststellen. Um als Lehrer besser mit Schülern umgehen zu können und den Lernprozeß so wirkungsvoll wie möglich zu gestalten, werden zuerst die Anteile des feurigen Elements und dann alle weiteren Elemente ausgependelt.

Die Frage lautet: »Zu wieviel Prozent ist (Name) auf einer Skala von 0 bis 10 feurig? 90 bis 100? 80 bis 90?« usw. Nachdem der jeweilige Zehn-Prozent-Bereich ermittelt wurde, wird der exakte Grad ausgependelt.

Danach hat man ein ziemlich genaues Bild von der betreffenden Persönlichkeitsstruktur. Man weiß zum Beispiel, daß man den feurigen Typus nicht wie einen erdigen Typus behandeln kann, ohne auf rebellischen Widerstand zu stoßen.

Richtungweisendes Lehren

Die Funktion des Lehrers besteht zu etwa 75 Prozent darin, die Schüler in die für sie richtige Richtung zu leiten. Aber welche? Es gibt so viele Wege, die ein Mensch einschlagen kann.

Es wird bedeutend leichter, konstruktiv richtungweisend zu wirken, wenn man die Interessen, Fähigkeiten, den persönlichen Hintergrund und die Seinsebene kennt, auf der ein(e) Schüler/in existiert.

Natürlich gilt dies hauptsächlich für den Einzelunterricht; bei einer Gruppe tritt eine andere Dynamik in Kraft. Trotzdem kann auch die Richtung determiniert werden, die eine Gruppe zu einem beliebigen Zeitpunkt am meisten fördert.

Seit Jahren habe ich fast jedesmal, wenn es darum ging, ein Thema, ein Buch oder sonstiges Lehrmaterial für meinen Unterricht auszusuchen, das Pendel benutzt. Ich erinnere mich dabei an einen Schüler, Ted, dessen Interessen so vielfältig waren, daß ich mich kaum auf den Unterricht mit ihm vorbereiten konnte. Das Pendel zu fragen, welches Thema ihn an dem Tag am meisten faszinieren würde, war schier unmöglich. Bis er bei mir vor der Tür stand, war sein Interesse bereits dreimal umgeschlagen.

In seinem Fall pendelte ich drei oder vier verschiedene Themen für den Unterricht aus und pendelte dann noch einmal, um zu sehen, in welche Richtung er bei seiner Ankunft tendierte. Hier die Schritte, die ich befolgte:

1. Ich schreibe die Interessen eines Schülers, basierend auf seiner psychologischen Struktur, auf. Im Fall Ted:
   Wissenschaft
   Akupressur
   Mathematik
   Lesen
   Geschäftliches
   Systeme
   Zeitpläne
   Sonstiges
2. Ich gehe die Liste herunter und frage: »Wie stark ist Teds Interesse heute an Wissenschaft, Mathematik, Geschäftlichem usw. auf einer Skala von 0 bis 10?«
3. Für drei oder vier Themen mit den höchsten Zahlen bereite ich das Lehrmaterial vor.
4. Bei Teds Ankunft sehe ich ihn mir an und höre ihm genau zu, um festzustellen, woher der Wind des Interesses weht.

5. Ich beobachte ihn während des Unterrichts und höre aufmerksam zu. Wenn der Wind des Interesses die Richtung wechselt, bin ich bereit, mitzugehen.

Es ist unglaublich, wieviel Spaß LehrerInnen und SchülerInnen haben können, wenn das Energiefeld zwischen den beiden rhythmisch in dieser Weise atmet. Und wenn das Interesse eines Schülers erregt wird, ist seine Lernfähigkeit gewöhnlich ebenfalls auf einem Höhepunkt.

Das Pendel kann ebenso bei der Wahl des Lehrmaterials eingesetzt werden (wie Zeitschriften, Arbeitsbücher, Fernsehprogramme usw.). Hierbei schreibt man den Titel des Programms auf einen Zettel, oder, wenn man das Buch, die Broschüre usw. im Haus hat, wird das Pendel einfach darübergehalten und gefragt: »Wie nutzbringend ist X für Ted am heutigen Tag auf einer Skala von 0 bis 10?« Bei 10 fängt man an und geht anschließend die Zahlen herunter, bis man ein Ja erhält.

Das Pendel ist eine hervorragende Wahrnehmungshilfe für Lehrer, denen die Interessen der Schüler von Bedeutung sind. Allzu oft sind die Lehrpläne zu unflexibel; die Lehrbücher bestimmen von vornherein, was auf welche Weise unterrichtet wird. Leider paßt der Lebensfluß aber nur selten in die Bahnen, die wir ihm vorschreiben wollen. Die Gegenwart ist voller Dynamik. Was ein Lehrer plant oder ein Schulbuch vorsieht, mag für den Tag absolut unpassend sein. Tatsächlich kann es den wahren Lernprozeß beeinträchtigen, wenn etwas zwangsweise eingebleut wird.

Gesetz der Maßverteilung

Nahezu jeder Mensch hat die folgende Erfahrung schon einmal in irgendeiner Form gemacht. Am ersten Arbeitstag in einer neuen Firma wird man vom Abteilungsleiter oder Chef in den neuen Aufgabenbereich eingewiesen, aber die

Informationen prasseln wie aus einem Schnellfeuergewehr abgeschossen auf einen herab, ohne Rücksicht auf Verluste. Dein Gehirn beginnt zu brodeln, und bald hast du den Punkt erreicht, an dem du nichts, absolut nichts mehr aufnehmen kannst.

Der Vermittler dieser Informationsflut hat ein kosmisches Gesetz gebrochen: das Gesetz der Maßverteilung. Ein Bewußtsein kann nicht mehr als ein gewisses Maß an Informationen zur Zeit absorbieren. Wird das Maß überschritten, kehrt der Lehrer den Lernprozeß in sein Gegenteil um. Was bereits gelernt wurde, wird unter Umständen von dem Druck der Überlastung gänzlich ausgelöscht. Später wundert sich der Abteilungsleiter oder Chef, daß nichts bei dir hängengeblieben ist.

Ein Lehrer muß sensibel genug sein, die Lern- und Aufnahmefähigkeit eines Schülers wahrzunehmen. Ein einfühlsamer Lehrer spürt, wann der Schüler bereit ist, mehr aufzunehmen und welche Informationen in welchen Maß vermittelt werden können.

Eine sehr weise Frau des 19. Jahrhunderts, Mary Everest Boole, bezeichnete den Drang mancher Lehrer, Informationen um jeden Preis zu vermitteln, als ›die Wollust des Lehrers‹. Der Ausdruck bezieht sich auf den blinden Trieb, speziell jene Informationen zu vermitteln, die das starke Interesse des Lehrers erregen.

Aber das brennende Interesse des Lehrers muß sich nicht mit dem des Schülers decken. Also muß der Lehrer fähig sein, seine Interessen hintenan zu stellen und das Interesse des Schülers wahrzunehmen.

Das Pendel ist ein Meßgerät für Lebensenergien. Du kannst dich damit auf die Interessen von SchülerInnen einstellen und herausfinden, wie stark sie sind. Dabei geht man folgendermaßen vor. Das zu unterrichtende Gebiet wird aufgeschrieben, zum Beispiel Mathematik. Dann werden so viele spezielle Aufgabenbereiche wie möglich untereinander notiert.

Mathematik Datum:

- Arithmetik
- Algebra
- Geometrie
- Differential-Rechnung
- usw.

Beim Verfassen der Liste ruft man sich Bemerkungen ins Gedächtnis, die der Schüler über spezielle Interessengebiete gemacht hat. Auch die Spezialinteressen sollten unbedingt in der Liste enthalten sein. Am Ende der Liste steht ›usw.‹, um dem Lehrer unbekannte Interessen zu berücksichtigen. Die Liste wird von Zeit zu Zeit neu ausgependelt und neue Gebiete werden jeweils hinzugefügt.

Nun wird die Liste von oben nach unten auf der Skala von 0 bis 10 ausgependelt und gefragt: »Wie groß ist Soundsos Interesse an Geometrie zu diesem Zeitpunkt?« Bei Lesungen von 8, 9 und 10 ist das Interesse sehr stark.

Sagen wir einmal, Geometrie erhielt eine 9 auf der Skala. Jetzt kannst du feststellen, welche Bereiche der Geometrie momentan bevorzugt werden, einfache Geometrie, analytische Geometrie usw.

Nachdem der spezielle Interessenbereich ermittelt wurde, wird festgestellt, wieviel von dem Thema zur Zeit verkraftet werden kann. Man ermittelt also den Wissensdurst des Schülers.

Die Leute dürsten nach Wissen. Manchmal sind sie fähig, riesige Mengen davon zu verarbeiten, und zu anderen Zeiten haben sie selbst ihr Lieblingsthema bis oben hin satt. Ein Lehrer, der das Gesetz der Maßverteilung kennt, weiß, wann, wann nicht und wieviel Informationen eingespeist werden können.

Wer von einem Lehrer unterrichtet wird, der das Gesetz der Maßverteilung anwendet, kann sich glücklich preisen. Das Lernen wird zum Vergnügen, zu einem regenerierenden Energieaustausch. Bei Lernprozessen dieser Art findet eine

Transformation statt, die das Bewußtsein des Lernenden bewegt, den endlosen Pfad des Wissens immer weiter zu beschreiten, um endlich irgendwann im Bereich der Weisheit, des Verstehens und der Liebe anzugelangen.

Timing und Reihenfolge

Beim Lehren ist das richtige Timing überaus wichtig. Zu früh oder zu spät vermittelte Informationen bringen selbst den aufnahmefähigsten Verstand zum Stolpern.

Der bewußte und sensible Lehrer weiß, wann die Zeit reif ist. Er oder sie spürt die Aufnahmebereitschaft eines Schülers als eine Art Leere in dessen Bewußtsein. Daraufhin wird das Bewußtsein der Lehrkraft von einem Strom von Informationen überflutet, welcher dann verbal durch Laute und Gefühle vermittelt wird.

Die meisten von uns sind keine fähigen, bewußten Lehrer – dazu braucht man Jahre des Trainings und der Erfahrung. Die meisten von uns zweifeln an ihrem Gespür für den richtigen Zeitpunkt für die Übermittlung von Informationen. Das Pendel kann unser Timing präzisieren.

Und so wird gefragt: »Ist es weise, wenn ich Lehrstoff X in der nächsten Unterrichtsstunde anbiete? oder in der nächsten Woche, im nächsten Monat usw.« Wenn ja, wird bewußt vorgegangen. Man muß flexibel bleiben und die Veränderungen in der Einstellung und Stimmung der Schüler beobachten. Man muß sich dem gegenwärtigen Moment anpassen.

Reihenfolge beim Unterricht hängt direkt mit Timing zusammen. In den Schulen hingegen hängt die Folge des Lehrstoffs meist von der Kapitelfolge im Lehrbuch ab. Habt ihr in der Schule auch schon immer im achten Kapitel herumgestöbert, während das zweite Kapitel an der Reihe war? Das achte Kapitel war nun einmal interessanter.

Es ist schwierig, wenn nicht gar unmöglich, den Lernprozeß in eine vorherbestimmte Reihenfolge zu bringen. Nun kann nicht jeder Schüler einer Schulklasse die für ihn geeignete Reihenfolge bestimmen, dennoch wird ein einfühlsamer Lehrer auf das Gesamtbewußtsein der Klasse eingehen und eine Reihenfolge für die ›Gruppenseele‹ ausarbeiten.

Außerdem können mit etwas Kompromißbereitschaft die Präferenzen von einzelnen berücksichtigt werden. Die Reihenfolge des Lehrstoffs für Gruppen und Individuen wird wie folgt mit dem Pendel determiniert. Wieder benutze ich Mathematik als Beispiel. Der Lehrstoff ist Arithmetik. Die traditionelle Unterrichtsfolge wäre wahrscheinlich:

1. Addition
2. Subtraktion
3. Multiplikation
4. Division

Aber ist die traditionelle Reihenfolge immer und für jede Klasse oder Person die geeignete? Das Schlüsselwort ist ›immer‹. Leben ist Wechsel. ›Immer‹ ist temporär in einer ständig wechselnden Welt.

Schreibe die sogenannte traditionelle Unterrichtsfolge in dem Fach, das du lehren willst, auf einen Zettel und frage: »Welche Unterrichtsfolge ist die weiseste auf einer Skala von 0 bis 10 für diese Klasse (dieses Individuum)?« Das Gebiet, das eine 10 erhält, wird zuerst gelehrt, neun an zweiter Stelle usw.

Dabei stellt sich in vielen Fällen heraus, daß die traditionelle Folge die weiseste ist. Der Lehrvorgang unterliegt einer natürlichen, unwiderlegbaren Ordnung. Zum Beispiel muß man erst den Samen haben, dann kommt die Erde an die Reihe. Sonne und Wasser vorausgesetzt, steht Wachstum an dritter Stelle. Am Ende des Wachstumszyklus befindet sich die ausgewachsene Pflanze als viertes. Die Blüte und Frucht stehen an fünfter und sechster Stelle.

Wer Reihenfolgen auspendelt, verändert keine naturgegebene Ordnung.

Zusammenfassung

1. Lernen ist eine natürliche Entfaltung, ein Aufblühen der Zuneigung und des Interesses, welches zu Gedanken, Handlungen und schließlich zur vollendeten Leistung führt.
2. Wahres Lehren findet im Reich des Unvorhersagbaren, der Welt der spontanen Einfühlung statt und reagiert immer unmittelbar auf die Gedanken- und Gefühlswelt der Schüler.
3. Wahres Lehren und Lernen macht Spaß, es ist anregend, begeisternd und energiegeladen. Und in einer solchen Atmosphäre fallen harte Arbeit, Disziplin und Konzentration leicht.
4. Wenn Lehrer und Schüler wiederholt über längere Zeit zusammenkommen, wird eine Beziehungsaura geformt. Dieses dritte Kraftfeld wird zum Energiefeld des Lernprozesses.
5. Je bewußter Lehrer und Lernender diese Austausch-Energie wahrnehmen, desto müheloser und direkter wird Wissen vermittelt.
6. Die Art und Weise, wie eine Person mit anderen Menschen, Orten und Dingen umgeht, kommuniziert, offenbart ihre psychologische Struktur.
7. Wer die Eigenschaften der vier Elemente Feuer, Luft, Wasser und Erde beobachtet, gewinnt Einsicht in das Wesen des dem Element entsprechenden Persönlichkeitstypus.
8. Die Funktion des Lehrers besteht zu etwa 75 Prozent darin, die Schüler in die für sie richtige Richtung zu leiten.
9. Mit dem Pendel lassen sich drei, vier oder mehr Themen ermitteln, die eine(n) SchülerIn zu irgendeinem Zeitpunkt interessieren.
10. Ein Mensch kann nicht mehr als ein gewisses Maß an Informationen zur Zeit absorbieren. Wird das Maß über-

schritten, kehrt der Lehrer den Lernprozeß in sein Gegenteil um.

11. Das Gesetz der Maßverteilung anzuwenden, bedeutet, daß man das genaue Maß an Informationen wahrnimmt, das von einem Lernenden komfortabel aufgenommen und verdaut werden kann.
12. Ein einfühlsamer Lehrer spürt, wann der Schüler bereit ist, mehr aufzunehmen, und welche Informationen der Schüler wünscht und braucht.
13. Das Pendel ist ein Meßgerät für Lebensenergien. Du kannst dich damit auf die Interessen von SchülerInnen einstellen und herausfinden, wie stark sie sind.
14. Wer von einem Lehrer unterrichtet wird, der das Gesetz der Maßverteilung anwendet, kann sich glücklich preisen. Das Lernen wird zum Vergnügen, zu einem regenerierenden Energieaustausch.
15. Der bewußte und sensible Lehrer weiß, wann die Zeit reif ist. Er oder sie spürt die Aufnahmebereitschaft eines Schülers als eine Art Leere in dessen Bewußtsein. Daraufhin wird das Bewußtsein der Lehrkraft von einem Strom von Informationen überflutet, welcher dann verbal durch Laute und Gefühle vermittelt wird.
16. Die Reihenfolge beim Unterricht hängt direkt mit Timing zusammen. Ein einfühlsamer Lehrer unterrichtet in der dem Lernen zuträglichsten Reihenfolge.

14

Spirituelles Pendel

Empfang von spirituellen Frequenzen

Wer länger mit dem Pendel arbeitet, wird reich belohnt: unter anderem mit Konzentrationsfähigkeit, emotionaler Ruhe, direktem Erleben der Energiewelt und einer unglaublichen Fähigkeit, psychologische Zusammenhänge wahrzunehmen.

Doch über alldem und jenseits davon liegt für mich die Fähigkeit, spirituelle Frequenzen durch das Pendel empfangen zu können. Wie? Man muß keine Frage stellen. Du schreibst einfach auf, was oder wen du empfangen willst, hältst dein Pendel und hältst den Gedanken im Geist.

Wenn du dich konzentrieren und gefühlsmäßig neutral bleiben kannst, beginnst du, die spirituellen Frequenzen zu spüren. Vielleicht mußt du aber erst etliche Anläufe nehmen, bevor du die gewünschte Frequenz bewußt wahrnimmst, denn spirituelle Energien sind überaus subtil.

Am Anfang weiß man oft nicht, auf welche der spirituellen Frequenzen man sich einstimmen soll. Darf ich die ›Universelle göttliche Gegenwart‹ vorschlagen? Die Frequenz ist im gesamten Kosmos vorhanden, sie ist allgegenwärtig. Sie strömt durch dieses Buch, durch deinen Körper und den Raum, in dem du dich gerade befindest.

Ein Laienpriester des 17. Jahrhunderts, Bruder Lawrence vom Orden der Karmeliter, praktizierte den Empfang ›der

Gegenwart‹ mehr als vierzig Jahre lang. Seine Gespräche und Briefe wurden 1701 in einem Büchlein mit dem Titel: *Das Praktizieren der Gottesgegenwart* (engl. ›The Practice of the Presence of God‹) publiziert. Wenn ihr jemals einen Nachdruck davon findet, solltet ihr das Buch kaufen. Es ist eine Kostbarkeit. Bruder Lawrence faßte seine Erfahrungen in dem folgenden Satz zusammen: »In Deiner Gegenwart ist die Fülle der Glückseligkeit.«

Seit Jahren habe ich erfahren, was es bedeutet, mich auf die Ewige Gegenwart einzustimmen. Freunde, ich sage euch, damit ist kein blinder Glaube oder emotional-religiöse Gefühlsduselei gemeint. Ich spreche von direkter, unmittelbarer Erfahrung. Ihr braucht keinen Vermittler, der die Quelle allen Seins für euch anzapft.

Dabei fällt mir eine krisenreiche Zeit in meinem Leben ein. Ich war im Begriff, mich von der Frau, die ich liebte, zu trennen; ich war fast mittellos und arbeitete in einem Beruf, der mir zuwider war. Was mir übrigblieb, war eine Mitgliedschaft in einem Health-Club in New York, in den ich fast jeden Abend nach einem harten Arbeitstag in Manhattan ging, um zu schwimmen, eine Sauna zu nehmen und mich mit der Ewigen Gegenwart in Verbindung zu setzen.

Der Club hatte einen Entspannungsraum, der mit einem halben Dutzend Massage-Tischen ausgestattet war. Das Licht war sanft, niemand sprach, und ich schaltete meinen Geist auf ›Empfang der Ewigen Gegenwart‹ ein. Nur darauf konzentrierte ich mich. Ich begann zu spüren, wie die Last des Tages von mir abfiel, mein Atmen tiefer und rhythmischer wurde. Alles fiel von mir ab. Ich fühlte mich als ein Teil meiner Umgebung.

Später, wenn ich mich anzog und auf den Nachhauseweg machte, war ich ein neuer Mensch. Ich hatte keine einzige Sorge auf der Welt mehr. Ich konnte meine Probleme beobachten und sie lösen.

Ich kann es nicht besser ausdrücken: »In Deiner Gegenwart ist die Fülle der Glückseligkeit.«

Die Energiezentren

Ein dynamischer Energiekörper durchdringt unseren physischen Körper, dessen Funktion darin besteht, dem physischen Körper Prana oder reine Lebensenergie zuzuführen. Ohne diese erneuernde Lebensenergie verfällt der physische Körper. Wenn keine Lebensenergie mehr im physischen Vehikel zirkuliert, hört das Leben auf der körperlichen Ebene auf.

An sieben Punkten innerhalb dieses Feinstoffkörpers befinden sich nun die bedeutendsten Energiezentren des Menschen. Jedes der Zentren empfängt und vibriert eine andere vitale Lebensenergie. In Relation zum physischen Körper sind die Zentren folgendermaßen plaziert: Siehe Abbildung 12, Seite 208.

Scheitelzentrum	Spirituelle Energie
Stirnzentrum	Bewußte Energie
Kehlkopfzentrum	Kommunikative Energie
Herzzentrum	Gebende Energie
Sonnengeflechtzentrum	Emotionale Energie
Milzzentrum	Begehrende Energie
Sakralzentrum	Regenerative Energie

Die verschiedenen Religionen und Erkenntnissysteme der Völker benutzen verschiedene Namen für die sieben Hauptzentren der Energie. Viel wichtiger als der Name sind aber die Funktionen. Durch jedes Zentrum werden verschiedene Energien eingeschleust und verarbeitet. Am Verhalten einer Person läßt sich ohne weiteres feststellen, mit welchem Energiezentrum sie am stärksten identifiziert ist.

Oft kommt es vor, daß eins oder mehrere Energiezentren blockiert, verstopft oder durch negative psychische Energie verschmutzt werden. Wenn wir der Struktur unseres Wesens entgegenhandeln, den natürlichen Fluß der Energien stören, stimmen wir die Energiezentren auf unzuträgliche Frequenzen ein.

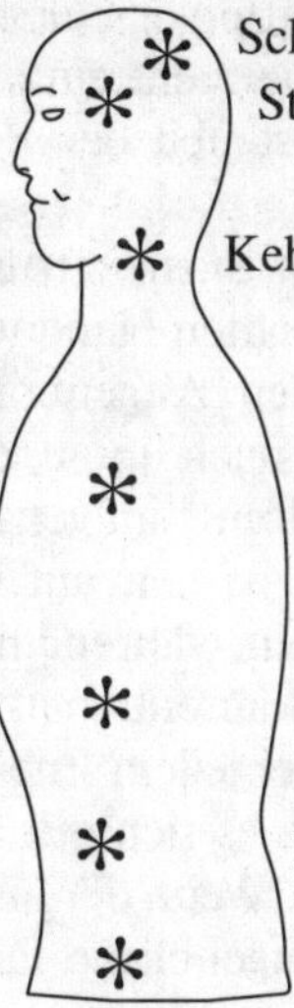

Abb. 12

Der Pendler kann feststellen, welche Zentren in harmonischem Gleichgewicht schwingen und welche nicht. Nehmt die Abbildung oben zu Hilfe. Haltet das Pendel über jedes der Zentren im Buch und fragt: »Wie ausgewogen ist Soundsos Scheitelzentrum zur Zeit auf einer Skala von 0 bis 10?« Geht die Zahlen, angefangen mit 10, herunter, bis das Pendel Ja antwortet.

Oft sind eins oder mehrere Zentren zur Zeit nicht in der Balance. Unausgewogene Zentren strahlen disharmonische Energien aus. Der Mensch wiederum neigt dazu – wie Eisenspäne in der Nähe eines Magneten – genau das an sich zu ziehen, was er ausstrahlt. Das Resultat: ein Teufelskreis von unausgewogenen Energien in einem Energiezentrum. Über einen längeren Zeitraum können diese Unausgewogenheiten mentale und emotionale Fixierungen verursachen oder auch psychische Krankheiten.

Wie bringt man die Zentren ins Gleichgewicht? Es gibt viele Methoden. Ich hatte vor kurzem das Glück, über eine Technik zu stolpern, die recht einfach und außerordentlich wirkungsvoll ist. Sie ist Teil der ›Regenesis Heilmethode‹ von Bob Rasmusson.

Man fängt mit dem Stirnzentrum an. Daumen, Zeige- und Mittelfinger der rechten Hand werden auf den Punkt in der Mitte zwischen den Augenbrauen gesetzt. Die linke Handfläche wird flach nach unten, ein kleines Stück schwebend, über das Scheitelzentrum gehalten.

Der nächste Schritt ist der, auf den es ankommt. Man atmet durch die Nase ein, während man bis eins zählt. Dann durch den Mund aus, während man bis sechs zählt.

Der Vorgang wird bei jedem Energiezentrum wiederholt, und zwar so lange, wie es sich gut anfühlt – eine Minute oder mehrere Minuten. Wenn der linke Arm lahm wird, läßt man ihn für einige Augenblicke fallen und hält ihn dann wieder über das Scheitelzentrum.

Nachdem an allen sieben Zentren auf diese Weise gearbeitet wurde, vollzieht man den letzten Schritt. Die Hände werden zehn bis fünfzehn Zentimeter vom Körper entfernt gehalten und immer abwechselnd vom Milzzentrum bis zum Kehlkopfzentrum nach oben geführt, als wollte man die Luft mit ihnen nach oben streichen. Man streicht die Energie fünfzigmal oder auch mehr nach oben.

Wie fühlst du dich nach dieser Energiezentren-Balance? Besser? Dann fahre fort, die Technik zu benutzen.

Meditation

Meditation verläuft in drei Phasen: 1. Vorbereitung. 2. Praktizieren. 3. Abschluß.

Durch Meditation wird der Fluß der Bewußtseinsenergie in die umgekehrte Richtung als die gewohnte gelenkt. Normalerweise wird die Aufmerksamkeit über die Sinne in die

Außenwelt geleitet. In der Meditation werden die Sinne zur Ruhe gebracht oder neutralisiert, so daß die Lebensenergien sich nach innen richten. Das bringt uns zur Phase der Vorbereitung.

Suche dir einen ruhigen Platz, an dem die Luft möglichst rein ist. Zieh dir lose, bequeme Kleider an, die nicht zu eng sitzen, damit die Zirkulation nicht gestört wird.

Setze dich bequem, mit aufrechtem Rücken hin. Mit anderen Worten, halte dich gerade, laß den Körper nicht in der Mitte abknicken. Wirbelsäule und Nacken sollen eine Linie bilden.

Als nächstes entspannst du den Körper. Laß alle Spannungen los, wo immer du sie fühlst: im Nacken, der Kinnlade, den Schultern, den Beinen usw. Wie ein ägyptischer Meditationslehrer sagte: »Die wahre Meditation beginnt, wenn der Schüler die Fähigkeit erlangt, seinen Körper zur Ruhe zu bringen.«

Jetzt schließe den Mund. Atme sanft durch die Nase ein und in sanftem Rhythmus wieder aus. Schließe die Augen und beobachte den Atemzyklus von innen. Versuche nicht, deinen Atem zu kontrollieren.

Entspannt zieht man seinen Geist nun langsam von weltlichen Eindrücken und allen Gedanken an Alltagsprobleme zurück.

Wähle dir ein Meditationsobjekt aus dem Reich der Natur. Beispielsweise einen Stein, eine Muschel, eine Pflanze, einen Tannenzapfen usw. Das Meditationsobjekt kann auch vorher schon bereitgelegt werden. Wenn du willst, kannst du kurz vor der Meditation einen Blick auf den Gegenstand werfen, damit das Bild noch frisch ist. Man kann das passende Meditationsobjekt, mit dessen Energie man am stärksten harmonisiert, auch mit Hilfe des Pendels wählen.

Jetzt wird ein klares, detailliertes Bild des Objekts auf die Leinwand des Bewußtseins projiziert. Das Objekt gibt dem Verstand etwas, auf das er sich konzentrieren kann, damit er nicht abwandert. Laß es zu, wenn der Verstand das Objekt von jedem Gesichtswinkel betrachten und erforschen will.

Kümmere dich nicht um irgendwelche Resultate. Werde nicht ungeduldig. Kümmere dich nicht um störende Geräusche.

Bleibe ein wacher, aufmerksamer Beobachter, losgelöst und ruhend in dir selbst. Weigere dich, von irgendeiner Gedanken- oder Gefühlswelle fortgetragen zu werden. Wenn du unvermittelt in eine Phantasie abgleitest, laß sie sofort wieder fallen und nimm deine Position als unbeteiligter Beobachter erneut ein.

Das Geheimnis der erfolgreichen Meditation besteht in der Kunst, den Verstand auf einen Punkt oder ein Thema richten zu können und ihm gleichzeitig die Freiheit zu lassen, sich innerhalb der Grenzen seines Themas frei zu bewegen – eine Fähigkeit, die beträchtliche Übung erfordert.

Anfänger merken zunächst nur, daß Gedanken ständig kommen und gehen. Wer die Ausdauer hat, dabeizubleiben, stellt irgendwann fest, daß die Gedanken verschwinden. Wenn du anfängst, einzuschlafen, zu träumen oder stumpf zu werden, bist du abgeschweift. Bring die Aufmerksamkeit wieder auf den Punkt.

Die zweite Phase, das Praktizieren, sollte etwa 5 bis 10 Minuten am Tag dauern. Wenn möglich, meditiert man jeden Tag zur selben Zeit. Das Pendel kann ermitteln, wie lange man an jedem Tag meditiert.

Jetzt kommen wir zur dritten Phase, dem Abschluß.

Öffne deine Augen allmählich. Richte deine Aufmerksamkeit wieder auf die Aktivitäten des täglichen Lebens. Wenn du intuitive Einsichten oder Inspirationen gehabt hast, halte sie schriftlich fest. Alle aus der Meditation erwachsenen Einsichten müssen geprüft werden, bevor man sie als Tatsache akzeptiert. Unterdessen speichert das Gehirn sie in der Rubrik ›Ungenügende Informationen‹.

Im allgemeinen ist es nicht ratsam, die inneren Erfahrungen bei der Meditation weiterzuerzählen, denn das Ego neigt dazu, die Realitäten auszuschmücken und sich damit aufzublasen. Auch wird die Energie der inneren Bedeutung dadurch geschmälert.

Ein letzter Hinweis aus dem Mund eines Weisen: »Im normalen, täglichen Leben entwickeln wir unsere Qualitäten; unsere wissenschaftliche Meditation sollte eng damit verbunden sein.«

Seinsebene

Es gibt viele Ebenen des Bewußtseins. Mit dem Pendel kann festgestellt werden, mit welcher Bewußtseinsebene eine Person sich am meisten identifiziert. Die vorherrschende Ebene des Bewußtseins wird zur Ebene des Seins einer Person.

Die Seinsebenen lassen sich auf verschiedene Weise gliedern. Beim folgenden Beispiel benutze ich sieben Ebenen; daneben stehen die Prozentzahlen, die z. B. ausgependelt werden können.

Seinsebene

1. Formlose Göttliche Gegenwart – 10%
2. Synthese des Bewußtseins – 5%
3. Lichtwesen – 30%
4. Höheres Bewußtsein – 50%
5. Energiewelt – 20%
6. Die psychischen Ebenen – 10%
7. Blindes Denken, Begehren, Handeln – 5%

Halte das Pendel über jede dieser Ebenen und frage: »Wieviel Prozent meines Bewußtseins befinden sich auf Ebene 1, Ebene 2, Ebene 3, usw.; 90 bis 100 Prozent? 80 bis 90 Prozent?« usw.

Der Prozentsatz jeder Ebene wird wie beim obigen Beispiel notiert. Fallen euch gewisse Tendenzen auf? Auf welcher Ebene befinden sich die meisten Menschen? Konntet ihr eure Lesung ohne Vorurteile ausführen?

Wer nicht genau weiß, was irgendeine dieser Ebenen bedeuten soll, kann die jetzt folgenden Paragraphen lesen, bevor er oder sie versucht, die dominante Seinsebene auszupendeln.

Die ›Formlose Göttliche Gegenwart‹ wurde im ersten Teil diese Kapitels beschrieben. »In Deiner Gegenwart ist die Fülle der Glückseligkeit.«

›Synthese des Bewußtseins‹ ist die Wesensnatur allen Seins. Es ist alles Bewußtsein zusammengenommen, vereint in einem Vater-Mutter-Gottesbewußtsein.

›Lichtwesen‹ sind individuelle Wesen mit feinstofflichen Lichtkörpern, die Licht in allen Dimensionen zirkulieren.

Das ›Höhere Bewußtsein‹ ist der Sammelpunkt von Mustern, Keimen und Formen, die sich dann in den Energiewelten und Materiewelten manifestieren.

Die ›psychischen Ebenen‹ sind die Schichten, auf denen Muster, Keime und Formen reflektiert werden. Das Höhere Bewußtsein kann mit einem alpinen Gipfel und der umgebenden Landschaft verglichen werden. Die psychischen Ebenen reflektieren diese Landschaft wie eine Spiegelung in einem stillen Bergsee.

Die totale Identifikation mit ›blindem Denken, Begehren und Handeln‹ ist das gleiche wie Unbewußtsein. Das innere Wesen wird von falschen Vorstellungen, materiellen Dingen und dem physischen Körper gefangengehalten.

Dies war eine komprimierte Definition für jede Ebene. Man muß ihre Unterschiede selbst wahrnehmen. Wenn man die Aufmerksamkeit auf eine Ebene richtet, fängt man an, die entsprechenden Vibrationen selbst zu erfahren. Die eigene Erfahrung ist immer besser als die verbale Beschreibung irgendeines anderen.

Mit der Zeit nimmt man die Ebenen bewußter wahr, und so werden die Seinsebenen eines Menschen allmählich immer akkurater ausgependelt. Ihr merkt, auf welcher Ebene ihr euch die meiste Zeit befindet, und seht, auf welcher Ebene andere sich generell befinden.

Das Erforschen der spirituellen Frequenzen mit dem Pendel kann das größte Abenteuer im Leben sein. Bis jetzt ging es bei den meisten Fragen um Wissen, um korrekt formulierte Fragen, die zu einleuchtenden Antworten führen. Je länger man das Pendel benutzt, desto mehr dämmert es einem: Man muß sich nur einstimmen, dann erhält man eine Antwort. Ich benutze die Worte *eine Antwort* absichtlich, denn es ist nie *die* Antwort. Wissen ist keine in Stein gemeißelte Wahrheit.

Unter anderen Umständen, mit einer anderen Einstellung, in einem anderen Bewußtseinszustand, verändert sich die Antwort, manchmal nur geringfügig, manchmal grundlegend. Das ist ein Grund, warum ich beim Schreiben dieses Buches immer wieder die Wichtigkeit betont habe, die Fragen und Antworten zu datieren. Die Umstände ändern sich.

Jenseits aller Fragen und Antworten, jenseits von Wissen und Informationen, befinden sich die spirituellen Vibrationen, auf die man sich ebenfalls mit Hilfe des Pendels einstimmen kann. Liebe, Weisheit und Verständnis sind Vibrationen, die man direkt erfahren kann. Man muß einfach sein Bewußtsein konzentrieren, emotionale Ruhe bewahren, körperlich entspannt sein und sensibel gegenüber Vibrationen und Energie sein.

Hören sich diese Voraussetzungen bekannt an? Einmal abgesehen von allem anderen, hilft uns das Pendel, spirituelle Qualitäten in uns selbst zu entwickeln.

Wer sich auf die Vibrationen von Liebe einstimmen will, hält sein Pendel über das geschriebene Wort Liebe. Man schaltet auf neutral, als wollte man eine Frage stellen. Jetzt allerdings, anstatt eine Frage zu stellen, wird das Bewußtsein direkt auf Liebe gerichtet.

Normalerweise fühlt man die Liebesfrequenz sofort. Erinnert ihr euch daran, wie ihr die Antwort-Energie gefühlt habt, wenn es um die Beantwortung von Fragen ging? Ihr seid immer noch die gleichen Empfangsstationen. Empfangt die Liebesenergie.

Für manche ist es eine ungeheure Offenbarung, daß sie Liebe fühlen, ohne verliebt zu sein. Aber die Liebesfrequenz durchflutet das gesamte Universum. Die fixe Idee, daß Liebe nur eine romantische Verbindung im exklusiven Sinne sein kann, ist viel zu restriktiv. Jeder hat Zugang zu Liebe, sobald er sich dazu entschließt, sie zu fühlen.

Weisheit ist ebenfalls eine spirituelle Frequenz. Weisheit ist die bewußte und maßgerechte Anwendung von Wissen in unterschiedlichen Lebenssituationen. Weisheit ist ein Frequenzfeld, das gefühlt, erfahren und benutzt werden kann.

Der Vorgang ist derselbe wie oben. Halte das Pendel über das Wort Weisheit. Richte dein Bewußtsein unverwandt darauf und stimme dich ein. Was fühlst du? Verändert sich deine Wahrnehmung?

Die Weisheitsvibration wird nicht immer sofort gespürt – es hängt von der Sensibilität des einzelnen ab. Das Einstimmen auf Weisheit muß geübt und praktiziert werden. Ganz allmählich erreicht man die Frequenzen der universellen Weisheitsenergie.

Im Alten Testament der Jüdisch-Christlichen Bibel steht geschrieben: »...und mit all deinem Haben, habe Verständnis.« Kein Zweifel, Verständnis ist eine gewaltige Energie. Verständnis löst allen Haß zwischen den Nationen, den Völkern, Familien und Individuen auf.

Verständnis ist das bewußte Mitgefühl mit den Gefühlen, Gedanken und Erfahrungen von anderen, und gleich darauf das vollkommene Akzeptieren eben jener Gedanken, Gefühle und Erfahrungen.

Verständnis aufbringen ist mehr als das einfache Ausrichten des Bewußtseins auf die entsprechende Frequenz und die Einstimmung darauf. Man muß sich mit jeder Faser in die Lage des anderen hineinversetzen. Man muß denken und fühlen, wie der oder die andere es tut. In diesem Augenblick des bewußten Mitfühlens hat man Verständnis.

In der buddhistischen Literatur stieß ich auf folgende Worte:

1. »Was du verehrst, das wirst du werden.«
2. »Verehre nicht den Buddha, werde ein Buddha.«

Wenn man eine Heldenfigur zum persönlichen Idol macht, sie verehrt und ständig an sie denkt, wird man ihr leicht ähnlich. Man fängt an, wie diese Person zu denken und zu handeln oder sich wenigstens genauso zu kleiden. Letztere Tendenz ist vor allem bei den Nachahmern von Elvis Presley und ähnlichen Stars zu beobachten. Die meisten Teenager ahmen Rockmusiker und Sporthelden nach.

Wenn die Verehrung einer Person oder einer Figur zu weit geht, wird die eigene Persönlichkeit bis zum gewissen Grad eliminiert. Der eigene Wachstums- und Entfaltungsprozeß wird vernachlässigt. Der Weg eines anderen ersetzt den eigenen Weg. Folgerichtig bleibt man unreif.

Der zweite Satz: »Verehre nicht den Buddha, werde ein Buddha«, ist eine Ergänzung des ersten. Der weise Buddhist erkennt die Gefahren übertriebener Imitation. Auf einer bestimmten Ebene der Evolution, solange der Mensch sich noch stark mit der psychisch-astralen Seinsebene identifiziert, ist die Tendenz am größten, die Persona von anderen zu reflektieren und zu imitieren. Buddhisten wissen, daß ein sich individualisierender Schüler Buddhas irgendwann den Weg finden muß – er muß aufhören, dem Buddha zu folgen, wenn er selbst erleuchtet werden will.

Mit dem Erwachen des Neuen Zeitalters kommt auf uns eine Zeit, da wir aufhören, die Christus-Persona – unser Bild von Jesus – zu verehren, und anfangen, das Christusbewußtsein in uns selbst zu erwecken und zu manifestieren.

Die Zeiten der sogenannten spirituellen Mittelsmänner mit ihrer Macht über Millionen von Anhängern gehen zu Ende. Nun wird es Zeit, daß jeder von uns seinen eigenen

Weg geht – und keine zwei Wege gleichen einander. Auch wenn unsere Wege sich kreuzen und oftmals immer wieder kreuzen, müssen wir wach und intuitiv genug sein, den eigenen Weg zu finden und ihm treu zu bleiben.

Wir müssen nicht länger darauf warten, daß ein christlicher Priester oder ein buddhistischer Mönch uns erklärt, was das Christus- oder Buddhabewußtsein ist. Wir können uns direkt darauf einstimmen und zwar jetzt sofort.

Das Pendel ist unter anderem ein Instrument der Bewußtseinserweiterung. Schreibe die Worte Christusbewußtsein oder Buddhabewußtsein auf einen Zettel.

Halte dein Pendel darüber. Folge den gleichen Schritten wie vorher.

1. Versetze dich in einen Zustand der wortlosen Aufmerksamkeit.
2. Versetze dich in einen gefühlsmäßig neutralen Zustand, der weder für noch gegen irgend etwas ist.
3. Konzentriere dein Bewußtsein.
4. Sei sensibel und empfänglich für die Christus/Buddha-Frequenzen.

Zusammenfassung

1. Wer länger mit dem Pendel arbeitet, wird reich belohnt: mit Konzentrationsfähigkeit, emotionaler Ruhe, direktem Erleben der Energiewelt und einer unglaublichen Fähigkeit, psychologische Zusammenhänge wahrzunehmen.
2. Stimmt euch auf die ›Universelle göttliche Gegenwart‹ ein. Die Frequenz ist im gesamten Kosmos allgegenwärtig.
3. Der physische Körper wird von einem dynamischen Energiekörper durchdrungen, dessen Funktion darin besteht, dem physischen Körper Prana oder reine Lebensenergie zuzuführen.

4. An sieben Punkten innerhalb dieses Feinstoffkörpers befinden sich die bedeutendsten Energiezentren des Menschen. Jedes der Zentren empfängt und vibriert eine andere vitale Lebensenergie.
5. Wenn wir der Struktur unseres Wesens entgegenhandeln, den natürlichen Fluß der Energien stören, stimmen wir die Energiezentren auf unzuträgliche Frequenzen ein.
6. Unausgewogene Zentren strahlen disharmonische Energien aus. Der Mensch neigt dazu – wie Eisenspäne in der Nähe eines Magneten – genau das an sich zu ziehen, was er ausstrahlt.
7. Eine Methode, die Zentren ins Gleichgewicht zu bringen, ist die von Bob Rasmusson entwickelte ›Regenesis Heilmethode‹.
8. Meditation verläuft in drei Phasen: 1. Vorbereitung. 2. Praktizieren. 3. Abschluß.
9. Durch Meditation wird der Fluß der Bewußtseinsenergie in die umgekehrte Richtung als die gewohnte gelenkt. Anstatt die Aufmerksamkeit über die Sinne in die Außenwelt zu leiten, werden die Sinne zur Ruhe gebracht oder neutralisiert, so daß die Lebensenergien sich nach innen richten.
10. Das Geheimnis der erfolgreichen Meditation besteht in der Kunst, den Verstand auf einen Punkt oder ein Thema richten zu können und ihm gleichzeitig die Freiheit zu lassen, sich innerhalb der Grenzen seines Themas frei zu bewegen – eine Fähigkeit, die beträchtliche Übung erfordert.
11. Mit dem Pendel kann festgestellt werden, mit welcher Bewußtseinsebene eine Person sich am meisten identifiziert. Die vorherrschende Ebene des Bewußtseins wird zur Ebene des Seins einer Person.
12. Schaut euch die sieben verschiedenen Seinsebenen, von der höchsten bis zur niedrigsten Bewußtseinsebene, wiederholt an.

13. Mit der Zeit nimmt man die Seinsebenen bewußter wahr, und so merkt man, auf welcher Ebene man selbst und andere sich generell befinden.
14. Jenseits aller Fragen und Antworten, jenseits von Wissen und Informationen, befinden sich die spirituellen Vibrationen, auf die man sich ebenfalls mit dem Pendel einstimmen kann.
15. Liebe, Weisheit und Verständnis sind Vibrationen, die man direkt erfahren kann. Man muß einfach sein Bewußtsein konzentrieren, emotionale Ruhe bewahren, körperlich entspannt und sensibel gegenüber Vibrationen und Energie sein.
16. Wenn die Verehrung einer Person oder einer Figur zu weit geht, wird der eigene Wachstums- und Entfaltungsprozeß vernachlässigt. Der Weg des anderen ersetzt den eigenen Weg. Folgerichtig bleibt man unreif.
17. Mit dem Neuen Zeitalter kommt auf uns eine Zeit zu, da wir aufhören, blind zu verehren, und anfangen, das Christusbewußtsein in uns selbst zu erwecken.
18. Wir müssen nicht länger darauf warten, daß ein christlicher Priester oder ein buddhistischer Mönch uns erklärt, was das Christus- oder Buddhabewußtsein ist. Wir können uns direkt darauf einstimmen, und zwar jetzt sofort.

15

New-Age-Pendel

Sich inkarnierende Seelen des New Age

Viele der Seelen, die sich seit den siebziger Jahren auf der Erde inkarniert haben, sind New Agers. Die Vibrationen des Alten Zeitalters werden immer schwächer, und so müssen diese Neugeborenen nicht erst endlose Irrwege gehen, bis sie von der alten Orientierung loskommen und zur neuen Geisteshaltung finden. Sie werden mit den New-Age-Vibrationen geboren.

Was meine ich mit ›New Agers‹? Ein New Ager – eine Seele des Wassermannzeitalters, wie die Astrologen sagen – wird von Energien, Vibrationen, Frequenzen und Wahrnehmungen geleitet. Die Old Agers neigen dazu, sich von Symbolen, Zeichen, Images, Worten und Dogmen leiten zu lassen.

Die sich derzeit buchstäblich zu Millionen inkarnierenden New Agers werden die engen Weltbilder, die falschen Hoffnungen und überholten Ideologien der Vermarkter des Alten Zeitalters mit ihrer Besitzgier entschieden ablehnen, genauso wie das manipulative Machtstreben, das damit einhergeht. In den nächsten zwanzig Jahren wird die Zahl der New Agers die Zahl der Old Agers in vielen Teilen der Erde übersteigen. Die Jugend des New Age wird sich nicht länger mit den Gepflogenheiten der Reichen und Mächtigen identifizieren, was letzten Endes dazu führt, daß den Geld- und

Machtgierigen, die die Alte Welt beherrschten, weniger Volk zur Verfügung steht, das sich willig ausbeuten und manipulieren läßt.

Diese Jugend, die in der Seele eigentlich uralt ist, wird sich automatisch zu New-Age-Informationen hingezogen fühlen. Sie werden sich mit Astrologie, den spirituellen und feinstofflichen Frequenzen, mit Auras, Energiephänomenen und Lichtwesen beschäftigen und unser Wissen auf diesen Gebieten vorantreiben.

Vor ein paar Wochen besuchte ich eine Freundin und deren dreijährige Tochter, Amber. Wir pendelten Berufsfragen aus, und Amber schaute fasziniert zu, was ich zu dem Zeitpunkt nur für die verständliche Neugier eines Kleinkinds hielt.

Etwa eine Woche darauf kam Amber mit ihrer Mutter in mein Büro. Auf der Stelle ging sie auf ein Pendel zu, welches versteckt zwischen anderen Gegenständen lag. Ich erkannte ihr angeborenes Interesse und schenkte ihr ein Pendel.

Nach wieder einer Woche begann meine Freundin mir zu erzählen, wie ungewöhnlich Ambers Beziehung zu dem Pendel war. Sie behandelte es sehr vorsichtig und legte es immer an einen bestimmten Platz zurück, wenn sie nicht mehr damit spielen wollte, was man vom Rest ihres Spielzeugs nicht behaupten konnte.

Wer heutzutage Kinder hat, muß wissen, daß viele von ihnen sich automatisch zu Astrologie, Auras, Pendeln, New-Age-Musik und dergleichen hingezogen fühlen. Unterstützt sie bei ihrer Suche, wenn möglich. Damit erweist ihr nicht nur ihnen, sondern euch selbst einen Dienst. Wenn ihr sie nicht fördert, finden sie ihr Informationsmaterial irgendwann von allein, also braucht man gar nicht erst gegen den Strom zu schwimmen.

Die sich inkarnierenden New Agers brauchen besondere Zuwendung und Unterstützung. Ihre spirituellen Interessen müssen erkannt und gepflegt werden. Ihre Psyche verlangt nach der regelmäßigen Zufuhr von spirituellen Frequenzen.

Ohne diese erneuernden Energien werden sie rebellisch und machen die Eltern solange verrückt, bis sie hinhören und ihnen geben, wonach sie in tiefster Seele verlangen.

Nichts ist verborgen

Wenn jeder Mensch, Ort und Gegenstand im Universum Energie ausstrahlt und man fähig ist, diese Energie zu empfangen, dann ist nichts mehr verborgen! Ein Satz von weitreichender Bedeutung. Nichts kann dir mehr vorenthalten werden! Das geheimste Top-Secret kann dir nicht verborgen bleiben. Niemand kann sich vor dir verstecken. Lügen werden auf der Stelle entlarvt. Betrügereien sind offensichtlich.

Das Pendel ist eines der New-Age-Instrumente, mit dessen Hilfe das sogenannte Verborgene zutage tritt. Das Pendel blickt durch, hinter und über die Oberfläche und ihre Erscheinungsform hinaus. Dein Bewußtsein nimmt die Realität hinter dem Schleier wahr und dringt in den Bereich des Grenzenlosen ein.

Die Old Agers sind Geheimniskrämer, denn ihr ›geheimes‹ Wissen gibt ihnen Macht über andere. Ihr müßt euch nur einen Augenblick lang vor Augen führen, daß ein Arzt, Jurist oder Wissenschaftler Jahre braucht, um zu lernen, was ihr in Sekunden direkt empfangen und erfahren könnt. Nun, da mehr und mehr Menschen das Universum der Frequenzen entdecken, verlieren diese Autoritäten des Alten Zeitalters ihre Macht.

Damit will ich nicht sagen, daß alle Ärzte, Juristen und Wissenschaftler im Neuen Zeitalter verschwinden. Keineswegs. Eine radikale Bewußtseinsänderung findet mittlerweile auch in den Reihen der Mächtigen des Alten Zeitalters statt.

Viele entdecken die Frequenzwelt auf ihre Weise, denn das schnellere und direktere Wissen, das beispielsweise das Pendel vermittelt, erleichtert die Arbeit mit Patienten oder Kunden und ist äußerst kostensparend.

Fühlt ihr euch in der Gegenwart eines reichen, mächtigen oder berühmten Menschen hilflos, beklommen vor Bewunderung? Wir neigen dazu, diese Leute mit falschen Vorstellungen und Idealen zu befrachten. Erst wenn man sich auf ihre tatsächlich vorhandenen Vibrationen einstimmt, kennt man sie wirklich, und zwar auch ohne mit ihnen gesprochen oder sie getroffen zu haben. Es ist eine Tatsache, daß man einen Menschen kennenlernen kann, ohne ihn je persönlich gesehen zu haben. Man sitzt im Komfort des eigenen Heims und stimmt sich auf den momentanen psychologischen Zustand von Politikern und Staatsoberhäuptern in aller Welt ein. Man ermittelt den Akkuratheitsgrad jeder beliebigen Fernsehreportage, jedes Zeitungsartikels. Man kann die Authentizität jeder sogenannten Tatsache überprüfen.

Wenn nichts dir verborgen bleibt, erkennst du aber auch gleichzeitig, daß du nichts vor einem anderen Seher verbergen kannst. So fühlst du deine Verbindung zu Allem-was-Ist und beginnst, die Schwingung der Hinwendung zu allem Lebendigen zu erfahren. Du verstehst deine Mitmenschen besser denn je.

Du siehst ein, daß es nutzlos ist, etwas zu verbergen, was nicht verborgen werden kann. Jeder Seher auf der Energieebene sieht deine ›schwärzesten Geheimnisse‹ sofort. Gerade *weil* sie geheimgehalten werden, sind sie so offensichtlich. Deine Geheimhaltungsenergien stechen dem Seher wie ein Dorn ins Auge.

Je weniger wir vor uns selbst und folgerichtig vor den anderen verbergen, desto geringer die Chance, daß die althergebrachten Versteckspiele der Täuschung, Aufrechterhaltung, Einbildung und Verwirrung funktionieren. Damit wird der Nährboden für wachsende Liebe und Verständnis in der Seele bereitet, wo sie Wurzeln schlagen und Blüten tragen können, um sich als Mit-teilen, Mit-fühlen und Mitschwingen zu äußern. Man wird wie ein Licht in der Dunkelheit. Wir, die wir den Berg der Erleuchtung besteigen, sind wie Lichter, die unseren Nachfolgern vorausgehen.

Seit langem veranstalte ich regelmäßige Pendel-Lesungen über das Telefon. Meine Klienten und Freunde berichten auch hier von akkuraten Ergebnissen.

Einmal rief ein Schüler von mir mit einer dringenden Frage an. Sein Auto war liegengeblieben, und nun brauchte er die Adresse des besten und billigsten Mechanikers, der sich finden ließ. Er gab mir drei Namen, die ich auf der Skala von 0 bis 10 auspendelte. Eine Werkstatt erhielt eine 9. Mein Freund ließ sein Auto dort reparieren und berichtete von schnellem, äußerst preiswertem Reparaturdienst.

Vor kurzem suchte meine Freundin Betty nach einem Job. Ich sagte, sie solle mich jeden Montagmorgen anrufen und mir die interessanten Angebote aus der Zeitung vorlesen. Ich notierte mir ein paar der Schlüsselworte und fragte mein Pendel: »Wie gut eignet sich Betty auf einer Skala von 0 bis 10 für diesen Job?« Sie erzählte, daß ihr damit sehr geholfen wurde, das Terrain jede Woche zu sondieren.

Tele-Pendeln unterscheidet sich kaum vom normalen Pendeln. Der einzige Unterschied ist, daß sich der Fragesteller an einem anderen Ort als man selbst befindet. Manchmal haben Anfänger Vorurteile beim Tele-Pendeln, die sie daran hindern, die weiter als gewöhnlich entfernten Vibrationen zu empfangen. Am Anfang mag es merkwürdig scheinen, daß man sich auf die Energie von meilenweit entfernten Klienten einstimmt. Aber denkt einen Moment lang darüber nach. Ist es merkwürdig, daß dein Fernsehapparat Satellitensignale in einer Entfernung von Tausenden von Meilen auffängt und dann Bilder zeigt? Die meisten von uns halten das mittlerweile für selbstverständlich.

Ich habe in diesem Buch ständig wiederholt, daß jeder Mensch, jeder Ort und jedes Ding Energie ausstrahlt. Wenn du dich auf die Wellenlänge eines Menschen, Ortes oder Gegenstandes einstimmen kannst, spürst du die Energie ungeachtet der Entfernung.

Ich kenne mehrere Pendler, die Gesundheitsfragen telefonisch beantworten und die Arzt-Patienten-Vereinbarkeit ermitteln. In diesem Bereich muß man aber die emotionale Erregung von Leuten mit dringenden Gesundheitsfragen in Betracht ziehen. Wenn du irgendwelche Gefühlswallungen beim Anrufer bemerkst, ist es unbedingt wichtig, langsam und rhythmisch durch die Nase zu atmen, um dich den Störfrequenzen zu entziehen. Ein emotionales Engagement verhindert den Empfang der korrekten Antwort fast jedesmal. Manchmal ist es besser, wenn man die Frage notiert und dem Anrufer sagt, man werde ihn oder sie in ein paar Minuten zurückrufen.

New-Age-Pendler müssen keine lange Strecken zurücklegen, um die Energien eines fremden Landes zu spüren oder zu wissen, in welchem Zustand sich eine bestimmte Person befindet. Man braucht noch nicht einmal den telefonischen Kontakt. Richte dein Bewußtsein unverwandt auf etwas oder jemanden, bleibe gefühlsmäßig neutral und sei feinfühlig genug, die jetzt wahrgenommenen Vibrationen aufzunehmen, das ist alles.

New-Age-Guppen

Wenn du auf dem Weg ans Licht bist, ziehst du Menschen auf dem gleichen Weg magnetisch an. Und wie stellst du von vornherein fest, ob eine Gruppe von Menschen einen konstruktiven oder destruktiven Einfluß auf dich haben wird?

Die New Agers zeichnen sich durch eine außerordentliche Freiheitsliebe aus. Sie wollen sich keiner Gruppe anschließen, die ihnen jeden Schritt auf dem Weg ans Licht vorschreibt. Andererseits wollen sie aber von anderen lernen und mitteilen, was sie selbst gelernt haben. Im Laufe der Jahre habe ich viele New-Age-Gruppen kennengelernt. Ich habe das Pendel benutzt, um mir die Entscheidung für oder gegen bestimmte Gruppen zu erleichtern.

Dabei fallen mir mehrere Gruppen und Kommunen von ausnehmend gutem Ruf ein, denen ich mich laut Pendel nicht anschließen sollte. Die Mitglieder einer berühmten New-Age-Organisation, deren Gründer eine Reihe von weithin beachteten Büchern geschrieben hatte, luden mich zum Beispiel ein, einen Vortrag in ihrem nationalen Zentrum zu halten. Es sah wie eine große Chance für mich aus.

Ich dachte überhaupt nicht daran, das Pendel zu fragen, sondern traf Reisevorbereitungen. Am Tag vor meiner Abreise lud ein gewaltiger Schneesturm fünf Meter Schnee vor meiner Haustür ab, und ich war gefangen. Mein Vortrag wurde für ein paar Monate später verabredet. Als der Tag jener Abreise gekommen war, sprang mein Auto nicht an. Der zweite Schlag.

Ich sah ein, daß es wohl an der Zeit sei, mein Pendel zu konsultieren. Ich fragte: »Wie weise ist es für mich auf einer Skala von 0 bis 10, im XYZ-Zentrum einen Vortrag zu halten?« Die Antwort war eine überraschende 1 auf der Skala. Kein Wunder, daß die Widerstände so groß waren!

Nun ja, ich bin vor kurzem in die Gegend gefahren, in der die Gruppe ihr Zentrum hat, um die Leute persönlich kennenzulernen. Nachdem ich in einem nahegelegenen Ort nach dem Weg gefragt hatte, peilte ich das Zentrum an. Ich muß aber irgendwo falsch abgebogen sein, denn ich landete auf einer Sandstraße, die meilenlang ins Nichts führte.

Schließlich kehrte ich um. Meiner Intuition folgend entdeckte ich ein Gebäude, das hinter Bäumen versteckt lag. Ein winziges Schild mit den Initialen der Gruppe half mir auch nicht viel weiter. Als ich endlich das Hauptgebäude fand, begriff ich, warum das Pendel bei eins rotiert hatte. Die Vibrationen waren ungut. Der Platz war ungepflegt, die Leute ebenso und dazu auch noch unfreundlich. Ich blieb nur ein paar Minuten dort.

Also ist es ratsam, eine Liste der in Frage kommenden Gruppen, mit denen man lernen und wachsen kann, zu machen. Dann fragt man auf der Skala von 0 bis 10: »Wie gut passe ich zur Gruppe X, Y, Z?« Sobald man eine 8, 9 oder 10 auspendelt, wird gefragt: »Ist es weise für mich, einmal in der Woche (einmal im Monat, gelegentlich) an einem Gruppenprogramm teilzunehmen?«

Danach pendelt man regelmäßig neu aus. Die Dinge bleiben nie gleich.

Eine positive Gruppe kann sehr inspirierend sein. Die gegenseitige Unterstützung, der Austausch von Erfahrungen und das liebevolle Verständnis sorgen für Stabilität im Leben; eine negative Gruppe hingegen unterminiert die Individualität und das Freiheitsstreben des einzelnen und verleitet zum Mobverhalten.

Humanitäre Projekte

Die New Agers wollen sich nicht nur individuell weiterentwickeln, sie wollen auch anderen helfen. Sie wollen ihren Teil zur Weiterentwicklung des gesamten Planeten beitragen.

Ein New-Age-Pendler kann herausfinden, in welchem humanitären Bereich seine Energien am wirkungsvollsten eingesetzt werden. Stellt die Frage und seht, was das Pendel zu sagen hat.

Das Energiefeld des New Age wird sich in den kommenden Jahren immer deutlicher manifestieren und damit die Vorstellungen, Ideale und Institutionen des Old Age entweder vollkommen transformieren oder ablösen. Schon jetzt macht sich dieser Trend in religiösen Anschauungen, der Politik, Wirtschaft, dem Erziehungswesen usw. bemerkbar.

Wie können Menschen wie du und ich diesen revolutionären Umwandlungsprozeß fördern?

Zuerst muß jeder einzelne die Tendenzen wahrnehmen. Das Pendel hilft uns dabei. Hier eine Liste der wichtigsten Lebensbereiche, deren tendenzielle Entwicklung ausgependelt werden kann:

Religion	Militär
Politik	Gesundheit
Wirtschaft	Kunst
Erziehung	Literatur
Wissenschaft	usw.

Geht die Liste herunter und stellt eine Reihe von Fragen über jeden Bereich. Die Antworten führen zu neuen Einsichten, denn hier wird das Bewußtsein so weit ausgedehnt, daß ein subtiles Gespür für die kommenden Veränderungen entsteht.

Ich werde den wissenschaftlichen Bereich als Beispiel nehmen. Wie hoch ist die Rate des wissenschaftlichen Fortschritts im zwanzigsten Jahrhundert im Vergleich zur Fortschrittsrate im neunzehnten Jahrhundert auf einer Skala von 0 bis 100 Prozent? Mit anderen Worten: eine Antwort von 100 Prozent würde eine Verdoppelung der Fortschrittsrate bedeuten und so weiter. Ich habe eine 900-Prozent-Rate für wissenschaftlichen Fortschritt ausgependelt.

Wieviel Prozent der Wissenschaftler auf der Erde werden von macht- und geldgierigen Geschäftsleuten und/oder Politikern kontrolliert? Die ausgependelte Antwort lautet: 65 bis 70 Prozent.

Die Liste der Fragen läßt sich seitenlang fortsetzen. Man darf aber nicht vergessen, daß es darum geht, sich die Weltsituation noch bewußter zu machen.

Als nächstes wird der Bereich, in dem man einen Beitrag leisten kann, ermittelt. Mit Hilfe derselben Liste wird gefragt: »Wie wirkungsvoll können meine Energien im Bereich X auf einer Skala von 0 bis 10 eingesetzt werden?« Antworten von 9 bis 10 sind richtungweisend.

Zum Schluß wird ein Schlachtplan mit gezielten Aktivitäten entworfen, die zur Veränderung der Situation im gewählten Bereich beitragen. Benutzt das Pendel, um den weiteren Kurs zu erspüren und Hindernisse auf dem Weg zu navigieren.

Lebenslesungen mit dem Pendel

In den vergangenen Jahren bin ich häufig gebeten worden, die generelle Lebenssituation von Freunden, Mitarbeitern und Schülern auszupendeln. Aus solchen Sessions entwickelte sich dann allmählich eine Technik, die ich die ›Lebenslesung mit dem Pendel‹ nenne.

Die Lebenslesung besteht aus einer Serie von verschiedenen Messungen, die ich allesamt in ein spiralgebundenes Büchlein eintrage. Unter anderem:

- Das Rad des ganzheitlichen Lebens
- Unterbewußte Blockierungen
- Vereinbarkeit bei Partnerschaftsbeziehungen
- Uhr der Gesundheitspflege
- Charakteranalyse
- Pendel-Farbspektrum
- Astro-Energielesung
- Zentren der Lebensenergie
- Fragen (sämtliche Fragen, die der Klient stellen will).

Auf jeder Seite lasse ich Platz für Kommentare und notiere Ratschläge, wie spezielle Konflikte oder Unausgewogenheiten behandelt werden können.

Das Schöne an diesen Lebenslesungen ist, daß man sich auf die unmittelbar vorhandenen Energien in den verschiedensten Bereichen einstimmen kann. Ich benutze die Skala von 0 bis 10 und formuliere meine Frage meistens wie folgt: »Wie ausgewogen ist Soundsos Energie auf der Skala von 0 bis 10 in diesem oder jenem Bereich in diesem Moment?«

Wenn ich eine 5 oder weniger auspendle, schlage ich Methoden vor, welche die Energie in dem Bereich ins Gleichgewicht bringen. Auf diese Weise wird der Klient nicht mit der Frage hängengelassen, was er gegen den einen oder anderen Umstand tun soll. Auch die Weisheit der Ratschläge kann noch einmal mit dem Pendel überprüft werden.

Die Lebenslesung mit dem Pendel prophezeit keine zukünftigen Ereignisse. Sie konzentriert sich in erster Linie auf die gegenwärtigen Energien und eingefrorenen Erinnerungen an die Vergangenheit, welche den Fluß der gegenwärtigen Energien blockieren.

In jedem Fall achte ich darauf, daß alle Messungen datiert werden, und erkläre dem Klienten, daß ich *heute* bestimmte Energien auffange. Wenn der Klient seine Einstellung, Wünsche, Gefühle, Gedanken usw. ändert, wird die nächste Lesung anders ausfallen.

Mittlerweile habe ich Hunderte von Lebenslesungen gemacht und festgestellt, daß die meisten Klienten sie als akkurat und überaus hilfreich betrachteten.

Man muß nicht monate- und jahrelang suchen, um ein psychologisches Problem ausfindig zu machen. Mit dem Pendel entdeckt man Problembereiche in wenigen Minuten.

Gewöhnlich pendele ich die Hauptfragen schon vor der Ankunft des jeweiligen Klienten aus. Dazu brauche ich nicht mehr als den Namen der Person. Wenn ich gefragt werde, wie es angehen kann, daß ich die Antworten empfange, ohne den Klienten zu kennen, frage ich zurück, wie es möglich sein mag, daß wir Fernsehbilder sehen, die auf unsichtbaren Wellen durch die Luft schwirren.

»Ich schalte den Fernsehapparat ein und sehe die Bilder«, heißt es dann oft.

Meine Antwort: »Das menschliche Gehirn und Nervensystem ist ein hochempfindliches Empfangsgerät für Energiewellen und Vibrationen, genauso wie ein Fernseher als Empfänger von Bildern und Tönen konstruiert wurde. Alles im Kosmos, jedes Wesen, jeder Ort und jedes Ding strahlt Energie aus. Der Geist kennt keine Grenzen. Sobald sich unsere Geisteskraft auf etwas oder jemanden richtet, schwingt sie in einer Sympathievibration mit dem Gegenstand ihrer Betrachtung.«

Wenn ich den Namen einer Person erhalten habe, kann ich die Lebenslesungen auch ohne weiteres durch die Post erledigen. Anstatt mich mit dem Klienten zusammenzusetzen, spreche ich meine Ratschläge und Ergebnisse auf Tonkassetten.

Diese Lebenslesungen mit dem Pendel sind ein Weg, auf dem der New-Age-Mensch Einsicht in die eigene Psyche gewinnt. Wer sich den gegenwärtigen Zustand bewußt macht, hat tausendmal größere Chancen, sich in eine konstruktive Richtung zu entwickeln. Eins der häufigsten Probleme ist die psychologische Tendenz, steckenzubleiben und sich in einer Denkweise und daraus resultierenden Verhaltensform zu verbeißen. Die hartnäckige Identifikation mit einem solchen Frustrationszyklus verhindert, daß die gegenwärtige Situation realistisch wahrgenommen wird. Die Lebenslesung mit dem Pendel kann diesem Nebel der zwanghaften Wiederholung von unbewußten Mustern den Garaus machen.

In dem Neuen Zeitalter, in das wir jetzt eintreten, brauchen wir Methoden, die uns sofortige Klarsicht verschaffen. Stundenlang über irgendwelche Probleme zu reden, ist symptomatisch für das alte Bewußtsein. Im Neuen Zeitalter will der Mensch erkennen, und zwar unmittelbar. Und nicht nur erkennen – wir wollen jetzt und hier erkennen, was wir tun können!

Zusammenfassung

1. Ein Mensch des Neuen Zeitalters wird von Energien, Vibrationen, Frequenzen und Wahrnehmungen geleitet.
2. Die New Agers werden die engen Weltbilder, falschen Hoffnungen und überholten Ideologien der Vermarkter des Alten Zeitalters mit ihrer Besitzgier ablehnen, genauso wie das manipulative Machtstreben, das damit einhergeht.
3. Die sich inkarnierenden New Agers brauchen besondere Zuwendung und Unterstützung. Ihre spirituellen Interessen müssen erkannt und gepflegt werden. Ihre Psyche

verlangt nach der regelmäßigen Zufuhr von New-Age-spirituellen Frequenzen.

4. Das Pendel blickt durch, hinter und über die Oberfläche und ihre Erscheinungsform hinaus.
5. Nun, da mehr und mehr Menschen das Universum der Frequenzen entdecken, verlieren die Autoritäten des Alten Zeitalters ihre Macht.
6. Wenn nichts dir verborgen bleibt, erkennst du auch, daß du nichts vor einem anderen Seher verbergen kannst. So fühlst du deine Verbindung zu Allem-was-Ist.
7. Tele-Pendeln unterscheidet sich kaum vom normalen Pendeln. Der einzige Unterschied zum normalen Pendeln ist, daß der Fragesteller sich an einem anderen Ort als man selbst befindet.
8. Wenn du dich auf die Wellenlänge eines Menschen, Ortes oder Gegenstandes einstimmen kannst, spürst du die Energie ungeachtet der Entfernung.
9. Wer nach einer Gruppe von Menschen sucht, mit denen er/sie lernen und wachsen kann, macht eine Liste von allen in Frage kommenden Gruppen. Dann wird auf der Skala von 0 bis 10 gefragt: »Wie gut passe ich zur Gruppe X, Y, Z?«
10. Eine positive Gruppe kann sehr inspirierend sein. Die gegenseitige Unterstützung, der Austausch von Erfahrungen und das liebevolle Verständnis sorgen für Stabilität im Leben.
11. Ein New-Age-Pendler muß herausfinden, in welchem humanitären Bereich er seine Energien am wirkungsvollsten einsetzen kann.
12. Zuerst macht man sich die Zustände auf der Erde bewußt. Dann wird ein Gebiet gefunden, auf dem man einen Beitrag leisten kann, und zum Schluß wird ein Aktionsplan entworfen.
13. Das Schöne an den Lebenslesungen ist, daß man sich auf die unmittelbar vorhandenen Energien in den verschiedensten Bereichen einstimmen kann.

14. Die Lebenslesungen mit dem Pendel sind ein Weg, auf dem der New-Age-Mensch Einsicht in die eigene Psyche gewinnt. Wer sich den gegenwärtigen Zustand bewußt macht, hat tausendmal größere Chancen, sich in eine konstruktive Richtung zu entwickeln.

Weitere Informationen über Lebenslesungen mit dem Pendel sind erhältlich bei:
Life Energy Sciences
316, California Ave. Suite 210
Reno, Nevada 89509, USA

Anhang

Richtiges Atmen

Rhythmisches Atmen	Meeresstrand
Volle Atemzüge	Tannenwald
Rauchen aufgeben	Wüste
Bessere Raumlüftung	Gymnastik
Negativer Ionen-Generator	Frische Luft
Die Berge	Sonstiges

Ruhiger Schlaf

Frische Luft	Kräutertee
Automatisches Denken stoppen	Sonnenlicht
Ausrichtung des Bettes	Eeman Circuit
(Nord/Süd, Ost/West)	Massage
Entspannung	Meditation
Art des Bettes	Gebete
Energiefeld des Raumes	Warme Milch
Andere Schläfer in der Nähe	Sonstiges

Toxische Hygiene

Wasser
Essen
Chemikalien
Zahnpasta
Deodorant
Seifenprodukte
Farbfernsehen
Computer-Bildschirm
Sonstiges

Transformatoren
Unterirdische Wasseradern
Erdverschiebungsaktivität
Blei
Abgase
Drogen
Nikotin
Elektrizitätsleitungen

Spiel/Entspannung

Meditation
Eeman Circuit
Rhythmisches Atmen
Hcilmassage
Shiatsu
Akupunktur
Schwedische Massage
Rückenwirbel einrenken lassen
Gestalt-Therapie
Musik
Malen
Singen
Farbtherapie
Edelsteintherapie
Thermalbad
Reflexologie
Entspannungsübungen

Zelten
Picknicks
Reisen
Urlaub
Bachblüten-Therapie
Kristalle
Positive Energieübungen
Multiwave Oszillator
Streckübungen
Yoga
Liebevolle Beziehungen
Entspanntes Sitzen
Entspanntes Stehen
Biofeedbeck
Lächeln
Lachen
Sonstiges

Ausreichend Bewegung

Schwimmen
Wandern
Radfahren
Tennis
Golf
Skifahren
Handball
Korbball
Volleyball
Rudern
Kanufahren
Aerobik/Tanz
Joggen
Rennen
Fußball
Bergsteigen
Seilspringen
Sonstiges

Nahrhafte Kost

Früchte
Gemüse
Vitamine
Mineralstoffe
Frisches Wasser
Mineralwasser
Kräutertee
Säfte
Milch
Käse
Nüsse, Kerne
Bohnen
Sorgfältiges Kochen
Gemischte Kost
Ausgewogenheit der Kost
Verdauung
Darmentleerung
Darmspülungen
Fisch
Huhn
Rindfleisch
Schweinefleisch
Puter
Getreide
Reis
Sonstiges